KEES VERHOEVEN

DE DEMOCRATIE CRASHT

Politieke onmacht in het digitale tijdperk

Uitgeverij Business Contact
Amsterdam/Antwerpen

Uitgeverij Business Contact
Omslagontwerp Jan van Zomeren
Foto auteur Jelmer de Haas
Ontwerp typografie binnenwerk Wim ten Brinke
Drukkerij GGP Media GmbH

ISBN 978 90 470 1601 4
D/2023/0108/506
NUR 740, 770, 801

Uitgeverij Business Contact maakt deel uit van
Uitgeverij Atlas Contact

www.businesscontact.nl
www.bureaudigitalezaken.nl

FSC
www.fsc.org
MIX
Papier van
verantwoorde herkomst
FSC® C014496

Inhoud

'The real problem of humanity is the following:
We have Paleolithic emotions, medieval institutions and godlike technology. And it is terrifically dangerous, and it is now approaching a point of crisis overall.'
– Edward O. Wilson

Inleiding

Voor je ligt een boek van een oud-politicus. Het zijn geen politieke memoires vol sappige onthullingen en het doel is evenmin je te overtuigen van inhoudelijke beleidskeuzes of maatregelen. Dit boek heb ik geschreven omdat ik me grote zorgen maak over de toekomst van onze democratie en de Tweede Kamer die mij zo dierbaar is.

Er is namelijk iets zorgwekkends aan de hand met onze democratie in het digitale tijdperk. Democratie is zo ongeveer het beste wat mensen kan overkomen en digitalisering biedt de wereld eindeloos veel nieuwe kansen en mogelijkheden. Maar op de een of andere manier gaan ze niet goed samen. Naarmate digitale technologie meer invloed krijgt op ons doen en laten, gaat het slechter met de democratie.

Met 'democratie' bedoel ik onze parlementaire democratie én onze democratische rechtsstaat. Oftewel het systeem waarin gekozen volksvertegenwoordigers besluiten nemen namens de bevolking én waarin verdragen, wetten en rechters de (grond) rechten van individuele burgers verdedigen. Met dit in de vorige eeuw zo zwaar bevochten systeem gaat het de laatste twee decennia langzaam maar zeker achteruit.

Wereldwijd daalt het aantal democratieën. In het Westen staat de opkomst bij verkiezingen onder druk en slaan politieke partijen steeds minder een brug tussen de bevolking en de politiek.[1] In heel Europa winnen autocraten, extremisten en populisten terrein. Nederland kampt met een diepe vertrouwensbreuk tussen overheid en burgers, terwijl in Den Haag het onderlinge wantrouwen en de vijandigheid toenemen. Onze samenleving raakt intussen dieper verdeeld, de sociaaleconomische ongelijkheid neemt toe en grote problemen blijven onopgelost. Veel mensen voelen zich niet meer vertegenwoordigd of gehoord door de politiek, en ons parlement is – ondanks maar liefst twintig fracties – geen goede afspiegeling van de Nederlandse bevolking.

Steeds vaker vertoont de parlementaire controle op de macht gebreken. Dit heeft een aantal samenhangende oorzaken.

Sinds de jaren tachtig heeft de regering steeds meer overheidstaken op afstand gezet bij rijksdiensten en uitvoeringsorganisaties. Ook zijn grote delen van het openbaar vervoer, de energievoorziening en de gezondheidszorg aan staatsbedrijven of de vrije markt toevertrouwd. Hoewel de regering nog steeds verantwoording over deze zaken moet afleggen, heeft het scheiden van beleid en uitvoering de parlementaire controle bemoeilijkt.

Bovendien zorgt toenemende globalisering ervoor dat grensoverschrijdende vraagstukken zoals migratie, wereldhandel en klimaatverandering de spankracht van naties steeds meer te boven gaan. Deze kwesties vragen om internationale samenwerking, die het beleid complexer en diffuser maakt, waardoor het minder grijpbaar is voor nationale parlementen. Aan de andere kant zijn belangrijke onderwerpen overgedragen aan decentrale bestuurslagen. Zo zijn gemeenten sinds 2015 verantwoordelijk voor jeugdzorg, werk en inkomen en de zorg voor langdurig zieken en ouderen. Ook de roemruchte Nota's Ruimtelijke Ordening verdwenen omdat het kabinet ruimtelijke-ordeningstaken afstootte naar provincies. Zo zijn er steeds meer onderwerpen waar de Tweede Kamer geen directe zeggenschap meer over heeft.

Daarnaast is de invloed van buitenparlementaire organisaties sterk toegenomen. Sinds 2010 sloten de kabinetten-Rutte maar liefst elf polderakkoorden.[2] Aan zowel het Nationaal Preventieakkoord als het Klimaatakkoord deden zelfs tachtig organisaties mee. Juist omdat de overheid steeds meer kennisintensieve taken heeft uitbesteed, zijn adviezen van gespecialiseerde wetenschappers, deskundigen en commissies invloedrijker geworden. Toen het coronavirus uitbrak kwam er een Outbreak Management Team (OMT), bestaande uit virologen, epidemiologen en artsen. Premier Rutte noemde hun adviezen 'heilig' en de wetenschappers zijn 'kompas'. Zeker in de beginfase had de Kamer het nakijken: men kon amper van de OMT-lijn afwijken. Iets vergelijkbaars gebeurde met het stikstofprobleem dat de Kamer eerst jarenlang voor zich uitschoof, om vervolgens het doorbreken van de politieke impasse over te laten aan Johan Remkes als onafhankelijke gespreksleider.

Terwijl deze ontwikkelingen de positie van de Tweede Kamer verzwakken, verergert het kabinet de situatie door de volksvertegenwoordiging belangrijke informatie te onthouden. Het toeslagenschandaal liet zien dat het kabinet zich niet altijd hield aan de grondwettelijke plicht de Kamer volledig te informeren. Ook verstrekt het kabinet informatie geregeld enkel vertrouwelijk, waardoor Kamerleden juist gevoelige feiten niet kunnen gebruiken in openbare debatten. Een andere manier waarmee het kabinet de politieke tegenmacht uitholt is door onvoldoende gehoor te geven aan adviezen, onderzoeken en kritiek van de drie onafhankelijke Hoge Colleges van Staat, zijnde de Raad van State, de Algemene Rekenkamer en de Nationale Ombudsman.

Mede hierdoor hebben bindende uitspraken van rechters die politieke keuzes toetsen aan internationale verdragen, de grondwet en de algemene beginselen van behoorlijk bestuur, het afgelopen decennium aan gewicht gewonnen. Denk aan de uitspraak waarmee de Raad van State de stikstofaanpak afkeurde of de Urgenda-zaak, die de staat verplichtte om de uitstoot van broeikasgassen terug te dringen. Hoewel rechterlijke tegenmacht een rechtsstaat kenmerkt, beperkt juridisering van het beleid – ongeacht de inhoud – niet alleen het kabinet maar ook de speelruimte van het parlement.

De cumulatieve verzwakking van haar democratische controletaak vraagt om een alerte en adequate reactie van de Tweede Kamer. Echter, fracties voeren de strijd steeds meer onderling en de Kamer worstelt dus vooral met zichzelf. Van dichtbij heb ik het politieke debat in tien jaar tijd zien polariseren en het Kamerwerk oppervlakkiger zien worden: terwijl het aantal – voor de bühne – ingediende moties fors stijgt, laat de Kamer het inhoudelijk verbeteren van wetsvoorstellen steeds vaker achterwege.*

De vanzelfsprekendheid van de macht en de verwatering van de politieke controle en tegenmacht leidden herhaaldelijk tot waarschuwingen van onder anderen 'formateur des Vaderlands' Herman Tjeenk Willink en oud-ombudsman Alex Brenninkmeijer. Maar ook de politici zelf – van haast alle partijen – zouden het graag anders zien. Toch houdt het dwingende systeem iedereen in zijn greep en gaat het er juist steeds extremer aan toe. Dit verpest de verhoudingen, vertroebelt de verantwoordelijkheden en verslechtert de besluitvorming over grote vraagstukken als de energietransitie, de welvaartsverdeling, de volkshuisvesting en... over digitalisering zelf. Terwijl de crises zich opstapelen, is onze overheid steeds minder in staat om het land te leiden.

Als Tweede Kamerlid hield ik me ruim tien jaar intensief bezig met het thema 'digitalisering'. De impact van digitale technolo-

* In 1981 diende de Tweede Kamer 577 moties in, in 2019 waren het er meer dan 4500.

gie op onze samenleving is namelijk gigantisch. Er zijn prachtige kansen, zoals het opsporen van kankercellen met kunstmatige intelligentie, of thuisonderwijs en thuiswerken ten tijde van een grote pandemie. Tegelijk zijn er serieuze bedreigingen, waaronder schendingen van burgerrechten door oneigenlijk gebruik van persoonsgegevens en cyberaanvallen op onze vitale systemen.

Zoals bij elke nieuwe technologie is het aan de politiek om de hieruit voortkomende veranderingen in goede banen te leiden door enerzijds het positieve aan te jagen en anderzijds het negatieve te begrenzen. Zo hebben politici in reactie op eerdere industriële revoluties de huidige verzorgingsstaat opgebouwd en machtige bedrijven in stukjes geknipt. Maar in het geval van digitale technologie wil het nog niet echt lukken.

In de beginjaren van het internet was de leidende gedachte dat ingrijpen in het fantastische nieuwe fenomeen helemaal niet nodig was. Daarna dacht men dat controle van het internetverkeer gewoonweg onmogelijk was. Tegenwoordig zien politici dat publieke grip op digitale technologie nodig en mogelijk is, maar weet men alleen niet hoe. Ook het kabinet en de Tweede Kamer bijten hun tanden stuk op digitale vraagstukken. Denk maar aan het moeizame verweer tegen technologiebedrijven met datamacht en grootmachten met cyberwapens, de verouderde ICT systemen en mislukte automatiseringsprojecten van de overheid, de eindeloze reeks datalekken, mislukte wetten als de cookiewet of de hackwet en het onwettige gebruik van digitale instrumenten door organisaties als de Belastingdienst, de veiligheidsdiensten, het leger en de politie, maar daarover later meer.

Desondanks staat digitalisering in Nederland nog steeds laag op de politieke agenda. Weliswaar zijn er nu een Vaste Kamercommissie Digitale Zaken, een digitale paragraaf in het regeerakkoord en een staatssecretaris Digitalisering. Maar de grote debatten gaan er nooit over, de politieke aanpak van digitalisering blijft versnipperd en een samenhangende strategie om de uitdagingen aan te pakken ontbreekt. Niet alleen is dit contrast tussen maatschappelijke impact en politieke interesse demotiverend voor de vele professionals in de ICT en informatievoorziening, ook dreigt Nederland hierdoor digitale kansen te missen.

Lang heb ik me vol onbegrip afgevraagd waarom de politiek zo onbeholpen omgaat met de grootste veranderkracht van onze tijd. Is digitalisering te technisch en complex? Komt het door het grensoverschrijdende en publiek-private karakter van het internet? Is de kloof tussen professionals en bestuurders te groot? Ontbreekt het politici aan kennis en leven we in een 'digibetocratie', zoals Arjen Lubach het noemde?[3] Of is het onderwerp gewoon niet spannend genoeg?

Uiteindelijk begon ik in te zien dat er iets bijzonders aan de hand is. *De politiek mag dan geen grip krijgen op digitalisering, maar omgekeerd heeft digitalisering wel de politiek in haar greep genomen.* Hierbij is sprake van een waanzinnige wisselwerking: een even fascinerend als problematisch mechanisme waarbij enerzijds de druk op onze politiek *van buitenaf* toeneemt doordat onlosmakelijk met elkaar verbonden wereldmachten en technologiebedrijven langs digitale weg steeds meer invloed op onze samenleving uitoefenen, en waarbij anderzijds het systeem *van binnenuit* onder druk staat doordat politici zich steeds extremer gaan gedragen en het zichzelf en elkaar steeds moeilijker maken. Hierbij heeft digitalisering het denken, doen en laten van mensen ingrijpend veranderd. Het gevolg is dat ons politieke systeem vastloopt. Het kabinet en de Tweede Kamer komen steeds moeilijker tot besluiten en kiezen voor oplossingen die nieuwe – niet zelden grotere – problemen veroorzaken. Daarbij worden te vaak de principes van onze democratische rechtsstaat geschonden en raken burgers in de knel. Als we ons niet losworstelen van deze negatieve spiraal, lopen we gevaar dat de democratie crasht.

Om de werking van deze democratiebedreigende mechanismen te begrijpen, neem ik je in dit boek mee naar de Nederlandse politieke besluitvorming over digitale technologie in de afgelopen elf jaar. De waanzinnige wisselwerking oefent ook invloed uit op alle andere beleidsterreinen en besluiten, zoals de aanpak van de coronacrisis, het energieprobleem of de afgelopen kabinetsformatie. Maar omdat ik me in Den Haag intensief bezig heb gehouden met de digitale dossiers, neem ik deze als voorbeeld. Overigens is de wisselwerking sinds mijn vertrek in maart 2021 en het historische Kamerdebat op 1 april 2021 over de formatiecrisis en de gemankeerde bestuurscultuur alleen maar sterker geworden.

Voor ik uiteindelijk met remedies kom, licht ik in de eerste zeven hoofdstukken eerst mijn diagnose verder toe. Hierbij laat ik zien hoe digitale technologie, de nationale politiek en menselijke psychologie op elkaar inspelen en hoe dat leidt tot een instabiel systeem en slechtere besluitvorming.

Eerst zal ik in hoofdstuk 1 dieper ingaan op de verandering van de Nederlandse democratie in het digitale tijdperk, drie grote systeemfouten die in ons politieke stelsel slopen en de rol die menselijke denkfouten spelen in besluitvorming. Daarna volgen zes hoofdstukken waarin ik aan de hand van politieke handelingen en gebeurtenissen (debatten, wetten, Kamerstukken, onderzoeksrapporten, referenda, regeerakkoorden, et cetera) in de praktijk laat zien hoe zowel de kwaliteit van het beleid als de uitvoering onder druk staat. Deze cases gaan van cookiewet tot corona-app en van techreus tot sleepwet. Hierbij geef ik inzicht in zowel de digitale inhoud, de politieke praktijk als de menselijke psychologie. Veel van deze dossiers zijn onverminderd actueel.

In hoofdstuk 8 kom ik met vijf randvoorwaarden voor een gezonde democratie en zorgvuldige besluitvorming, die ik vervolgens vertaal naar concrete verbeterpunten. In hoofdstuk 9 doe ik een aantal inhoudelijke voorstellen voor een veiliger internet en een betere digitale samenleving. Bij mijn handreikingen spelen gedrags- en cultuurverandering een centrale rol. Deze zijn cruciaal maar mislukken helaas vaak, zelfs als de wil er wel is. Ook voor mijzelf bleef het als Kamerlid lastig mijn gedrag aan te passen, terwijl ik wel inzag wat er anders zou moeten.

Structurele verbetering van het systeem begint ermee dat we ons bewuster zijn van de vele eisen die het digitale tijdperk waarin we leven aan ons stelt en van de grote invloed die digitale technologie op onze samenleving en onze democratie heeft. Met dit boek probeer ik dat bewustzijn te creëren. Om vervolgens echt iets te veranderen zijn lef, geduld en samenwerking nodig. Het daadwerkelijk doorbreken van de schadelijke patronen is de gezamenlijke verantwoordelijkheid van alle betrokkenen in politiek Den Haag. Ja, het is ingewikkeld, want alles hangt met elkaar samen en alle betrokkenen oefenen met hun keuzes invloed uit op elkaar. Maar ik ben ervan overtuigd dat het moet en kan. Daarom heb ik dit boek geschreven.

1

De waanzinnige wisselwerking

Het samenspel tussen technologie, psychologie en democratie

In mijn eerste zes jaar als Kamerlid was ik vooral bezig met mijn partij D66 en mijzelf. Als campagneleider wilde ik zo veel mogelijk zetels binnenhalen, ik zocht de media voortdurend op, ging er in debatten met gestrekt been in en deelde alles wat ik deed op sociale media. Zonder dat ik het doorhad, ging dit ten koste van mijn kerntaak als volksvertegenwoordiger: wetten doorlichten, de regering nauwgezet controleren en zo de democratie bewaken. Het viel trouwens niet op, ik was geen uitzondering.

In mijn laatste jaren, ongeveer vanaf 2017, begon het te veranderen. In de zomer van dat jaar kwam mijn persoonlijke leven door een gezinsbreuk in een crisis, waarop ik besloot me voor de laatste keer verkiesbaar te stellen. Na de verkiezingen dat jaar werd ik nog wel vicefractievoorzitter, maar het managen van coalitieprocessen en het kort houden van de fractie viel me zo zwaar dat ik deze invloedrijke taak al snel losliet om me volledig te kunnen richten op het onderwerp dat me al langer bezighield: digitalisering.*

---

* Ik hanteer de volgende omschrijving van 'digitalisering': het grootschalige gebruik van digitale technologieën die fysieke onderdelen omzetten naar digitale onderdelen, met als gevolg een verandering van ons dagelijks handelen, onze fysieke leefomgeving, onze menselijke waarden en onderlinge machtsverhoudingen. Onderdelen van digitalisering zijn automatisering, robotisering, dataïsering en algoritmisering.

Gevoed door talloze gesprekken met ondernemers, wetenschappers, IT-professionals en maatschappelijke organisaties werd het mijn missie om de politiek meer grip te laten krijgen op digitale technologie. Eerst was ik een roepende in de woestijn en werd ik vaak glazig aangekeken, later trok ik op met politici van verschillende partijen met wie ik een speciale onderzoekscommissie vormde. Dit leidde in mei 2020 tot het rapport 'Update vereist', waarin we schreven dat de Kamer haar kennis over digitalisering moest verbeteren en dat er een aparte Kamercommissie Digitale Zaken moest komen. Onze voorstellen kregen brede steun en mijn missie leek wel zo'n beetje voltooid. Ik dacht dat ik met een gerust gevoel kon stoppen.

Tot 17 december 2020: de dag waarop de Tweede Kamer de zeer ingrijpende Wet gegevensverwerking door samenwerkingsverbanden (WGS) aannam, die het mogelijk moet maken dat talloze overheidsinstanties onderling allerlei gegevens uitwisselen over burgers. Op precies diezelfde dag presenteerde de Kamer ook het rapport 'Ongekend onrecht', over het toeslagenschandaal, waarbij de overheid een grote groep onschuldige burgers onterecht veroordeelde. In één adem met de luid bezongen ontsteltenis over grove schendingen van burgerrechten plaveide de Tweede Kamer de weg naar herhaling van deze pijnlijke geschiedenis. Haast zonder daarbij stil te staan.

Dit was voor mij de meest schokkende gebeurtenis uit mijn Kamerlidmaatschap, want de WGS is in mijn ogen onverenigbaar met fundamentele principes van onze rechtsstaat, zoals het legaliteitsbeginsel (alles wat een overheid doet, moet gebaseerd zijn op wetgeving) en de onschuldpresumptie (iemand is onschuldig tot het tegendeel bewezen wordt). Maar niemand had het erover en ook de media vonden het totaal niet relevant. Terwijl het reconstructies van de toeslagenellende regende, was het ontstaan van een nieuw datadrama blijkbaar niet nieuwswaardig. Iedereen haalde zijn schouders op en het leek haast of het niet gebeurd was. Waarom schrijft het kabinet een wet die door een nagenoeg onbegrensde verzameling van persoonsgegevens indruist tegen de rechtsstaat, privacybescherming en gelijke behandeling? Waarom keuren volksvertegenwoordigers zo'n wet vervolgens zomaar goed? Waarom vonden media dit geen 'brekend nieuws'? Hoe kon dit in hemelsnaam gebeuren? Ik verscherpte mijn blik en probeerde te achterhalen wat hier de oorzaak van was.

De democratie staat onder druk

Voor ik je meeneem, eerst wat historische context. Met het einde van de Koude Oorlog waren het fascisme en het communisme definitief verslagen en werd het liberalisme leidend. Deze ideologische overwinning ging hand in hand met de onstuimige opkomst van het internet en de uitbouw van de wereldeconomie. Dit naadloos samenvallen van liberalisering, digitalisering en globalisering zorgde in de jaren negentig voor grenzeloos optimisme, waar dromen over de *new economy* en het 'einde van de geschiedenis' van Francis Fukuyama symbool voor zouden staan. Terwijl met Reagan en Thatcher neoliberale leiders opstonden, wierpen in Nederland de dominante partijen PvdA en CDA hun 'ideologische veren' af. Zo werden juist de sociaaldemocraat Wim Kok en de christendemocraat Jan Peter Balkenende premiers van neoliberale kabinetten.

Naar het einde van de jaren negentig groeide de onvrede over de afstandelijke overheid en de toenemende ongelijkheid, scherp geagendeerd door politieke outsider Pim Fortuyn. Met de aanslagen op de Twin Towers op 11 september 2001 kwam hier de angst voor terreur, migratie en open grenzen bij en kreeg het populisme in heel Europa vleugels. Na de moord op Pim Fortuyn sprongen eerst Jan Marijnissen (SP) en later Geert Wilders (PVV) in dit electorale gat. Handig gebruikmakend van online en sociale media presenteerden allerlei nationalistische partijen zich met een antimigratie, anti-elite en anti-EU-agenda als dé vertegenwoordigers van het 'echte volk'.

In de loop van deze eeuw ondervonden steeds meer mensen dat een geïntegreerde wereld ook internationale spanningen, vluchtelingenstromen en milieuvervuiling met zich meebrengt. Gesymboliseerd door flitskapitalisme en brievenbus-bv's kwamen ook de keerzijden van het neoliberalisme nadrukkelijk in beeld. Hiermee geconfronteerd ontwikkelden de middenpartijen zich tot steeds kleurlozere vehikels die regeringsverantwoordelijkheid boven maatschappijvisie stelden. Zo kon het gebeuren dat de grote ideologische verhalen van de vorige eeuw eerst verwaterden en vervolgens verwerden tot een bureaucratische bestuursstijl. Doordat het sluiten van compromissen ten koste ging van het uitdragen van inhoudelijke waarden en herkenbare idealen, ontstond ruimte voor de versnippering van de ooit sterk verzuilde Tweede Kamer.[1] Naast populistische fracties hebben de afgelopen jaren ook allerlei one-issuepartijen een plek gevonden om met hun nogal compromisloze perfectionisme het vleugellamme 'spookmidden'[2] uit te dagen.

Tegen deze achtergrond is de dagelijkse gang van zaken in Den Haag sterk veranderd. Vlak voordat ik in de Tweede Kamer zou komen, diende toenmalig VVD-fractievoorzitter Mark Rutte tijdens de Algemene Politieke Beschouwingen van 2009 een motie van wantrouwen in tegen het voltallige kabinet: 'Als u niet regeert, stap dan op.' Premier Balkenende sprak van 'een gotspe' en betreurde de motie zeer. Dagenlang analyseerden de kranten deze grote gebeurtenis. Tien jaar later confronteerden de media Geert Wilders met een wat dubieus jubileum: zijn vijfentwintigste motie van wantrouwen. Wilders reageerde trots:

'Een prachtig moment, er zullen er misschien nog vele volgen.' En zo geschiedde. In 1981 diende de Tweede Kamer 577 moties in, in 2019 waren het er meer dan 4500. Hier zitten ook steeds meer moties van wantrouwen bij. In de periode tussen 1981 en 2001 werd het zwaarste middel nog geen vijf keer ingezet. In de twintig jaar daarna meer dan tachtig keer. Tegenwoordig ondergaat de politiek deze rituele dans schouderophalend, en geen journalist die er nog woorden aan wijdt. De motie van wantrouwen is van uitzonderlijk wapen tot krachteloos instrument verworden.

Hetzelfde zien we bij schriftelijke vragen aan de regering. In de jaren negentig schommelde dit rond de duizend per jaar. In het afgelopen decennium zijn het er jaarlijks minimaal vijfentwintighonderd. Ook het aantal hoofdelijke stemmingen is fors gestegen, van zes per jaar naar dertig. Het aantal debatten vertoont hetzelfde patroon. Tot 2011 was er nog geen wachtlijst en kon elk debat direct worden ingepland. Inmiddels heeft de Kamer honderden openstaande debatten op de agenda staan. De meeste zullen nooit gevoerd worden.* Zoals vissers de eigen vangst belangrijker vinden dan de visstand, zo verhogen Kamerleden de hoeveelheid moties, waardoor de Kamer als geheel slechter af is en haar eigen wapens bot maakt. Hoewel bijna alle politici zeggen dat ze hiermee willen stoppen, gebeurt het tegenovergestelde en blijft de temperatuur in de politieke snelkookpan maar toenemen. Ten koste van inhoudelijke gedachte-uitwisseling, zorgvuldige wetgeving en het functioneren van de democratie. Hoe kan dat toch?

* Al deze gegevens zijn afkomstig van de Dienst Informatie en Archief van de Tweede Kamer.

Politici zijn net mensen

In de elf jaar dat ik Kamerlid was, ben ik fundamenteel anders naar dingen gaan kijken. Na het lezen van *Ons feilbare denken* van Daniel Kahneman en werk van andere psychologen drong pas echt tot me door dat we onvoldoende rekening houden met het feit dat politici mensen zijn. Mensen die denkfouten maken en die feilbaar zijn. Mensen die gevoelig zijn voor invloeden van buitenaf en behoefte hebben aan bevestiging. Mensen die bovendien hun brein kunnen overbelasten door constant aan te staan. Daarbij hebben politici de verantwoordelijkheid om besluiten over mensen te nemen, en als zij die taak onder grote druk niet goed kunnen vervullen, brengt dat uiteindelijk onze democratie in gevaar. Vooral als ze niet kunnen controleren of bestaande wetten netjes uitgevoerd worden of als ze onvoldoende in staat zijn om nieuwe wetten kritisch te beoordelen. Daarbij staat geen mens en dus ook geen politicus op zich; zijn leefwereld is in het digitale tijdperk met steeds meer informatie en steeds snellere communicatie steeds complexer geworden. De hieruit voortkomende onzekerheid over de toekomst en de toenemende ongelijkheid tussen de winnaars en verliezers van het kapitalisme maken veel kiezers gevoelig voor de verleidingen van radicale figuren en zelfs dictators. Dit alles vraagt om een politieke firewall, maar die ontbreekt. Zo krijgt het populistische virus de kans zich te verspreiden en het democratische systeem instabieler te maken.

Zoals ik al schetste in de inleiding heeft deze zorgelijke ontwikkeling te maken met twee samenhangende dimensies van digitalisering.

De eerste dimensie is die van externe economische en geopolitieke druk die wordt uitgeoefend op nationale politici die onze nationale belangen moeten behartigen. Digitale technologieën als de personal computer, het internet en kunstmatige intelligentie hebben niet alleen de globalisering aangejaagd maar ook de wereldorde in dertig jaar tijd veranderd. Naast het grote gemak en de vele kansen die deze informatie- en communicatietechnologie brengt, bedreigt ze ook onze vrijheid. Enerzijds in de gestalte van Amerikaanse techreuzen met vergaande marktmacht en mediamacht, die zich alles kunnen permitteren omdat de economische afhankelijkheid van hun diensten zo groot is. Anderzijds in de gedaante van antiwesterse staten die hun greep op het wereldtoneel hebben weten te vergroten en die ons via allerlei digitale routes aanvallen. De verhitte discussie over datacenters illustreert dit spanningsveld. Vanwege de jaarlijks groeiende behoefte aan data en ICT zijn datacenters hard nodig om onze sociale mediaberichten, verkeerssystemen, industriële machines en digitale beleidsambities mogelijk te maken. Maar onder druk van publieke weerstand en journalistieke beeldvorming over 'grijze en energieslurpende dozen' kondigen politici in paniek een bouwstop af om zogeheten *hyperscalers* uit onze polders te weren. Met als langetermijnrisico dat we hierin doorslaan en onze digitale economie verzwakken en we onze data in buitenlandse datacenters moeten stallen. In geopolitiek opzicht lieten de sancties tegen Rusland na de inval in Oekraïne zien hoeveel gewicht handelsrelaties en commerciële belangen bij internationale besluitvorming in de schaal leggen en hoe lastig het is om politieke consequenties op te leggen, zonder er direct zelf de gevolgen van te ondervinden.

De tweede dimensie is dat digitalisering het denken en het doen en laten van mensen heeft veranderd. Zo versterkt de exponentieel toegenomen beschikbaarheid van informatie de behoefte om controle uit te oefenen op de wereld om ons heen en ons continu met anderen te vergelijken. Daarbij zorgen online platforms als Facebook, YouTube en TikTok dat we meer dan ooit de aandacht op onszelf willen vestigen en dat we anoniem van een afstandje onze onvrede en verwijten over anderen kunnen uitstorten. Verder hebben smartphones velen van ons gemaakt tot halve junkies die steeds op zoek zijn naar een shot nieuwtjes of ophef. Omdat deze verslaving zelfs reikt tot in de slaapkamer waar digitale apparaten onze nachtrust stelen, lopen steeds meer mensen als zombies over straat.

Ook onze politici worden hierdoor getroffen. Door mijn focus op de digitale dossiers en mijn interesse in gedragspsychologie viel me steeds meer op hoe de beschikbaarheid van data, socialemediaplatforms en smartphones met mobiel internet het gedrag van politici ingrijpend heeft veranderd. Overigens hadden ook technologieën als de boekdrukkunst, de telegraaf en de televisie effect op het menselijk en politiek handelen, maar vanwege de ongeëvenaarde schaal en snelheid van digitalisering is de impact onvergelijkbaar. Dit heeft verstrekkende gevolgen voor het politieke systeem, onder meer in de manier waarop het werk wordt gedaan, het debat wordt gevoerd en de wijze waarop politieke besluiten tot stand komen. De nadelige invloeden van digitale technologie op de politiek noem ik 'systeemfouten'.

Systeemfouten: controledrift, scoringsdrang en werkdwang

Het is heel vroeg in de ochtend van 3 juli 2020. Zwaar geïrriteerd tweet ik: 'Tweede Kamer is klaar met stemmen. De voorzitter hamert af om 5.10 uur. Ondanks voornemen om te stoppen met scorebordpolitiek en minder vergadertijd door #coronavirus is lijst moties weer absurd lang (bijna 400!!!). Het slaat nergens op, we maken onze wapens bot en onszelf gek.'

Samen met stadsgenoot en politieke vriend Gert-Jan Segers van de ChristenUnie rijd ik naar Amersfoort. Doodvermoeid proberen we elkaar wakker te houden maar ergens voorbij Utrecht krijgt de slaap mij in zijn greep en ben ik een seconde van de wereld. De auto zwenkt en ik trek mijn stuur net op tijd bij. Met moeite weet ik Gert-Jan veilig af te leveren en kom ik iets na 6.30 uur thuis. Het zomerreces is begonnen. Wij zullen zeker niet de enigen zijn geweest bij wie vermoeidheid de overhand kreeg, al hoop ik dat het bij andere Kamerleden niet tot gevaarlijke situaties heeft geleid.

De problematische gedragsverandering als gevolg van digitalisering vindt plaats dwars door alle politieke partijen heen. Ze is systemisch van aard, vandaar de term 'systeemfouten'.

De exponentiële groei van elektronische datasystemen heeft de bestuurlijke neiging tot maakbaarheid van de samenleving versterkt. Dit heeft door 9/11 en de daaruit ontstane obsessie voor aanslagen een enorme vlucht genomen en is doorgeslagen naar de eerste systeemfout: controledrift. Door steeds meer digitaal gegenereerde gegevens over burgers te verzamelen, proberen overheden hun bevolking te behoeden voor zaken als sociale fraude, kindermisbruik, aanslagen, cybercriminaliteit en recent ook het coronavirus. Terwijl het zeer de vraag is wat de inzet van al die data oplevert, is het inmiddels ook wel duidelijk dat dit tot forse schendingen van de rechtsstaat heeft geleid.

Deze neiging tot incident gedreven ingrijpen (de risico-regelreflex) zie je bij alle politici en speelt op elk beleidsterrein. Uiteindelijk gaan discussies over het migratievraagstuk, het belastingstelsel, het coronabeleid en de criminaliteitsaanpak allemaal over controle en het voorkomen van onrecht of het (her)verdelen van voordeel en nadeel, geluk en pech of zelfs leven en dood. In feite draait politiek altijd om de basale keuze tussen profiteurs en slachtoffers. Omwille van het ideaal van een rechtvaardige en veilige maatschappij treedt de overheid op als scheppende en sturende kracht. Niet zelden is een reactie disproportioneel en slaat het beleid als een pendule door naar het andere uiterste.

Hierbij speelt vertrouwen een cruciale rol. Niccolò Machiavelli schreef vijfhonderd jaar geleden: 'Een man die zich altijd en overal goed betoont, gaat noodzakelijk te gronde te midden van zovelen die niet goed zijn.' Omdat dit negatieve mensbeeld nog steeds dominant is, is de neiging groot om het basisprincipe van vertrouwen los te laten en het heft in eigen hand te nemen. Ondanks pleidooien van mensen als Jan Terlouw en Rutger Bregman voor een maatschappij van vertrouwen en een positief mensbeeld. Datasets maken ingrijpen extra verleidelijk dankzij hun belofte van inzicht in gedrag en motivatie van burgers. Helaas is de praktijk dat databestanden en automatische besluitvormingssystemen een verlengstuk van wantrouwen zijn geworden. Dit krijgt vorm via *securitization*, waarbij steeds meer instanties een veiligheidstaak krijgen, en via *surveillance*, waarbij burgers alsmaar meer gecontroleerd worden. Hoewel de intenties goed zijn is een toenemend opdringerige overheid problematisch, zoals verderop in dit boek zal blijken, en leidt digitale controlezucht tot beperking van vrijheid en rechten. Om de rechtsstaat te beschermen moeten we voorkomen dat onze verzorgingsstaat een controlestaat wordt.

Op de tweede plaats heeft de komst van digitale platforms als Facebook (2004), Twitter (2006) en Instagram (2010) de politieke drang naar zichtbaarheid een enorme impuls gegeven. Dit heeft geleid tot 'scorebordpolitiek', die ten koste gaat van een inhoudelijk en genuanceerd debat. Dat politici ijdel zijn is van alle tijden, maar sinds de komst van online nieuws en sociale media is 'in beeld zijn' – haast ongeacht de inhoud – een politieke hoofdzaak geworden. Politici doen er alles aan om op ons netvlies te blijven omdat ze anders niet herkozen worden.

Een andere diepgewortelde menselijke eigenschap die in de politiek een hoofdrol speelt is strijdlust. Niet voor niets wordt politiek vaak vergeleken met oorlog, bijvoorbeeld via militaire metaforen als 'veroveren' of 'verslaan'. Voorbeelden te over: 'De stelling is onverdedigbaar.' 'De kritiek trof het doelwit.' 'De argumenten zijn afgeschoten.'[3] Daarnaast is er het gebruik van sporttermen: 'er met gestrekt been in gaan', 'de Kamer buitenspel zetten'. In dit klimaat van de scherpe toon zijn rechtlijnigheid en stelligheid zo aantrekkelijk geworden dat compromissen en tegemoetkomingen tegenwoordig haast onverkoopbaar zijn.

Omdat ophef, krachttermen en conflicten ook weer op aandacht van de potentiële kiezers kunnen rekenen, versterkt deze scoringsdrang de polarisatie en politieke versnippering. Dit wordt in stand gehouden door de media, die vanwege reclame-inkomsten ook verlegen zitten om hoge kijkcijfers en veel clicks. Zo draait het in Den Haag dag in, dag uit om het volgen, analyseren en maken van nieuws. Nieuws lijkt gewichtig en smaakt zoet maar is in werkelijkheid lang niet altijd relevant en zo verslavend als suiker omdat je nooit verzadigd raakt. Daarnaast worden in nieuwsberichten risico's vaak verkeerd beoordeeld, is het nieuws onevenredig op de korte termijn gericht, bevestigt het onze misvattingen en versterkt het menselijke beoordelingsfouten.[4] Naast deze polariserende werking hebben nieuwsverslaving en scoringsdrang nog als groot nadeel dat politici de aandacht verliezen voor hun controlerende en wetgevende kerntaak.

Ten derde hebben smartphones en iPads met mobiel internet ervoor gezorgd dat hedendaagse politici zichzelf – nog meer dan voorheen – permanente beschikbaarheid kunnen opleggen, met haast onontkoombare werkdwang als resultaat. De fysieke uitputting en mentale stress die dit veroorzaakt leiden niet alleen tot een onveilige werkomgeving waarin burn-outs de pan uit rijzen, maar ze verslechteren ook de werking van het brein en daarmee de politieke besluitvorming over complexe vraagstukken. Met slecht doordacht – soms zelfs lukraak – beleid als gevolg. In de hoofdstukken 6 en 7 zal ik dit illustreren aan de hand van allerlei vruchteloze pogingen om met nieuwe digitale bevoegdheden de nationale veiligheid te dienen. Belangrijk hierbij is het verschil tussen 'diep werk' en 'oppervlakkig werk'. Diep werk is veeleisend en vraagt concentratie zonder afleiding (zoals het beoordelen van een wetstekst, het schrijven van een debatinbreng). Oppervlakkig werk is herhalend en vraagt minder cognitieve vaardigheid (zoals tussendoor twitteren).[5] Door alle communicatiemogelijkheden (sms'jes, appgroepen, e-mailboxen, pushberichten, sociale media en infotainment) is het vermogen tot diep werk in het digitale tijdperk afgenomen. En in ons parlement al helemaal. Omdat de buitenwereld denkt dat politici weinig uitvoeren, is er een grote drang om het tegendeel te bewijzen, met verergering van dit probleem als gevolg.

Wie met deze hoge werkdruk te maken krijgt, is al snel geneigd te bezuinigen op slaap. Waardoor je juist slechter gaat functioneren. Slaap herstelt namelijk het brein en het geheugen en is cruciaal voor goede denkprestaties. Verder is slapen niet alleen nodig om informatie te onthouden of om handelingen geconcentreerd uit te voeren, maar ook om stemmingswisselingen tegen te gaan en emoties te beheersen. Ik heb in Den Haag zo vaak gezien hoe vermoeidheid mensen ongeduldig, kortaf en labiel maakt. Soms ook met grensoverschrijdend gedrag en een onveilige werkomgeving als gevolg. Onthoud dus: slaapgebrek is schadelijk voor de volksgezondheid, arbeidsproductiviteit en verkeersveiligheid.[6] Juist omdat politiek gaat over belangrijke keuzes, zouden alleen uitgeruste politici besluiten moeten nemen.

Denkfouten: oordelen, overtuigingen en omgevingsinvloeden

Met een vermoeid lichaam en een uitgeput brein kan iemand geen goede besluiten nemen. Omdat dit in de politiek een sterk onderschat probleem is, voeg ik nog één onmisbare bouwsteen toe. Namelijk de even onderschatte als spectaculaire relatie tussen de politieke systeemfouten sinds de digitale revolutie en de psychologische denkfouten die voortkomen uit de menselijke evolutie. Het samenspel tussen beide zorgt namelijk voor een negatieve spiraal die ik met dit boek wil blootleggen.

Ruim vijftig jaar wetenschappelijk onderzoek heeft uitgewezen dat de rationele *homo economicus* – waarop onze samenleving grotendeels is gebaseerd! – een mythe is. De realiteit is dat alle mensen irrationele wezens zijn, die elke dag allerlei 'cognitieve fouten' begaan. Deze vinden hun oorsprong in onze ontstaansgeschiedenis: terwijl de wereld om ons heen in een paar honderd jaar enorm veranderd is, werkt ons brein nog hetzelfde als duizenden jaren geleden. Dat betekent dat we in feite rondlopen met een primitief brein in het digitale tijdperk. Psychologen noemen dit de *evolutionaire mismatch*, die bijdraagt aan problemen als milieuvervuiling, suikerziekte en Twitterverslaving.[7] Volgens hersenonderzoeker Victor Lamme heeft ons brein veel weg van dat van een aap of een rat en bepalen drijfveren als angst, hebzucht en kuddegedrag ons handelen in belangrijke mate. Omdat de menselijke natuur amper verandert, reageren we ongeveer hetzelfde op situaties als in het Stenen Tijdperk.[8]

Daar komt nog bij dat veruit de meeste processen in ons brein onbewust plaatsvinden. Niet alleen ademen of stofwisseling, maar ook oordelen vormen, dingen ervaren en keuzes maken. Maar liefst 90 procent van onze eigen hersenactiviteit dringt niet tot ons door.[9] Omdat we zoveel dingen onbewust doen, is van een echte vrije wil geen sprake. En omdat ons gedrag soms voorafgegaan wordt door een gedachte, concluderen we dat die gedachte het gedrag veroorzaakt, terwijl het twee dingen zijn die naast elkaar plaatsvinden, zoals schrijver en hoogleraar psychologie Ap Dijksterhuis prachtig laat zien in zijn boek *Het slimme onbewuste*.[10] 'Intuïties komen eerst, strategische redeneringen pas daarna,' benadrukt psycholoog Jonathan Haidt daarom.[11] Emoties spelen dus een grote rol in onze beslissingen en niemand ontkomt hieraan. Ook jij niet!

Zeker in de gecompliceerde en gedigitaliseerde wereld waarin we vandaag leven komt er meer informatie ons brein binnen dan we cognitief kunnen verwerken. In dit verband hebben onderzoekers als Daniel Kahneman, Hans Rosling en Robert Cialdini aangetoond dat onze keuzes en besluiten worden gestuurd door de *snelle oordelen* die we vellen, de *stellige overtuigingen* die we gedurende ons leven vormen en *sterke omgevingsinvloeden* waaraan we blootstaan, zoals verhalen en vertellers die inspelen op onze oerinstincten en verbeeldingskracht.

Allereerst stelt Kahneman dat ons brein een schip is met twee kapiteins: 'Systeem 1 werkt automatisch en snel, met weinig of geen inspanning en geen gevoel van controle. Systeem 2 omvat bewuste aandacht voor de mentale inspanningen die worden verricht, waaronder ingewikkelde berekeningen.'[12] Hij vat dit samen als het 'snelle brein' en het 'langzame brein'.

Om oordelen te vellen over het heden en de toekomst volgt ons snelle systeem 1 onbewuste voorkeuren of juist aversies en maakt gebruik van heuristieken: vuistregels en shortcuts. Vaak gaat dit goed, maar vaak ook niet. Daarom verkijken we ons geregeld op de complexe werkelijkheid en maken we systematisch – voorspelbare – denkfouten. Dit leidt tot *biases* (intuïtieve vooringenomenheden) en ruis (in vergelijkbare gevallen willekeurige en uiteenlopende besluiten nemen) en veroorzaakt zo slechte beslissingen.

Ten tweede herinneren we ons dingen anders dan ze daadwerkelijk gebeurd zijn en hebben we als het ware een 'verhalend zelf', dat onze ervaringen vervormt en er een eigen draai aan geeft.[13] Belangrijk in dit opzicht is de *peak-end rule*: het fenomeen waarbij ons geheugen wel het hoogte- of dieptepunt en het einde van een gebeurtenis opslaat, maar niet de duur ervan.[14] Dit soort breinprocessen zorgen er niet alleen voor dat onze tijdsbeleving verraderlijk is, maar geven ons ook het gevoel ons eigen gedrag te begrijpen en allerlei gebeurtenissen uit het verleden te kunnen verklaren.* Dit soort 'verhaaltjes' voelen goed maar vertroebelen onze blik op de werkelijkheid. Met slechte beslissingen als gevolg.

Op de derde plaats: hoewel we dus nogal vooringenomen en overtuigd zijn, zijn we ook makkelijk te beïnvloeden door het gedrag en de verhalen van anderen. Denkfouten spelen hierin een rol omdat de 'verhalende ander' deze in een verhit debat soms onbewust verspreidt. Dit gebeurt meestal in de vorm van een drogreden: een redenering die geldig of aannemelijk lijkt, maar dit niet is. Vaak zijn drogredenen hardop uitgesproken denkfouten (zoals een overhaaste generalisatie of het omkeren van oorzaak en gevolg), maar het kan ook gaan om een simpele jij-bak of een cirkelredenering.** Geregeld spelen anderen juist bewust in op ons emotionele brein en onze verbeeldingskracht. In deze gevallen spelen frames een hoofdrol. Het idee van framing is dat een andere formulering van dezelfde inhoud tot een andere conclusie leidt. Een overlevingskans van 90 procent klinkt bijvoorbeeld een stuk beter dan een overlijdenskans van 10 procent.

Toen ik me verdiepte in de manier waarop taal ons denken kan beïnvloeden, kwam ik erachter dat denkfouten en drogredenen vaak op één hoop gegooid worden, met als gevolg dat het onderscheid tussen onbewust en bewust handelen wegvalt. Zeker nu er steeds meer gemene trucs en valstrikken in het politieke

---

* Het is haast onvermijdelijk dat er overlap zit tussen ons oordelende breinsysteem 1 en ons verhalende zelf. Toch is hun werking en snelheid dusdanig verschillend dat ik ze als twee aparte mechanismen heb opgevoerd.

** Jij-bak: niet ingaan op de inhoud van een boodschap, maar de brenger ervan aanvallen. Cirkelredenering: een redenering waarbij de uitkomst hetzelfde is als het uitgangspunt. 'Het is mijn fiets dus die fiets is mijn eigendom.'

debat sluipen (onmogelijke vragen, voortdurende onderbrekingen, onjuiste samenvattingen, persoonlijke aanvallen) vind ik het onderscheid tussen per ongeluk iemand op het verkeerde been zetten en met voorbedachten rade misleiden cruciaal. Dit bepaalt immers iemands intenties.

Een voorbeeld. In 2016 voerde ik in aanloop naar het referendum over het associatieverdrag met Oekraïne felle debatten met Thierry Baudet, Jan Roos en SP-Kamerlid Harry van Bommel. Steeds weer beweerden zij dat dit verdrag een opmaat naar het EU-lidmaatschap van Oekraïne zou zijn. Dit was absoluut – en bewezen – onjuist, maar ze bleven het maar herhalen. De vraag is natuurlijk: deden ze dit onbewust vanuit hun stellige overtuiging en betrof het dus 'slechts' een drogreden, of deden ze dit als bewust frame, een debattruc dus, om mensen af te schrikken? Omdat ik niet in hun hoofd kan kijken, moet ik het antwoord helaas schuldig blijven en dat maakt het onderscheid tussen drogredenen en framing nu juist zo ongrijpbaar.

Er zijn afgelopen decennia vele tientallen denkfouten ontdekt. Bekende voorbeelden zijn het placebo-effect, waardoor een neppil ons beter maakt, het aureool-effect, waarbij we iemand met een knap uiterlijk grote capaciteiten toedichten, of de *confirmation bias*: overmatige waarde hechten aan informatie die je eigen overtuigingen bevestigt. Ook complottheorieën zijn gebaseerd op denkfouten (zoals schijncausaliteit en tunnelvisie*) en er bestaat zelfs een 'Google-effect': de neiging om makkelijk beschikbare informatie sneller te vergeten. Voor wie meer wil weten over dit fantastische fenomeen heb ik achter in dit boek een lijst opgenomen met de belangrijkste denkfouten en drogredenen. Wat je nu moet onthouden is dit: omdat denkfouten zich

---

* Schijncausaliteit: een samenloop of een samenhang van dingen (correlatie) aanzien voor een directe oorzaak-gevolgrelatie. Tunnelvisie: alle informatie vanuit één bepaalde theorie bezien.

keer op keer op dezelfde manier manifesteren, zijn wij mensen en dus ook politici 'voorspelbaar irrationeel'.[15]

Denkfouten vormen evengoed in de politiek een blinde vlek, en dat terwijl de reclamewereld, gokbedrijven en loterijen, de luchtvaartindustrie, de gezondheidszorg en niet in de laatste plaats de internetsector, met haar sturende content, *persuasive technology** en krachtige algoritmes, grif gebruikmaken van deze psychologische kennis. Weliswaar maakt de overheid soms gebruik van *nudging*** om het gedrag van burgers te beinvloeden en proberen spindoctors het debat naar hun hand te zetten, maar in het proces van politieke besluitvorming wordt de invloed van onbewuste denkfouten schromelijk onderschat. In de Tweede Kamer wordt nog steeds gedaan alsof politici toch die redelijke en rationele *homines economici* zijn. Ten onrechte: mensen nemen besluiten op emotionele wijze. Juist door dit wetenschappelijke inzicht beter te benutten zou de politieke besluitvorming fors kunnen verbeteren.

De politieke snelkookpan

Ik kan me voorstellen dat het je nu duizelt. Daarom een kleine samenvatting. In het digitale tijdperk zijn drie systeemfouten de politiek binnengeslopen:

1. Controledrift, oftewel doorgeslagen maakbaarheid – het dwingende idee dat je als idealistische bestuurder de wereld kunt controleren en dat de overheid de samenleving vol-

* Persuasive technology: technologie ontworpen voor psychologische beïnvloeding.

** Bij nudging beïnvloed je iemands keuze impliciet en onnadrukkelijk, waarbij diegene niet het gevoel heeft tot een keuze gedwongen te worden.

ledig moet (bij)sturen. Dit wordt gesterkt door het feit dat we oneindig veel data kunnen verzamelen over mensen en hun gedrag. De bedoeling is doorgaans goed, maar we hebben (zoals bij de toeslagenaffaire) gezien dat onbeteugelde datadrift van de overheid kan leiden tot schendingen van burgerrechten.

2. Scoringsdrang, oftewel doorgeslagen zichtbaarheid – de continue drang om jezelf en de partij te laten gelden door te laten zien wie je bent en door de strijd aan te gaan. Dit levert aandacht op maar gaat ten koste van de inhoud. Want een ijdele en hijgerige politicus die punten wil scoren op sociale media stuurt tweets en tikt Facebookposts maar komt onvoldoende aan Kamerstukken of wetsteksten toe. De directe verbinding tussen politicus, media en potentiële kiezer voedt deze drang. Zoals we zien bij al die Kamerleden die filmpjes met succesvolle debatfragmenten op Twitter zetten.
3. Werkdwang, oftewel doorgeslagen beschikbaarheid – de werkcultuur waarin je 24/7 aanwezig moet zijn voor politieke stresssituaties en/of dag en nacht bereikbaar moet zijn voor digitale stoorzenders in de vorm van e-mails, whatsappjes en pushberichten. Dit leidt tot slaaptekort, burn-outs, gebrek aan concentratie en mentale uitputting. Het resultaat is de politieke junk die gegijzeld wordt door zijn smartphone en als een politieke zombie steeds slechtere beslissingen neemt. Deze werkdwang wordt weer verergerd door de scoringsdrang, die zorgt voor steeds meer Kamerdebatten, moties en hoofdelijke stemmingen, waar iedereen bij móét zijn.

Bovenstaande drie systeemfouten werken zowel een wantrouwige bestuurscultuur, een vijandige debatcultuur als een ongezonde vergadercultuur in de hand. Om grip op de zaak te krijgen, klampen coalitiepartijen zich vast aan een gedetailleerd regeerakkoord en worden Kamerleden ingetoomd via doorgeslagen fractiediscipline* en coalitiedwang die de politieke tegenmacht en tegenspraak inperken. Op haar beurt vergroot de oppositie elk incident uit en bedient ze zich van een keiharde afrekencultuur waarbij koppen moeten rollen. Gezonde argwaan wordt zo steeds vaker giftig wantrouwen, dat met grote woorden wordt geëtaleerd. Deze doorgeslagen oppositiedrang werkt ook verdergaande verruwing van het debat in de hand, hetgeen weer overslaat naar de samenleving, waarin mensen steeds feller en intimiderender protesteren. De optelsom van beide is dat kabinet en Kamer elkaar eindeloos doldraaien. Politici doen graag smalend over een 9-tot-5-mentaliteit, maar versterkt door digitale communicatiemiddelen zijn ze zelf gevangen geraakt in een cultuur van 24/7 aanstaan. Deze uitputtingsslag is slecht voor politici, de politiek en daarmee de samenleving, die steeds minder begrijpt van – en begrip heeft voor – de beslommeringen op het Binnenhof.

De drie systeemfouten vormen als het ware een hefboom voor de latent aanwezige menselijke denkfouten. Er zijn vele tientallen denkfouten, maar ze zijn grofweg onder te verdelen in drie hoofdcategorieën:

1. Snelle oordelen – ons snelle breinsysteem 1 hanteert vuistregels en beoordeelt situaties en mensen te snel, waardoor we vooringenomen zijn en inschattingsfouten maken. Voorbeelden van denkfouten die grote invloed hebben op de politiek: *What you see is all there is* van Daniel Kahneman, en het éénperspectiefinstinct van Hans Rosling, waardoor we cruciale dingen (zoals digitalisering!) over het hoofd zien. Ook diep ingebakken reflexen zoals de menselijke afkeer

* Fractiediscipline: discipline om zich bij stemmingen en politieke uitspraken te houden aan de afspraken die in de fractie gemaakt zijn.

van verlies (verliesaversie) en verandering (*status quo bias*) vallen hieronder. Haast, geldingsdrang en stress versterken deze vanzelfsprekende no-brainers en 'snel-snel-denkfouten'.

2. Stellige overtuigingen – ons verhalende zelf vervormt onze levenservaringen en maakt er overtuigingen van. Deze 'narratieve misleiding' (in de woorden van schrijver Nassim Taleb[16]) bestaat uit verklaringen en theorieën die vaak niet kloppen maar waar we ons wel door laten leiden omdat ze zo lekker aanvoelen. Voorbeelden: de confirmation bias, die ons doet zoeken naar bevestiging van wat we eigenlijk al 'weten'; de *hindsight bias*, waardoor we met achterafkennis stellige maar onjuiste conclusies trekken over gebeurtenissen en beslissingen. Ook zondebokpolitiek is het gevolg van een te stellige overtuiging, namelijk over de schuldvraag. Deze categorie denkfouten veroorzaakt de vele dogma's en onwrikbare standpunten in politiek Den Haag.
3. Sterke omgevingsinvloeden – we worden natuurlijk ook gestuurd door onze omgeving. De verhalen en het gedrag van andere mensen zijn van grote – onbewuste – invloed op ons gedrag en onze keuzes. Dit gaat op twee manieren. Allereerst nemen mensen elkaars onbewuste denkfouten over (via drogredenen) en ten tweede spelen mensen bewust in op denkfouten (via framing, verhullende taal, verkooptrucs, debattrucs), zoals onder meer Drew Westen met zijn 'politieke brein'[17] en Robert Cialdini met zijn zes 'beïnvloedingswapens'[18] overtuigend hebben laten zien.

De waanzinnige wisselwerking

De systeemfouten die gedurende het digitale tijdperk steeds meer hun stempel op de politiek zijn gaan drukken, hebben een versterkend effect op de denkfouten die mensen van nature maken. Werkdwang en slaapgebrek maken het brein moe en extra vatbaar voor denkfouten. Controledrift zorgt vaak voor overhaaste en dus ondoordachte daadkracht, zoals we vaak zien tijdens crises. Scoringsdrang en zelfbevestiging maken onze omgeving belangrijk, waardoor we hypergevoelig worden voor de meningen – en handelingen – van anderen. Daar komt nog bij dat mensen door de razendsnelle veranderingen, de toenemende onbalans en de onzekere wereldorde een groeiende behoefte hebben aan houvast in de vorm van simpele verklaringen en hapklare duiding. Dit maakt snelle oordelen, stellige overtuigingen en sluwe frames extra aantrekkelijk, omdat ze het leven voor even overzichtelijk en vertrouwd maken.

De systeemfouten oefenen druk uit op politici omdat die onderdeel zijn van het door digitalisering zo veranderde politieke systeem. De denkfouten oefenen invloed uit omdat politici nu eenmaal mensen zijn. Het samenspel tussen systeemfouten en denkfouten verzwakt de democratie *van binnenuit*. En dat heeft weer als gevolg dat de hedendaagse politiek minder opgewassen is tegen de toenemende druk die digitalisering en globalisering *van buitenaf* uitoefenen op onze democratie. Deze waanzinnige wisselwerking tussen technologie, psychologie en politiek zorgt ervoor dat onze democratie crasht.

De democratie is belangrijker dan je denkt

De kans bestaat dat je nu denkt: het zal zo'n vaart niet lopen met die crash. Of misschien zelfs: laat het dan maar lekker crashen. Maar dat kunnen we ons echt niet permitteren. De democratie is namelijk veel belangrijker dan je denkt. Democratie gaat veel verder dan verkiezingen en meerderheidsbesluitvorming. Een democratie kent immers ook inhoudelijke – rechtsstatelijke – principes, zoals individuele vrijheid, gelijkheid voor de wet, respect voor mensenrechten en bescherming van minderheden. Dat kan geen enkel ander politiek systeem de democratie nazeggen! In hoogwaardige democratieën zoals de onze zijn de wens van de bevolking en de vrijheid van het individu onlosmakelijk met elkaar verbonden en voortdurend op zoek naar balans. Idealiter beschermen democratie en rechtsstaat elkaar zelfs en is er sprake van een *democratische rechtsstaat*, ook wel 'liberale democratie' genoemd.[19] Die laatste term laat zien dat het liberalisme na de Koude Oorlog verwerd van een politieke ideologie tot hét fundament van het politieke systeem in het Westen. Met als belangrijke kenmerken: naleving van de grondwet, het respecteren van internationale verdragen, onafhankelijke wetenschap, persvrijheid en het bewaken van de machtenscheiding.

Een democratische rechtsstaat valt of staat met de kwaliteit van parlementaire controle en rechterlijke tegenmacht. Maar het afgelopen decennium werden de voortdurende scoringsdrang en toenemende vijandigheid steeds meer een sta-in-de-weg van de controlerende en wetgevende taak van de Tweede Kamer. Met als gevolg dat de datagedreven controledrift van het kabinet steeds meer ruimte kreeg. Niet alleen komen overheidsbesluiten steeds moeizamer tot stand, ook staan ze inhoudelijk steeds vaker op gespannen voet met de rechtsstaat én worden ze door het parlement steeds slechter gecontroleerd.

Naast deze indirecte schade brengt de Tweede Kamer helaas ook steeds vaker directe schade toe aan de democratische rechtsstaat. Rond de eeuwwisseling ging het nog over de verruwing van het debat door grof taalgebruik. Zo was iedereen in rep en roer toen Jan Marijnissen 'even dimmen' zei tegen Kamervoorzitter Frans Weisglas. Niet alleen zijn verbaal geweld en onderling geruzie de afgelopen decennia steeds bepalender geworden, ook worden bewindspersonen, journalisten en wetenschappers verdacht gemaakt en ondermijnen Kamerleden zelf de democratische instituties door te spreken van een 'nepparlement' of een 'bananenmonarchie' en door elkaar te dreigen met 'tribunalen'.[20]

De wrange conclusie van dit hoofdstuk is dat de waanzinnige wisselwerking tussen systeemfouten en denkfouten in het digitale tijdperk geleidelijk steeds meer schade toebrengt aan onze democratische rechtsstaat. Alleen zien we het niet, zoals we zoveel belangrijke aspecten van digitalisering niet helder voor ogen hebben. In de volgende hoofdstukken laat ik aan de hand van praktijkvoorbeelden uit de Tweede Kamer zien hoe het hier geschetste proces concreet in zijn werk gaat.

2

Techreuzen en kabouterpolitiek

Waarom big tech haast overal mee wegkomt

Wie een willekeurige website bezoekt wordt getrakteerd op een venster over cookies: bestandjes die de aanbieder van een website op je computer zet. De cookiemelding verdwijnt pas door op 'OK', 'Ja' of 'Akkoord' te klikken. Het overgrote deel van de mensen doet dit, zonder te lezen waar ze akkoord op geven. Zo staan veel mensen gedachteloos toe dat bedrijven zo veel mogelijk informatie over hen verzamelen. Het internet staat dus vol met irritante pop-upschermen die amper iets uitrichten tegen het verdienmodel waarmee internetbedrijven hun miljarden binnenhalen.

Deze blunder heet 'de cookiewet' en heb je mede aan mij te danken. Sorry daarvoor. Als jong en onstuimig Kamerlid trad ik in 2011 toe tot een monsterverbond van PvdA en PVV dat het gebruik van cookies wilde stoppen. Die intentie was goed, alleen was de aanpak verkeerd. Hoewel ik daar destijds nadrukkelijk voor gewaarschuwd werd, hield ik mijn poot stijf. Er móést íéts gebeuren! Al snel bleek dat de goedbedoelde cookiewet het probleem niet oploste maar eerder verergerde. Het principiële onrecht dat we voelden vanwege de grootschalige privacyschendingen vanuit Silicon Valley ging gepaard met politieke onmacht en overhaaste dadendrang. Met als resultaat een gemankeerde wet uit de Haagse kaasstolp.

Dat de Tweede Kamer wilde ingrijpen was op zich terecht. Grote techbedrijven als Facebook en Google werden dankzij onze persoonsgegevens de wereldmachten die ze vandaag de dag zijn. Aan het begin van deze eeuw stortte de Amerikaanse internetbeurs in en de dotcomcrisis drukte internetbedrijven met de neus op de feiten: in plaats van een zeepbel was een hard verdienmodel nodig. Zo ontstond de op data gebaseerde advertentieverkoop waarmee big tech tegenwoordig zijn miljarden verdient. Hoewel politici na jaren van passiviteit inzien dat het nodig is om burgers te verdedigen tegen technologiebedrijven met datamacht, staan ze relatief machteloos. Dit gebrek aan grip is moeilijk te verkopen aan kiezers die daadkracht verwachten, dus proberen ministers en Kamerleden hun machteloosheid te verhullen door zich druk te maken over randzaken en details waar ze wel invloed op hebben. Zo leidt politieke scoringsdrang bij complexe internationale vraagstukken vaak tot micromanagement en symbolische ingrepen van de Tweede Kamer. Van dit soort kabouterpolitiek liggen Mark Zuckerberg en Elon Musk natuurlijk geen seconde wakker.

Van internetheld tot cookie-kneus

Het gebeurde allemaal op 8 juni 2011, tijdens de behandeling van de Telecomwet. Deze wet viel onder Economische Zaken en dus bleek ik als mkb-woordvoerder degene die hierover ging. Als toenmalig digibeet zag ik het belang er niet direct van in maar mijn toenmalige medewerker Edo Haveman zag het internet wel als kansrijk onderwerp. Hij is degene geweest die mij op het spoor van digitalisering heeft gezet. Daar ben ik hem dankbaar voor, en dat hij nu voor Facebook werkt doet daar niets aan af.

Terwijl het in aanloop naar de wetsbehandeling vooral over cookies ging, wees Edo me op het fenomeen 'netneutraliteit': het principe dat internetproviders alle gegevens op het internet gelijk behandelen, ongeacht gebruiker, inhoud, website of platform. Het beprijzen, filteren, blokkeren of versnellen van bepaalde datapakketten in het belang van bepaalde bedrijven is daarmee verboden. Dit fundament voor een vrij en open internet wilde hij vastleggen in de Nederlandse wet. Als het ons lukte, zou Nederland na Chili het tweede land ter wereld worden dat dit deed en werd ik misschien wel de held van het internet. Dat leek me wel wat, dus schreven we een amendement op de Telecomwet. PvdA, SP en GroenLinks steunden het, maar een meerderheid was nog ver weg. Dus begon ik mijn inbreng tijdens het debat vol elan:

> *Voorzitter, de inzet van dit debat is hoog. Het gaat over termen die online gevleugeld zijn, maar ook over zaken die heel goede uitleg behoeven. Ik noem bijvoorbeeld de term 'cookies', kleine databestandjes op ieders computer, of 'deep packet inspection', de virtuele gleufhoed die in uw computer gluurt. En natuurlijk netneutraliteit. Een open en vrij toegankelijk internet. Zonder dat telecomproviders bepalen wat u doet, bekijkt of downloadt.*[1]

Omdat netneutraliteit het beprijzen van datastromen in de weg staat, is chatten via het internet gratis. KPN vreesde daarom dat communicatie via WhatsApp en Skype het betaalde sms- en belverkeer grotendeels zou gaan vervangen. Het telecombedrijf stuurde hun topman naar Den Haag voor een gesprek, waarin ik als groentje met moeite overeind bleef. EZ-minister Verhagen en coalitiefracties VVD en CDA waren echter wel gevoelig voor de noodkreet van de telecomsector en keerden zich tegen mijn voorstel. Omdat de VVD intern verdeeld was, stelde hun woordvoerder nog een afgezwakte vorm van netneutraliteit voor, die wij vervolgens smalend 'nepneutraliteit' noemden. Dit frame deed het goed op Twitter maar het maakte de onderlinge verhoudingen er natuurlijk niet beter op. Een typisch voorbeeld van de manier waarop onderlinge kampenstrijd ten koste gaat van een inhoudelijk debat.

Voor een Kamermeerderheid had ik de PVV nodig en dat lag nogal moeilijk. Niet alleen omdat D66 zich flink afzette tegen de PVV, maar ook omdat Geert Wilders als gedoger van de coalitie weinig speelruimte gaf aan zijn fractieleden. Ook hun telecomwoordvoerder Jhim van Bemmel was met handen en voeten gebonden. Toch zag ik een mogelijkheid: Jhim was toevallig druk bezig met zijn plan om cookies te verbieden. Omdat D66 privacy belangrijk vindt en omdat hij dit samen deed met het ervaren – en digitaal goed ingevoerde – PvdA-Kamerlid Martijn van Dam, was mijn inschatting dat het steunen van zijn voorstel een no-brainer was. Martijn was in mijn ogen niet alleen een autoriteit, ook vond ik hem sympathiek. Een typisch voorbeeld van de denkfouten *authority bias*, die maakt dat we te veel waarde hechten aan de mening van een deskundige, en *sympathy bias*, waarbij we ons te veel laten leiden door iemand die we aardig vinden. Dat zijn twee factoren – 'beïnvloedingswapens' in de woorden van psycholoog Robert Cialdini – waar mensen zich sterk door laten leiden. Zo ook ik. Omdat Jhim zelf geen steun had van VVD en CDA, kon D66 zijn cookiewet aan een meerderheid helpen en kon ik in ruil daarvoor mijn netneutraliteit binnenhalen. Politiek was ik misschien onervaren, maar sjacheren had ik in mijn mkb-tijd wel geleerd.

In de cookiewet eisten we 'ondubbelzinnige toestemming' (onthoud die term!) voor het plaatsen van cookies. Dit was inhoudelijk terecht, maar omdat we geen onderscheid maakten tussen verschillende soorten cookies, was de wet moeilijk te interpreteren en uit te voeren. Er zijn functionele en analytische cookies, die nodig zijn voor het functioneren van een website en het volgen van bezoekersstatistieken. Deze zijn niet schadelijk voor de privacy, terwijl *tracking cookies* dat wel zijn: hiermee volg je mensen om ze vervolgens gerichte advertenties te kunnen aanbieden. Als de Kamer dit onderscheid had gemaakt, dan was de cookiewet minder rampzalig geweest. Op dit inzicht werd ik van alle kanten gewezen en vlak voor de stemming kwam er zelfs een sms-bombardement tegen de cookiewet. Omdat deze actie georganiseerd bleek door de lobbyclub voor datagedreven marketingbedrijven, die heel veel cookies plaatsen, nam ik hun argumenten niet serieus. In plaats van de boodschap te beoordelen op de afzender – een klassieke drogreden – had ik beter de inhoud kunnen wegen.

Twee weken na het debat, op 21 juni 2011, stemde de Kamer voor zowel de cookiewet als mijn voorstel om netneutraliteit wettelijk vast te leggen. Bellend met 'Geert' (Wilders) naast hem had Jhim mij kort voor de officiële stemming al verteld dat de PVV mijn voorstel zou steunen. Mijn dag kon dus niet meer stuk. Totdat de PvdA per ongeluk voor een duister voorstel van CDA en SGP stemde dat providers de mogelijkheid zou geven om op ideële gronden bepaalde websites te blokkeren. Zo kwam er alsnog een vorm van internetcensuur in de wet! Uit onervarenheid – en met de geldingsdrang van een jonge labrador – maakte ik stampij voor de dankbare camera's van de NOS. Terwijl de PvdA het administratieve foutje een paar dagen later geruisloos kon herstellen.

Zowel netneutraliteit als de cookiewet was een feit. Voor het eerste was wel enige waardering maar het tweede zorgde al snel voor hoon. In plaats van de gedroomde status van held van het internet was ik een van de cookie-kneuzen geworden. Gedreven door de wens om een politiek doelpunt te scoren had ik juist een bal doorgelaten.

'Wie zwijgt stemt toe'

Na een paar jaar stilte terwijl het schaamrood me op de kaken stond, kwam ik in de Tweede Kamer terug op de gemankeerde cookiewet. Hoewel spindoctors mij adviseerden de cookiewet dood te zwijgen en 'niet in de vlek te wrijven', wilde ik mijn fout rechtzetten. Omdat we alle cookies op één hoop hadden gegooid, vroegen internetbedrijven voor de zekerheid nu namelijk bij álle cookies toestemming, waardoor een woud aan pop-ups en cookiemuren was ontstaan.

Eén les die ik had geleerd was dat de Kamer zich bij wetgeving niet blind moet staren op een bepaalde technologie (cookies) maar – weliswaar met voldoende kennis van de techniek – het maatschappelijk vraagstuk centraal moet stellen. Bij het volgen van het online gedrag van mensen is de kernvraag of dit acceptabel is en zo ja, onder welke voorwaarden. De waarde die de cookiewet heeft gehad, is dat de hieruit voortkomende meldingen het massaal volgen van internetgebruikers zichtbaar hebben gemaakt. Want hoe brak ook, de wet zorgde ervoor dat Nederlanders zich bewust werden van het feit dat ze gevolgd worden op internet.

Hierbij draait het om het liberale kernprincipe van keuzevrijheid en toestemming. De vraag is alleen: hoe geef je dan toestemming om gevolgd te worden? En hoe bewust gaat dat eigenlijk? Dit is waarom je de term 'ondubbelzinnige toestemming' moest onthouden. En dit is waar de Kamer op 2 oktober 2014 een hele middag over debatteerde. Privacygerichte partijen vonden dat er sprake moest zijn van 'expliciete, geïnformeerde, ondubbelzinnige en/of bewuste toestemming': pas als je na zorgvuldige lezing van de cookiemelding volmondig ja zegt, dan stem je toe. Partijen die dat te veel gedoe vonden, wilden een meer impliciete vorm van toestemming: als je doorklikt, mag je geacht worden toestemming te geven. Zo vond de VVD dat de informatie over cookies gewoon transparant moest zijn, en dat de manier van toestemmen niet uitmaakte. Impliciet, expliciet: potato, patato, het maakte ze allemaal niet uit. Toestemming is toestemming. Daar ben ik het totaal niet mee eens, want in wezen baseer je het geven van toestemming dan op het holle credo 'Wie zwijgt stemt toe'. Nota bene een drogreden, want het is een (onjuiste) conclusie op basis van iets wat helemaal niet gezegd wordt! Ik wilde dit punt maken en gebruikte een daarvoor bekende debattruc. Ik vatte het VVD-verhaal selectief samen, en vergrootte de verschillen flink uit:

> *De VVD zegt: doe maar een balkje of een pop-up voor drie seconden of doe maar ergens in een hoekje iets; als mensen dan doorklikken, hebben ze toestemming gegeven. Maar dat is 'neptoestemming'; dat is een schijnkeuze. Ik vind dit echt een fundamenteel verschil. Ik zit heel ver van de lijn van de VVD-fractie af.*[2]

In deze stekelige sfeer kwamen we niets verder. Ik diende nog een voorstel in waarin ik de term 'toestemming' verving door 'ondubbelzinnige toestemming', maar kreeg bijzonder weinig steun.[3] Ook minister Kamp van Economische Zaken, die de digitale debatten altijd met geduld en nauwkeurigheid voerde, vond impliciete toestemming voldoende. Aan het eind van de dag beantwoordde de VVD mijn oppositietruc met een beproefde coalitietruc: de verschillen tussen standpunten bagatelliseren en zo suggereren dat iedereen het in wezen met elkaar eens is.

Maar met gevoel voor drama hield ik de boot af:

> *Eén muisklik is het verschil tussen de heer De Liefde [van de VVD] en mij, en één muisklik op internet is een miljardenindustrie. Laten we dus niet net doen of we allemaal hetzelfde denken over dit onderwerp.*[4]

Politiek maakte ik die dag weinig klaar, maar het publiek bespeelde ik met verve. Het laat zien hoe de Kamer zichzelf door scoringsdrang lamlegt, waardoor ze er niet in slaagt om de digitale machten waaraan we die drang te danken hebben te bedwingen.

De psychologie achter technologie

Ik was misschien een drammer, maar laten we wel wezen: de digitale miljardenindustrie draait om muiskliks die waardevolle data opleveren op de advertentiemarkt. Een bewustere vorm van toestemming betekent een rem op ons razendsnelle breinsysteem 1, dat direct door wil klikken en daarmee onze privacy te grabbel gooit. Terwijl de techreuzen de manier van toestemming geven eenzijdig kunnen afdwingen via hun platforms, kunnen politici enkel achteraf stroperige pogingen tot regulering doen. Waarbij het vinden van een meerderheid al uiterst lastig is. Dit tekent het machtsverschil.

Maar het probleem reikt verder dan persoonsgegevens en privacy, want de mechanismes achter digitale platformen zetten het hele idee van menselijke autonomie op het spel. Met allerlei psychologische trucs slagen de grote techbedrijven er doorlopend in om ons gedrag te beïnvloeden. Iedereen die wel eens online een hotel heeft geboekt kent het stressgevoel van misgrijpen. De zin 'Nog maar 1 accommodatie beschikbaar' zorgt voor een fysieke reactie: spanning in de buik, aangespannen spieren, licht zweten. De reflex is om direct te boeken. Hiermee vergelijkbaar is onze neiging om af te gaan op beoordelingen van eerdere bezoekers. Gebruikmaken van denkfouten als onze gevoeligheid voor schaarste, onze angst voor verlies, de *fear of missing out* en onze neiging tot kuddegedrag is een vorm van *persuasive design* gebaseerd op effectieve marketingtrucs.

Zo doet de internetindustrie er alles aan om ons over te halen om toestemming te geven, waarbij gebruiksvriendelijke inventiviteit en schaamteloze misleiding naadloos in elkaar overlopen. Daarom concluderen onderzoekers dat weloverwogen (ondubbelzinnige) toestemming de grootste leugen van het internet is.[5] Dat de politiek een blinde vlek heeft voor psychologie en de mens nog steeds als een rationele beslisser ziet, is in het voordeel van de sluwe internetindustrie, die wel beter weet.

Hoe de datamacht van big tech mens en maatschappij beschadigt

De laatste jaren groeit de maatschappelijke onvrede over het gedrag van de techreuzen. Zo wordt steeds duidelijker dat big tech oneerlijk concurreert. Vroeger zorgden – op fysieke schaalvoordelen gebaseerde – monopolies op het gebied van bijvoorbeeld olie, suiker, tabak of computersoftware voor hogere prijzen. Omdat je aan Google en Facebook betaalt met je data is er nu iets anders aan de hand: door het zogenaamde netwerkeffect heeft dit handjevol megaspelers alle data in handen gekregen en kunnen ze hun diensten sterk verbeteren.* De Google zoekmachine is bijvoorbeeld onverslaanbaar, juist omdat hij zo massaal gebruikt wordt. Dit is een prachtig voorbeeld van wat Nassim

---

* Het 'netwerkeffect' wil zeggen dat meer gebruikers waarde toevoegen aan een dienst, hetgeen in hoge mate geldt voor de socialemediaplatforms. Economen spreken in dit verband ook wel van het *first-mover advantage*: degene die het eerst in een markt komt, profiteert daarbij van het gebrek aan concurrentie. Wie het eerst komt, die het eerst maalt. In de (exponentiële) data-economie leidt dit tot het *winner-take-all*-principe: door de grote schaalbaarheid van hun dienst groeit de voorsprong van de winnaars snel.

Taleb de *swimmer's body illusion* noemt, de denkfout waarbij we oorzaak en gevolg in ons hoofd automatisch verwisselen: je denkt dat mensen door veel te zwemmen het lichaam van een zwemmer krijgen, maar misschien zwemmen ze juist wel veel omdát ze zo'n lichaam hebben. In het geval van Google: we redeneren dat Google goed is en daarom veel wordt gebruikt. We vergeten dat Google veel wordt gebruikt en juist daarom zo goed blijft.

Vanuit hun machtspositie werpen de grote technologiebedrijven hoge drempels op om te voorkomen dat consumenten weglopen. De 15 tot 30 procent commissie die Apple voor zijn downloadwinkel rekent, werd lange tijd geslikt omdat het bereiken van een groot publiek haast niet buiten de App Store om gaat. Als er in dit oneerlijke speelveld toch een veelbelovende uitdager opstaat, dan wordt deze snel opgekocht, zoals gebeurde bij YouTube en Instagram. Toezichthouders geven wel boetes voor misbruik van marktmacht maar die staan in geen enkele verhouding tot de opbrengsten van deze praktijken: jarenlange rechtszaken leiden in het beste geval tot boetes die overeenkomen met dag- of weekomzetten.

Daarnaast leidde datadrift herhaaldelijk tot privacyschandalen, met name bij Facebook, dat voor 99 procent afhankelijk is van advertentie-inkomsten. Al in 2010 probeerde Facebook-topman Zuckerberg het belang van privacy te relativeren met een nieuw frame: '*Privacy is no longer a social norm.*' Een ander frame is dat Zuckerberg benadrukt dat er altijd een 'gratis' Facebook zal zijn. Dat dit een leugen is, bleek toen hij aan de Amerikaanse Senaat uitlegde hoe dit mogelijk is: '*Senator, we run ads.*' En die advertenties zijn allesbehalve gratis: onze persoonsgegevens zijn de prijs.*

---

* Opvallend genoeg hamert Apple de laatste tijd juist op privacy. Dit is positief maar niet vrij van opportunisme. Met privacymaatrege-

Ook op het gebied van arbeidsrecht en auteursrecht zijn er herhaaldelijk overtredingen: met haar gigantische inkoopmacht weet Amazon schrijvers te dwingen om hun werk voor een steeds lagere prijs te verkopen. Ook iTunes en Spotify maken zich schuldig aan broodroof door kleinere artiesten nauwelijks te laten delen in de opbrengsten. Bovendien wordt het eigen personeel uitgebuit. Aan de buitenkant lijkt het prachtig om bij een technologiebedrijf te werken, maar wie content-moderator is bij Facebook, fabrieksarbeider bij Apple of magazijnmedewerker bij Google, weet wel beter.

Tot slot is er nog het onomstotelijke feit dat de techreuzen amper belasting betalen. De twintig grootste economieën ter wereld liepen in 2020 maar liefst 32 miljard dollar aan belasting mis van Amazon, Apple, Google, Facebook en Microsoft.[6] Microsoft-oprichter Bill Gates probeert zijn imago nog op te poetsen door zich als gulle gever te manifesteren. Maar oneerlijk verkregen geld wordt niet eerlijk door een deel ervan weg te geven.

De Europese privacywet AVG en de nationale klaagzang

Ondanks het feit dat deze uitwassen burgers en het midden- en kleinbedrijf schaden, laten politici big tech ermee wegkomen. Zo nam de Europese Unie recent twee grote wetten aan over sociale-mediaplatforms: de Digital Markets Act (DMA) en de Digital Services Act (DSA). Hoewel hierin stappen worden gezet richting eerlijke concurrentie bleef de EU voorzichtig. Zo moet het mogelijk worden om appjes te sturen van Signal naar WhatsApp.

---

len snijdt Apple de concurrentie de pas af bij het volgen van online gedrag. Ook leidt de privacyboodschap de aandacht handig af van de kritiek op de hoge commissies die aanbieders moeten betalen om hun apps in de App Store aan te bieden.

Een hele vooruitgang, maar voor Facebook en Twitter gaat deze interoperabiliteit dan weer niet gelden. De immense lobbykracht – ter waarde van dertig miljoen per jaar – van big tech in Brussel is hier debet aan, maar ook nationale belangen staan een Europese aanpak vaak in de weg.[7] Zo verzetten Luxemburg en Ierland zich tegen een Europese digitaks; niet toevallig de landen waar Europese hoofdkantoren van Amerikaanse techbedrijven staan.

Ook micromanagement en symboolpolitiek staan een adequate reactie op de macht van big tech vaak in de weg. Toen de Tweede Kamer in 2018 de Nederlandse uitvoering van de Algemene Verordering Gegevensbescherming (AVG) besprak, ging het amper over de privacy en gegevensbescherming van alle staatsburgers, maar lag de focus op knelpunten waar kleine bedrijven, korfbalverenigingen en kerken voor vreesden. Zelfs het ervaren en alom gewaardeerde SGP-Kamerlid Kees van der Staaij bleek hier tijdens het debat gevoelig voor:

> *Mijn zorg zit juist bij de kleinere bedrijven, de kleinere ondernemingen en de kerken, bij wat voor een losse gemeente geldt en wat voor het geheel geldt. Voor hen kan het nog veel lastiger zijn. [...] Om een concreet voorbeeld te noemen: vindt de heer Verhoeven ook dat het niet de bedoeling zou moeten zijn dat een zelfstandig schoolbestuur met een schooltje van 150 of 175 leerlingen een aparte functionaris voor gegevensbescherming krijgt?*[8]

Een politieke klaagzang als opmaat naar het maken van uitzonderingen is iets waar alle Kamerleden zich schuldig aan maken. De achterban moet immers bediend worden! Hoewel het vaak met goede bedoelingen gebeurt, maakt het algemene regels onuitvoerbaar. Zeker als twintig fracties allemaal hun duit in het zakje willen doen. Daarbij klopt de suggestie dat

'Brussel' kerken en schooltjes dwingt tot het aanstellen van een privacyfunctionaris gewoonweg niet. Alleen organisaties die op grote schaal gegevens verwerken zijn hiertoe verplicht.* Maar als Kamerleden de wet niet grondig lezen en onjuistheden blijven herhalen, gaan mensen het uiteindelijk geloven. De Tweede Kamer heeft er door het indienen van allerlei complicerende moties voor gezorgd dat de wet verlammend ging werken en organisaties kopschuw werden.

Aan Europese wetgeving kleeft een lastige paradox. Omdat veel fracties het gevoel hebben 'het dictaat uit Brussel' te moeten weerstaan, komen ze met aanpassingen om de 'nationale soevereiniteit' te redden. Met als gevolg meer bureaucratie, waar de 'Europese superstaat' dan weer de schuld van krijgt. Zo bijt de machteloze slang zichzelf in de staart.

Terwijl de EU met de AVG een deel van onze privacy wist te beschermen, benadrukte de Kamer juist de lokale nadelen. Natuurlijk maakt de door angstaanjagende anekdotes, kwade krantenkoppen en boze comments aangewakkerde *negativity bias*** het politici niet makkelijk. Maar in plaats van zich blind te staren op kleine knelpunten, moeten politici meer oog hebben voor het grotere plaatje en de gevolgen op lange termijn. Want met kortzichtige kabouterpolitiek krijgen techreuzen niet de tegenmacht die nodig is.

---

* Artikel 37 van de AVG schrijft voor dat een functionaris voor gegevensbescherming verplicht is bij overheidsorganisaties, bij grootschalige verwerking, bij stelselmatige observatie of bij bijzondere categorieën gegevens.

** Negativity bias: negatieve dingen of berichten hebben meer impact dan positieve.

Van parlementair initiatief tot politieke apathie

Hoe waardevol de AVG ook is, het beschermen van onze privacy tegen de datamacht van grote internetbedrijven is uiteindelijk symptoombestrijding. Om het probleem bij de wortel aan te pakken is het nodig om de economische machtspositie van big tech te doorbreken en bedrijven als Facebook, Google en Amazon politieke tegenmacht te bieden. Op basis van deze gedachte diende D66 in 2019 de initiatiefnota 'Mededinging in de digitale economie' in. In de nota stelden we voor om het mededingingsrecht te gebruiken door data mee te wegen in het beoordelen van fusies en overnames, om bij misbruik van marktmacht fors hogere boetes uit te delen en om bedrijven indien nodig op te knippen.

De tragiek van een initiatiefnota of -wet is vaak dat je alle lof krijgt toegezwaaid voor het harde werken, waarna de inhoud vergaand wordt uitgekleed. Zo ging het ook toen de Kamer debatteerde over mijn initiatiefnota. Hoewel onze analyse van de digitale economie op brede instemming kon rekenen, was er terughoudendheid om concrete voorstellen te steunen. Terwijl progressieve fracties als PvdA en GroenLinks begonnen over 'diepere hervormingen' en 'meer controle en toezicht', vonden de conservatievere fracties VVD en CDA juist dat ik 'af en toe een stapje te ver doorliep': zo moesten we niet 'innovaties de kop indrukken' of gaan 'inbreken op bedrijfsgeheimen'.[9]

'De markt moet zijn werk kunnen doen', heet het dan al snel. Gek genoeg wordt deze gemeenplaats vooral gebezigd als de markt evident zijn werk niet doet, zoals in het geval van de doorgeslagen datamacht van big tech. Het is een gelegenheidsargument, net als de suggestie dat overheidsingrijpen ten koste zou gaan van innovatie of het midden- en kleinbedrijf. Het gebrek aan eerlijke concurrentie is de daadwerkelijke bedreiging van innovatie. Het maakt de gevestigde orde lui. En juist het mkb lijdt het meest onder grootmachten die de markt domineren.

In Den Haag overstemt onderling gekissebis vaak het gezamenlijke geluid. Als de Kamer iets voorstelt, is de standaardreactie van het kabinet: er gebeurt al zoveel, we doen dit allemaal al. Soms terecht maar vaak ook niet. Hoewel mijn voorstellen parallel liepen aan Europese wetgeving ging ik op onderdelen veel verder. Net zoals Duitsland en Frankrijk, wilde ik dat ook wij niet zouden terugdeinzen om techreuzen op nationaal niveau aan te pakken. Terwijl Standard Oil, American Tobacco en AT&T in het verleden door de Amerikaanse overheid in mootjes werden gehakt, verstijfde de immer EU-kritische Kamer ineens bij het nemen van nationale maatregelen en keken zelfs eurosceptische fracties plots reikhalzend naar 'Brussel'.

Met name mijn voorstel voor het opknippen van techreuzen werd met cynisme ontvangen. Kamerleden maar ook journalisten wierpen me allerlei uitvoeringsproblemen voor de voeten. Hoe ging ik mijn nagelschaartje er dan precies in zetten? Zou Nederland Facebook en Google gaan verbieden? Dat kon toch helemaal niet? Al snel werd er gegrapt: 'Verhoeven waarschuwt Zuckerberg nog één keer.' Uiteraard kun je een bedrijf niet lukraak opsplitsen. Maar dat het idee al haast ondenkbaar was, is een voorbeeld van het verlammende alles-of-nietsprincipe. Als een stap te groot is, blijven we maar stilstaan. Als de perfecte oplossing er niet is, dan doen we maar helemaal niets. In dat kader spreekt Thorstein Veblen van 'technologisch determinisme': omdat perfecte ingrepen niet bestaan, lijkt elke andere poging nutteloos.

Bovendien is het waar dat het aanpakken van techreuzen vooral op Europees niveau moet gebeuren, maar dat neemt niet weg dat de Nederlandse overheid zelf ook de plicht heeft om haar burgers te beschermen tegen bedrijven die rechten schenden en wetten overtreden. Niet voor niets heeft Nederland een eigen mededingingswet en een eigen marktmeester, de Autoriteit

Consument en Markt (ACM). Het is dus niet óf-óf maar én-én. Grensoverschrijdende problemen vragen niet om een passief parlement maar om Nederlands leiderschap in Europa.

Van marktmacht naar mediamacht

Naast marktmacht en lobbymacht beschikken techreuzen en sociale-mediaplatforms vandaag de dag over mediamacht – met grote gevolgen voor de democratie. Aanvankelijk werd verwacht dat het internet vooral een positieve invloed op de democratie zou hebben, omdat de poortwachters van de traditionele media nu door iedereen met een internetverbinding omzeild konden worden. Sociale media werden lang gezien als neutrale platformen zonder inhoudelijke verantwoordelijkheid. De Amerikaanse politicoloog Larry Diamond stelde in 2010 dat burgers daardoor beter zouden kunnen participeren, controleren, rapporteren en protesteren. Maar al snel begon het beeld te veranderen.* Sociale media verdreven niet alleen de oude tussenpersonen maar bleken zélf de nieuwe – en veel machtigere – tussenpersonen te zijn.

Anders dan gedacht kwam de *power to the people*-voorspelling niet uit omdat sociale media de positie van dictators ook kunnen versterken en maatschappelijke tegenstellingen kunnen helpen uitvergroten. Daarbij wisten populisten het medium het meest effectief te gebruiken. Verlost van het oude mediasysteem ondermijnen ze de democratie door alles te zeggen wat nodig is om gekozen te worden.[10]

De democratisering van communicatie treft zo de democratie zelf. Niet alleen kunnen verkiezingen doelgericht beïnvloed

---

* Dit was ten tijde van de 'Arabische Lente', toen velen dachten dat sociale media voor democratisering zouden zorgen.

worden, zoals de verkoop van miljoenen Facebookaccounts aan het databedrijf Cambridge Analytics liet zien. Sturing gebeurt ook onbewust omdat traditionele media de sociale media nauwlettend volgen en berichten over de controverse aldaar op hun eigen platforms brengen en die vervolgens weer verspreiden via hun sociale-media-accounts. De Twitteraccounts van de Amerikaanse zenders MSNBC, CNN, CBS en NBC noemden Trump bijvoorbeeld twee keer zo vaak als zijn rivaal Hillary Clinton.[11] En media die Trump niet steunden, pompten wel zijn verdachtmakingen over de buitenlandse afkomst van Barack Obama rond.[12] Zo komen traditionele media en sociale media terecht in een negatieve spiraal, ook in Nederland.

Het Oekraïne-referendum als eyeopener

Dit kwam aan het licht tijdens het referendum over het associatieverdrag met Oekraïne in 2016. Nadat de Tweede en Eerste Kamer de Nederlandse ondertekening van dit EU-verdrag hadden goedgekeurd, nam actiegroep GeenPeil het initiatief voor een raadgevend referendum.* Volgens de nieuwe referendumwet zou het referendum er alleen komen als de initiatiefnemers 300 000 handtekeningen verzamelden in zes weken. Het leek onmogelijk: niemand maakte zich in die dagen druk om Oekraïne! Bovendien was de drempel voor het sturen van een papieren handtekening te hoog. Het gros van de politici en journalisten in Den Haag nam het initiatief dan ook niet serieus. Het zou het soort onderschatting blijken dat ook bij de verkiezing van Trump in de VS en het brexit-referendum in het VK zou opspelen.

* GeenPeil was een samenwerkingsverband tussen het Burgercomité EU, denktank Forum voor Democratie en website GeenStijl.

Slechts drie meesterzetten veranderden de hopeloze stelling van GeenPeil in een politieke matcombinatie. Om te beginnen zette website GeenStijl oud-PowNewsverslaggever Jan Roos in, die met een gek matrozenhoedje door het land trok. Samen met Thierry Baudet van – toen nog – denktank Forum voor Democratie werd hij het gezicht van GeenPeil. Vervolgens maakte GeenStijl bekend dat het mogelijk zou worden om het referendum online te ondertekenen. Het leek een detail maar gaf de doorslag. Van tijdrovend printen en posten naar razendsnel online invullen is een wereld van verschil. Dankzij deze vondst kon GeenPeil het werk overnemen van hun sympathisanten. Het aantal benodigde handtekeningen werd fluitend gehaald. Tot slot begreep GeenPeil heel goed hoe krachtig verhalen met een tot de verbeelding sprekende vijand zijn. En die 'vijand van het volk' werd 'Arrogander Pechtold' van 'referendumpartij' D66. Wie het digitale formulier tekende kreeg een mail met een treurig kijkende Pechtold plus de tekst:

Gefeliciteerd, je hebt Alexander Pechtold aan het huilen gemaakt. Dank je wel!

Een krachtig frame. Zoals altijd liet GeenStijl zien hoe goed flauwe grappen en zwartmakerij op internet werken. Uiteindelijk haalde GeenPeil 427 000 handtekeningen op, die ze allemaal uitprintten en triomfantelijk afleverden bij de Kiesraad. De tv-beelden van stapels papier spraken boekdelen, het referendum was een feit.

Ook hier bleek de invloed van online platforms en sociale media. Niet alleen zorgde het grote bereik van de online campagne ervoor dat traditionele media gingen berichten over het referendum. Ook werd via sociale media onjuiste informatie over de gevolgen van het samenwerkingsverdrag verspreid. Met als voornaamste leugen de claim dat Oekraïne lid zou worden van de Europese Unie. Deze bangmakerij – of een heuse complottheorie? – was effectiever dan de feiten: een ruime meerderheid van 61 procent van de ruim vier miljoen deelnemers stemde op 6 april 2016 tegen het Oekraïne-verdrag.

Dat er sprake was van trollenlegers die zorgden voor een stroom suggestieve en herhalende berichten, is zeker. Waar deze vandaan kwamen, is minder duidelijk. De een wijst op de binnenlandse actievoerders tegen het verdrag, de ander naar de trollenfabriek in Sint-Petersburg die bijvoorbeeld ook 156 000 Twitteraccounts (vooral robots) inschakelde om voor het brexitreferendum 45 000 (pro-brexit)berichten te versturen.[13] Hoe dan ook, het Oekraïne-referendum was de nationale kennismaking met desinformatie, een fenomeen dat niet meer zou verdwijnen.

Het is niet overdreven te stellen dat het door de digitale snelweg kwam dat premier Rutte op zoek moest naar zijn politieke 'geitenpaadje' om het probleem op te lossen: uiteindelijk leidde dit tot 'een inlegvel'. In deze verklaring legde Nederland vast dat het verdrag geen opstap naar het EU-lidmaatschap betekent en dat er geen militaire samenwerking met Oekraïne uit kan voortvloeien (hoe cynisch in het licht van de huidige situatie!). Hoewel hun zorgen dus werden weggenomen voelde het neekamp zich bedrogen.

Gesterkt door hun referendumsucces deden Jan Roos en Thierry Baudet in 2017 een gooi naar het Kamerlidmaatschap. Thierry Baudet haalde met zijn nieuwe partij FvD ruim 187 000 stemmen, goed voor twee Kamerzetels. Jan Roos sloot zich aan bij Voor Nederland (VNL) en haalde ruim 38 000 stemmen: nul zetels. Volgens Baudet was zijn succes te danken aan de duizenden euro's die FvD dagelijks aan Facebookberichten betaalde om via dataprofielen potentiële kiezers te bereiken. Zo levert het democratiserende internet dus ook antidemocratische partijen op.

Het ongrijpbare fenomeen 'desinformatie'

Desinformatie is van alle tijden, maar door het goedkope, anonieme en snelle internet is de schaal toegenomen en de uitingsvorm sluwer geworden. Net zoals bij zogenaamde phishingmails. In het begin waren dit nog makkelijk herkenbare berichten vol typefouten, tegenwoordig zijn het ingenieuze sms-berichten, appjes en e-mails die haast niet van echt zijn te onderscheiden. Als we dus niet oppassen dendert digitale desinformatie dagelijks ons primitieve brein binnen om onze blik op de werkelijkheid te vertroebelen. Vooral op ons snelle breinsysteem 1 heeft desinformatie invloed, want de berichten spelen in op onderbuikgevoelens. Het waarheidsgehalte is daarbij niet van belang: het gaat puur om meningsvorming op basis van emotie. Dit gebeurt in vele verschijningsvormen, zoals: onjuiste berichten over COVID-19 of vaccinatie; het beïnvloeden van verkiezingen door het zwartmaken van politici; politieke advertenties waarvan de afkomst niet bekend is; schimmige bitcoinadvertenties die ongevraagd de gezichten van BN'ers gebruiken; complottheorieën over een kinderbloed drinkende elite (QAnon, *deep state*). Sinds een aantal jaar zijn er ook – steeds geloofwaardigere – deepfakes: door kunstmatige intelligentie gemanipuleerde berichten die zijn gebaseerd op bestaand audio- of videomateriaal en die het kunnen doen lijken alsof mensen uitspraken doen die ze in werkelijkheid niet hebben gedaan. Dit is een nieuwe vorm van desinformatie die al onze zintuigen kan misleiden.

Daarbij komt nog dat desinformatie veelal wordt verspreid via algoritmes, waardoor mensen makkelijk terechtkomen in een opeenstapeling van berichten die elkaar bevestigen – hoe onwaar ze in de basis ook zijn. Hier zijn twee krachtige denkfouten aan het werk, te weten de *availability bias* en de *confirmation bias*. Ons luie brein laat zich leiden door wat snel beschikbaar is, zeker als deze informatie bevestigt wat we toch al dachten. Mensen in hetzelfde 'konijnenhol' van desinformatie vinden elkaar, versterken elkaars ideeën en zetten zich steeds meer af tegen 'de anderen', degenen die de 'echte' waarheid niet zien of willen zien. Dit wij-zij-denken wakkert onderling wantrouwen en polarisatie aan. De hoge communicatiesnelheid op sociale media helpt ook niet. Het is geen toeval dat Twitter en Facebook vol staan met drogredeneringen, zoals het hellend vlak,* de cirkelredenering en de persoonlijke belediging. Allemaal voortkomend uit breinsysteem 1, dat online overuren draait.

Het gevolg hiervan wordt vaak 'maatschappelijke tweedeling' genoemd, maar in feite is sprake van multideling: groepjes zitten steeds geïsoleerder op hun gekleurde eiland, waar alleen bijpassende informatie binnenkomt. Deze 'echokamers' zorgen ervoor dat mensen hun eigen groep gaan overschatten en andersdenkenden onderschatten: psychologen spreken in dit kader van de *ingroup bias* en de *outgroup bias*. De maatschappelijke verdeeldheid die uit deze psychologische oerinstincten voortvloeit, zie je vervolgens weer terug in de sterk versnipperde Tweede Kamer met twintig partijen. Deze zijn op hun beurt intensief bezig met het bedienen van hun specifieke doelgroep. Zo ontstaat een verraderlijke vicieuze cirkel.

Facebook, Google en Twitter zijn de voornaamste schakels in de verspreiding van desinformatie. Niet alleen ondernemen ze er weinig actie tegen, soms stimuleren ze radicalisering zelfs. Bij Facebook werd bijvoorbeeld gerapporteerd dat 'het algoritme de voorkeur van het menselijk brein voor polarisatie uitbuit'.[14] De reden voor deze onverantwoordelijke opstelling ligt in het

---

* Hellend vlak: de vrees dat een bepaalde stap onvermijdelijk zal leiden tot de volgende.

verdienmodel dat leunt op *profiling** en *targeting***. Dat werkt als volgt. Eerst willen techreuzen mensen zo veel mogelijk tijd laten doorbrengen op hun platforms. Vervolgens willen ze de online advertenties optimaal laten aansluiten op de gebruikersvoorkeuren, zodat de klikkans maximaal is. Het loont om de algoritmes sensationele content voorrang te laten geven zodat mensen blijven klikken. Oftewel: polarisatie loont! Voor Apple, Google en Facebook is het simpelweg niet lucratief om structureel op te treden tegen desinformatie.

Commerciële drijfveren en het maatschappelijk belang staan hier lijnrecht tegenover elkaar. Politici moeten ingrijpen, maar naast het ongrijpbare, grenzeloze karakter van de techreuzen maakt ook de ondoorzichtige technologie op hun platforms dit lastig. Zo destabiliseren de kapitalistische grootmachten Google en Facebook wereldwijd samenlevingen, terwijl naties er relatief machteloos tegenover staan.

Een lawine van nepnieuws

Op 13 november 2017 schreef minister Ollongren van Binnenlandse Zaken aan de Tweede Kamer dat ook Nederland doelwit is van Russische beïnvloeding langs digitale weg. Uitgedaagd door kritische Kamerleden die om voorbeelden vroegen, schreef ze twee dagen later:

---

* Profiling: het opbouwen van iemands profiel door gebruik te maken van data.

** Targeting: het zo goed mogelijk laten aansluiten van informatie (vaak advertenties) op iemands voorkeuren door gebruik te maken van dataprofielen: het beeld dat bijvoorbeeld Facebook van je heeft opgebouwd aan de hand van je online gedrag.

Het kabinet is hier gedurende de verkiezingsperiode extra waakzaam op geweest, immers eerder is desinformatie verspreid rondom het Oekraïne-referendum van 2016. Zo verscheen op internet een video met vermeende leden van het Azov-bataljon, een militante Oekraïense groepering, die de Nederlandse vlag verbrandden en dreigden met terroristische aanslagen als Nederlandse kiezers niet voor het associatieakkoord stemden.[15]

De Telegraaf kopte in chocoladeletters: NEPNIEUWSLAWINE. Iedereen dook erbovenop, maar op het voorbeeld van Ollongren werd vooral smalend gereageerd. Dat de minister desgevraagd een voorbeeld gaf, was logisch, maar onbewust reduceerde ze het probleem tot één vrij extreme uitwas. Ook de term 'nepnieuws' droeg bij aan de ontkenning van het probleem. Die is pakkend, maar dekt de geniepige werking van desinformatie niet: 'nepnieuws' doet namelijk veel onschuldiger aan dan 'stelselmatige beïnvloeding'. Hierin zit het probleem van het aankaarten van desinformatie: beïnvloeding werkt het best als het onzichtbaar gebeurt, maar is daardoor ook heel moeilijk om aan te tonen. Bovendien gebeurt het verspreiden van desinformatie vaak op veel subtielere, minder tot de verbeelding sprekende manieren dan de propagandistische video uit Ollongrens voorbeeld, waardoor het probleem moeilijk bloot te leggen is.

Dat werd nog eens duidelijk toen ik die week mocht opdraven bij het tv-programma *Pauw*, waarin presentator Jeroen Pauw me minutenlang uitdaagde om met meer voorbeelden te komen dan de minister. Het begon rustig, met wat retorisch sarcasme:

Pauw: *Maar er is dus een website onder ons die niemand kan vinden en die ons op dit moment aan het beïnvloeden is?*

Maar op een gegeven moment kon hij zijn ongeloof niet meer bedwingen:

> Pauw: *Kom eens met een voorbeeld!*
> Ik: *Je wilt voorbeelden horen maar op het moment dat ik net bezig ben...*
> Pauw: *Ja, maar noem er één echt!*[16]

Hoewel ik daarna kwam met een reeks voorbeelden van desinformatie, inmenging en beïnvloeding van buitenaf, bleef Pauw sceptisch over het risico. Gelukkig werd de uitzending toch nog gezellig toen Gerard Joling vertelde over de nepberichten over zijn zogenaamde wietplantage. Dat was lachen geblazen en deed de desinformatiedreiging tot ieders opluchting verschrompelen tot het formaat van een borrelnootje. Hap-slik-weg.

De angst voor censuur

Dat de Tweede Kamer op het gebied van desinformatie nog steeds aan struisvogelpolitiek doet, bleek toen ik eind 2020 voorstellen deed om het perverse verdienmodel van de techreuzen aan te pakken:

> *Het draait dus allemaal om data en algoritmes. Dat weten we al jaren. Iedereen in de Kamer weet dat. Maar dat er sprake is van een perverse prikkel die aan de ene kant zorgt voor privacyschending en aan de andere kant voor maatschappelijke polarisatie en zeer extreme content, is iets waar we de laatste tijd te weinig over gesproken hebben. Het gevolg is de selectieve symptoombestrijding van de techreuzen zelf.*[17]

Martin Bosma van de PVV had aan een half woord genoeg en gooide gretig het censuurframe in de arena, wetende dat onze botsingen het altijd goed doen op YouTube:

> *De crux van uw agenda is censuur. U vindt het verschrikkelijk dat afwijkende geluiden zomaar voor het voetlicht kunnen treden via Twitter, via Facebook et cetera.*[18]

Geen politicus wil beticht worden van censuur, want de vrijheid van meningsuiting is een fundamenteel grondrecht. Tegelijkertijd is die vrijheid natuurlijk niet in de grondwet verankerd met als doel het mensen makkelijk te maken om ontwrichtende informatie te verspreiden. Het vrije woord is er om te zorgen dat de bevolking zich zonder vrees tegen de macht kan keren. Bovendien is geen enkel recht absoluut en kent ook de vrijheid van meningsuiting wettelijke beperkingen. Haatzaaien, laster, smaad, belediging, misleiding en bedrog zijn bijvoorbeeld niet onbeperkt toegestaan. Ook bestaan er auteursrechtelijke beperkingen. Wie bij het bestrijden van desinformatie direct roept: 'Vrijheid van meningsuiting!', gaat voorbij aan de aantoonbare schade ervan. Ik pleit niet voor een overheid die bepaalt wat waar is en wat niet. Maar dat staatscensuur ondemocratisch is, betekent niet dat we moeten accepteren dat politici wegkijken en big tech bepaalt wat wel en niet kan.

De onzichtbare hand terugdringen

Jarenlang hebben de techreuzen de ruimte gekregen om zichzelf te verbeteren, steeds was hun zelfregulering *too little, too late:* pas nadat de schade was aangericht en de advertentie-inkomsten binnen waren, kwamen de kapitalistische grootmachten – voor de bühne – een beetje in beweging. Gevangen in de waan van de dag en gedreven door scoringsdrang en symboolpolitiek slaagt de Tweede Kamer er helaas nog steeds onvoldoende in om de internetplatforms te beteugelen. Dit terwijl het zo hard nodig is. Politici mogen niet toestaan dat desinformatie en intimidatie via grenzeloze platforms onze samenleving binnendringen en ontwrichten. Naast toenemende tegenstellingen heeft dit ontkenning van de werkelijkheid tot gevolg: gevoed door desinformatie geloven grote groepen mensen dat het coronavirus en de klimaatverandering nep zijn. Ongecontroleerde sociale media kunnen zo dus ook de gezamenlijke aanpak van sociale uitdagingen in de weg staan. Het is daarom van cruciaal belang om de onzichtbare hand van technologiebedrijven en internetplatforms terug te dringen. In hoofdstuk 9 zal ik ingaan op – nationale en Europese – voorstellen daartoe. Maar eerst gaan we kijken naar de manier waarop de Tweede Kamer reageert op digitale dreigingen vanuit geopolitieke grootmachten als Rusland en China.

3

De cyberkramp van een klein kikkerland

Waarom we ons weifelend weren tegen digitale grootmachten

Als wifi uitstaat, zie je boven in je smartphone 4G staan. Dit staat voor 'vierde generatie mobiel internet'. Wat dit in de praktijk betekent, weet iedereen die ooit eens aangewezen was op 2G: e-mailen of een website raadplegen was hiermee haast ondoenlijk, tot ieders grote frustratie. Inmiddels hebben we gelukkig het voor internetten geschikte 4G, maar omdat consumenten en bedrijven steeds grotere hoeveelheden data gebruiken, is de volgende generatie mobiel internet nodig: 5G.

Dit loopt via netwerken die in ons land worden aangelegd door telecombedrijven als KPN, Vodafone en T-Mobile. Deze bedrijven zijn weer afhankelijk van buitenlandse leveranciers, die cruciale onderdelen leveren. Dominant in dit opzicht is het Chinese technologiebedrijf Huawei, dat in 2004 de Nederlandse markt betrad via een miljoenendeal met de voormalige KPN-dochter Telfort. In 2005 opende Huawei kantoren in Nederland, en in de jaren daarop zijn T-Mobile en KPN stilzwijgend op grote schaal Huawei-producten gaan inkopen. Inmiddels draait een groot deel van het Nederlandse telecomnetwerk op zendmasten van deze Chinese gigant.

China, de grote cyberspion

Wie hier even wat langer bij stilstaat, realiseert zich dat dit een fors risico inhoudt. China is volgens velen de grootste cyberspion ter wereld, die voortdurend staats- en bedrijfsgeheimen probeert te stelen ter versterking van de eigen machtspositie. Al in 2007 waarschuwde de AIVD voor digitale inbreuken op Nederlandse ICT-netwerken die vanuit China geregisseerd waren.[1] Sindsdien benoemen inlichtingendiensten, adviesraden en andere deskundigen dit gevaar in koor en in alarmerende bewoordingen. In 2019 schreef de AIVD bijvoorbeeld:

> *Verreweg de grootste dreiging op het gebied van economische spionage is afkomstig van China. [...] China zet hierbij een breed scala aan (heimelijke) middelen in die het verdienvermogen van Nederlandse bedrijven ondermijnen en die op termijn kunnen resulteren in economische en politieke afhankelijkheden.*[2]

Er zijn boeken vol geschreven over China als toekomstige supermacht. Naast het plan 'Made in China 2025' en miljardeninvesteringen in robotica, kunstmatige intelligentie en surveillancetechnologie rolt China de Nieuwe Zijderoute uit: dit 'Gordel- en Weginitiatief' is een handelsnetwerk dat door Azië, Afrika en Europa loopt en meer dan duizend miljard aan investeringen in bruggen, pijplijnen, wegen en vliegvelden behelst.[3] Gebouwd en beheerd door Chinese bedrijven. Hoewel Hongarije en Griekenland er al voor gevallen zijn, voelt de Chinese dreiging nog ver weg. Maar schijn bedriegt. Want de uitbreiding van de haven in het Griekse Piraeus en de spoorlijn van het Chinese Chongqing naar Duisburg zullen ook de Rotterdamse haven gaan raken.

In het verlengde van deze economische 'wapenfeiten' heeft China een offensief cyberprogramma, gericht tegen het Westen.

Hierbij kan de Chinese Communistische Partij een dwingend beroep doen op 'staatsbedrijven' die actief zijn op strategische locaties. Dat geldt zeker ook voor Huawei, dat met zijn technologie dus al jarenlang diep in onze telecomnetwerken zit. Deze dreiging is niet denkbeeldig. Zo bleek dat Huawei vanuit China jarenlang in het geheim toegang had tot de kern van het mobiele netwerk van KPN en telefoongesprekken kon afluisteren, zelfs van premier Balkenende. Dit stond overigens al in een rapport uit 2010, dat KPN echter geheim hield.[4] In die tijd kozen veel Europese bedrijven voor het goedkope Huawei. Sterker nog, ze droegen het beheer van de technische processen over aan Chinese techneuten: concurrentievoordeel en kortetermijnwinst wonnen het daarmee van langetermijnveiligheid.

De politiek wikt, KPN beschikt

Omdat in de loop van 2018 duidelijk begon te worden dat KPN en T-Mobile ook voor hun nieuwe 5G-netwerken gebruik wilden maken van Huawei stond het kabinet voor de taak om de grenzen aan te geven. Daarbij werd van buitenaf grote druk uitgeoefend door de Amerikaanse regering onder leiding van Donald Trump, die een handelsoorlog was begonnen tegen China en steun eiste van alle westerse bondgenoten. Nederland zat dus klem tussen de Verenigde Staten en de Volksrepubliek China. Een nogal netelige positie.

In aanloop naar dit technisch complexe en geopolitiek gevoelige kabinetsbesluit schreef de AIVD op 4 februari 2019 een brandbrief aan het ministerie van Justitie en Veiligheid. Daarin schetste de dienst – ongebruikelijk scherp – hoe statelijke actoren voor hun spionage- en sabotagedoeleinden steeds vaker technologiebedrijven inzetten om toegang te krijgen tot netwerken van doelwitorganisaties. Dit risico speelt vooral bij leveranciers van hard- en software die diepgravende toegang tot systemen bieden (lees hier: Huawei) en bij landen met wet- en regelgeving die dienstverleners kunnen dwingen tot medewerking aan inlichtingenactiviteiten (lees hier: China). Hoewel de AIVD het economische belang van 5G en supersnel internet onderschreef, kwam de dienst tot acht adviezen, waaronder een dringende oproep tot het volgende:

> *Het voorkomen van nieuwe afhankelijkheden in de toekomstige 5G-infrastructuur ten aanzien van kritieke belangen, door bepaalde hard- en software van diensten uit landen met een offensief cyberprogramma te weren.*[5]

Voor de goede verstaander was de boodschap uiterst duidelijk: houd Huawei zo veel mogelijk buiten de deur.

Nadat politiek Den Haag jarenlang haast geen aandacht had besteed aan Chinese inmenging in vitale netwerken, was ook de Tweede Kamer langzaam wakker aan het worden. Het probleem was alleen dat de Kamer onvoldoende informatie had om een rol van betekenis te spelen. Om te voorkomen dat we helemaal in het duister tastten, werden we in die dagen bijgepraat via vertrouwelijke sessies waarbij iedereen – ironisch genoeg – zijn smartphone moest inleveren. Tijdens die sessies werden uitgebreide presentaties verzorgd, maar het duizelde ons en iedereen mocht maar één vraag stellen. Het was onmogelijk om op basis van deze complexe technische informatie een reële risico-inschatting te maken. Bovendien mocht de gedeelde informatie op geen enkele wijze openbaar gebruikt worden. Dat ook de toenemende hoeveelheid vertrouwelijke informatie het parlement steeds meer vleugellam maakt, is een wezenlijk probleem, maar je hoort er zelden iemand over. Daar kwam nog bij dat de Kamer de veelzeggende AIVD-brandbrief van februari aanvankelijk niet te zien kreeg. Terwijl het voor de Kamer heel relevant was om te weten dat de AIVD Huawei graag vergaand had geweerd. Pas in juli, toen de kogel al door de kerk was, stuurde de minister de AIVD-brief alsnog naar de Kamer. Het laat zien hoe zwak de informatiepositie van de Kamer vaak is.

Terwijl het kabinet, de AIVD en de Kamer aan het soebatten waren over de aanwezigheid van Huawei in onze telecomnetwerken, nam KPN in april de vlucht voorwaarts. Ter voorbereiding op 5G verving het bedrijf juist antennes van het Europese bedrijf Ericsson voor die van Huawei. De omgekeerde wereld, want daarmee ging het bedrijf in tegen de dringende adviezen van de AIVD en de unanieme zorgen van de Kamer, die had opgeroepen om 'geen onomkeerbare stappen' te nemen. De boodschap van KPN was in feite: we zien de zorgen over veiligheid maar de business moet wel doorgaan. Voor de vorm sprak KPN weliswaar van een 'voorlopige overeenkomst', maar de handtekeningen stonden natuurlijk al wel op papier. Verder beloofde men een westerse leverancier te kiezen voor de aanleg van het 'mobiele core-netwerk'*:

> *Voor het mobiele radio- en antennenetwerk heeft KPN een voorlopige overeenkomst getekend met Huawei om de voorbereidende werkzaamheden voor de modernisering te starten. Huawei is een wereldleider op het gebied van radio- en antennetechnologie. Deze voorlopige overeenkomst kan worden aangepast dan wel teruggedraaid om het in lijn te brengen met toekomstig Nederlands overheidsbeleid. Overeenkomstig met zijn multi-vendorbeleid zal KPN een westerse leverancier selecteren voor de bouw van het nieuwe mobiele core-netwerk voor 5G.*[6]

---

* Mobiele core-netwerk: het 'kernnetwerk' waar alle telecom-verkeersstromen samenkomen.

Dat het multi-vendorbeleid een gelegenheidsargument was, nam niet weg dat het door KPN opgevoerde onderscheid tussen de kern (core-netwerk) en de randapparatuur een doorslaggevende stap zou betekenen. Hiermee gaf KPN handig invulling aan de AIVD-wens om de zogenoemde 'kroonjuwelen' binnen de telecominfrastructuur veilig te stellen. Hoewel de kern en de rand van een systeem per definitie met elkaar verbonden zijn en het precieze onderscheid mij nooit duidelijk is geworden, bood de eigenzinnige beslissing van het telecombedrijf een vluchtweg uit de politieke impasse.

Van de hoed en de rand

Op 1 juli 2019 liet het kabinet aan de Kamer weten dat van het volledig weren van Huawei geen sprake zou zijn. Er werden enkel 'extra hoge eisen' gesteld aan bepaalde leveranciers van diensten en producten in de kritieke onderdelen in het telecomnetwerk.

Ondanks het serieuze veiligheidsrisico werd maximaal rekening gehouden met 'bedrijfseconomische aspecten'. Hoewel er met het Finse Nokia en het Zweedse Ericsson Europese alternatieven waren, wilden (aandeelhouders van) Europese telecombedrijven dolgraag blijven samenwerken met Huawei vanwege zijn technische superioriteit en scherpe prijzen. Daar komt bij dat Huawei ook al in de bestaande 2G-, 3G- en 4G-netwerken zat, wat de afhankelijkheid sterk vergroot. Om ook de internationale relaties goed te houden, koos het kabinet voor een neutrale aanpak die geldt voor alle aanbieders, of ze nu uit Noorwegen of uit Noord-Korea komen.

Met deze voorzichtige keuze ging het kabinet minder ver dan de AIVD graag had gezien. Dit terwijl het doorgaans uiterst gevoelig is voor wat de inlichtingendiensten zeggen – en er graag gebruik van maakt. Het was extra opvallend omdat *de Volkskrant* die dagen schreef dat Huawei – via ingebouwde achterdeurtjes bij een groot telecombedrijf – betrokken was bij Chinese spionage in Nederland.[7]

Ook al gaf KPN zelf toe dat hun aanpak geen garantie voor veiligheid zou bieden, het kabinet kon weinig anders dan de uitgestippelde lijn volgen. Zonder bewijs van daadwerkelijk misbruik en onder druk van de opportunistische regering-Trump bepaalde Chinese producten weren was geen begaanbare route. Maar alle inlichtingen en dreigingsanalyses negeren om Huawei vervolgens 'diep in onze systemen' toe te laten, was evenmin houdbaar. Dus koos het kabinet voor de politiek veilige middenweg door het grijze gebied tussen kern- en randapparatuur. Waar deze weg ons in de praktijk brengt, is zeer de vraag. Want als iedere cybersecurity-expert benadrukt dat de zwakste schakel (in dit geval de randapparatuur waar Huawei nog steeds bij kan) de kracht van elke digitale ketting bepaalt, waarom zou dit dan niet voor 5G-netwerken gelden?

Al met al was het een schrijnende situatie: klemgezet tussen het Westen en het Oosten en geconfronteerd met eigenwijze marktpartijen durfde het kabinet geen duidelijke keuze te maken. Omdat de Kamer niet wist van de hoed en de rand, accepteerde ze morrend het zogenaamde onderscheid tussen kernapparatuur en randapparatuur als reden om Huawei niet volledig te weren.

In 2021 liet Huawei zelf weten dat het in Nederland geen 5G-kernapparatuur meer levert.[8] Omdat de inmiddels per beschikking vastgelegde overheidseisen aan de telecomproviders staatsgeheim zijn, moest ook de Kamer afgaan op deze informatie. Zonder te weten wat Huawei allemaal nog wel levert en welke risico's dit met zich meebrengt. Zo is de ongemakkelijke waarheid dat de Kamer van alles roept over Chinese inmenging maar dat geen Kamerlid weet hoe diep Huawei nu precies in onze telefoons zit.

Een plotse verbanning

De zo behoedzame omgang met het Chinese Huawei stond in schril contrast met de uiterst felle opstelling van het kabinet een jaar eerder, jegens het Russische Kaspersky. Op 14 mei 2018 deed het kabinet dit ICT-bedrijf in de ban omdat hun antivirussoftware een te groot gevaar op spionage of infiltratie in overheidssystemen zou betekenen. Het kabinet sprak van een 'voorzorgsmaatregel' maar moest er direct bij zeggen dat er geen enkel bewijs van misbruik was:

> *Hoewel er geen concrete gevallen van misbruik in Nederland bekend zijn, kan dit niet worden uitgesloten. Het kabinet wil een dergelijk risico waar mogelijk voorkomen en acht het bovengenoemde als de aangewezen voorzorgsmaatregel.*[9]

Het argument dat je iets niet kunt uitsluiten is een klassieke drogreden. We kunnen evenmin uitsluiten dat er morgen een marsmannetje op de stoep staat. Maar daar komt geen Kamerbrief over. Daarbij pakt 'een voorzorgsmaatregel' per definitie goed uit omdat niemand weet hoe het zonder die maatregel afgelopen zou zijn. Hoogdravende taal verhult het vaak, maar Kamerbrieven staan geregeld vol met gelegenheidsargumenten. Zeker als gevaarlijke situaties daadkrachtige ingrepen lijken te rechtvaardigen. Als lezer heb je automatisch de neiging om ermee in te stemmen, maar dit is ten onrechte. Ook als besluiten aannemelijk lijken moet de Kamer doorvragen. Om zwakke argumenten te weerleggen, om te dwingen tot goede onderbouwing van beleid en om te zorgen dat het kabinet besluiten neemt die daadwerkelijk – en ook op langere termijn – soelaas bieden.

Ik vroeg me dan ook af welke concrete aanwijzingen er precies achter deze stap zaten. Temeer omdat er veel tegen het plotse besluit viel in te brengen. Niet alleen had Kaspersky zijn kernprocessen naar Zwitserland verplaatst, ook had het bedrijf zogenaamde transparantiecentra geopend, waar broncodes* en software-updates zijn in te zien.[10] Bovendien schreef toenmalig IT-onderzoeker Brenno de Winter in een rapport dat Kaspersky een objectief 'malware is malware'-beleid hanteert, dat losstaat van de statelijke afkomst.[11] Dat hij dit in opdracht van Kaspersky zelf schreef neemt voor mij niet weg dat dit een relevant argument is. In plaats van een verbod hadden controlemaatregelen de risico's beheersbaar kunnen maken. Waarom koos de regering hier niet voor? De factor 'bondgenootschap' leek opnieuw mee te spelen want de Amerikanen en de Britten hadden eerder al besloten de Kaspersky-software te verbannen. Voor kleine bondgenoten kan dit druk geven om hetzelfde te doen, al bezwoer het kabinet een eigenstandige keuze te hebben gemaakt.

Voor de Tweede Kamer is het onmogelijk dit goed te beoordelen. Als er bijvoorbeeld een telefoontje vanuit het Witte Huis naar het Torentje gegaan was, had de Kamer dit echt niet gehoord. Daarbij was de openbare onderbouwing van dit kabinetsbesluit niet gebaseerd op gedetailleerde informatie over Kaspersky maar op eerdere waarschuwingen over Russische spionage- en beïnvloedingsoperaties van de AIVD. Hun herhaaldelijke credo dat we 'niet naïef' tegenover Rusland moeten staan, woog voor de Kamer zwaarder dan het gebrek aan concreet bewijs. Dit voorbeeld laat zien hoe krachtig de denkfout authority bias is: in plaats van zelf te oordelen laten we ons liever leiden door een autoriteit als de AIVD. De Tweede Kamer, waaronder ikzelf, stelde wel kritische vragen maar niemand durfde de Kaspersky-ban terug te draaien. Daarvoor zat de angst voor Rusland te diep, was het vertrouwen in de AIVD te groot en de parlementaire controlepositie te zwak.

---

* Broncode: de voor mensen leesbare tekst van een computerprogramma.

De soep werd overigens niet zo heet gegeten als hij werd opgediend. Toen ik het ministerie een jaar later vroeg of de Kaspersky-software inmiddels ook volledig was verdwenen uit de systemen van de rijksoverheid, kon het kabinet daar geen bevestigend antwoord op geven:

Op dit moment kan niet bevestigd worden dat de Kaspersky-antivirussoftware binnen de IT-systemen van de rijksoverheid volledig is uitgefaseerd.[12]

Om daadkracht uit te stralen had het kabinet spierballen getoond, maar het had zich niet vertaald naar concrete stappen. Eens te meer bleek dat het voor de camera aankondigen van een ferm besluit makkelijker is dan het zorgvuldig uitvoeren ervan achter de schermen en in systemen.

Huawei versus Kaspersky: een wereld van verschil

Hoewel het kabinet toegang heeft tot goede inlichtingen over Rusland en China, waren de genomen maatregelen onnavolgbaar. Enerzijds besloot de overheid een ogenschijnlijk transparant antivirusbedrijf uit Rusland in een handomdraai uit alle systemen van de rijksoverheid verbannen. Anderzijds liet men een gesloten Chinese technologiegigant met een gevaarlijker risicoprofiel jarenlang toe in onze nationale telecomnetwerken, om die vervolgens – naar we dus moeten aannemen – slechts gedeeltelijk te weren.

Dit terwijl in beide kwesties sprake was van exact dezelfde drie – door het kabinet benoemde – criteria. Namelijk dat het gaat om buitenlandse bedrijven die met hun technologie diep kunnen doordringen in de Nederlandse ICT-systemen, dat deze dienstverleners vallen onder nationale wetgeving die bepaalt dat ze desgevraagd informatie moeten overdragen aan de eigen regering en dat de landen in kwestie een actief offensief cyberprogramma tegen Nederland hebben. Als deze criteria voor beide bedrijven gelden, waarom weren we het ene bedrijf dan wel en het andere niet?

Puur op basis van feiten en rationele besluitvorming zou dit een ondenkbare uitkomst zijn. In dit opzicht spreken de psychologen Kahneman, Sibony en Sunstein van 'ruis': het fenomeen dat in vergelijkbare gevallen willekeurige besluiten worden genomen.[13] Dit gebeurt omdat we in onze beoordeling bepaalde factoren en persoonlijke voorkeuren een te groot gewicht geven waardoor we overeenkomende situaties onbewust als uiteenlopende situaties gaan behandelen. Net als andere denkfouten zorgt dit verschijnsel voor onlogische besluitvorming.

Wat hierbij een rol speelt is dat mensen keer op keer slecht in staat blijken om risico's goed in te schatten. Daarbij overschatten we wat concreet en snel is (zoals een vliegtuigramp of een terreuraanslag) en onderschatten we wat abstract en geleidelijk is (zoals suikerziekte of luchtvervuiling). Deze valkuil speelt ons ook parten in het beoordelen van geopolitieke gevaren.

De angst voor Rusland is in West-Europa diepgeworteld, met de Koude Oorlog als krachtig referentiekader. Ook vormt de aanhoudende agressie van Poetin aan de Europese grenzen, met als absoluut dieptepunt natuurlijk de oorlog in Oekraïne, een uiterst concrete fysieke bedreiging. Rusland doet daarnaast onophoudelijk digitale pogingen om het Westen te destabiliseren, onder meer door desinformatie te verspreiden, zoals gebeurde tijdens het Oekraïne-referendum in Nederland.

Een brute methode die Rusland ook vaak inzet, is de DDoS-aanval. DDoS staat voor *Distributed Denial-of-Service* en hierbij wordt het doelwit bestookt door duizenden computers, waardoor de server crasht. Een van de grootste DDoS-aanvallen ooit vond plaats in 2007 toen Estland vanuit Russische IP-adressen wekenlang aangevallen werd nadat het land een Sovjetoorlogsmonument had verplaatst. Zoals de Watersnoodramp in Nederland tot de Deltawerken leidde, betekende deze Russische cyberaanval de aanzet tot een volledig digitale samenleving, waarin internet een grondrecht is en waar iedereen e-burger met een eigen ID-pas kan worden. Estland is hiermee een digitaal gidsland geworden.

Tegelijkertijd beoordelen we het uiteindelijk gevaarlijkere China nog steeds als een draak in pandakleren. Omdat het voorheen zo arme China verder van onze fysieke landsgrenzen af ligt én omdat de mondiale machtsgreep heel geleidelijk verloopt, hebben we het gevoel dat het allemaal wel meevalt of (wens-) denken we dat het tij wel keert, net als met de smeltende ijskappen op de Zuidpool of de stikstofuitstoot. Omdat de digitale wapens van China, anders dan raketten, tanks en soldaten of lompe cyberaanvallen, buiten ons gezichtsveld blijven, verkijken we ons erop. Dat we door het uitstellen van een software-update onderdeel kunnen worden van Chinese digitale oorlogsvoering vinden we moeilijk voorstelbaar. Mede door universitaire samenwerking en nauwe handelsbetrekkingen eindigt de lange arm van China voor ons gevoel toch met een zachte hand. Vanwege de vriendelijk glimlachende machthebber Xi Jinping, de chinees op de hoek en de schattige pandabeertjes onderschatten we de digitale draak. Maar in werkelijkheid beschikt China over een digitale aanvalscapaciteit van honderdduizend hackers, een groot en geavanceerd leger dat haast overal kan binnendringen.[14]

Hinken op twee gedachten

Het internet wordt vaak beschreven als de 'digitale snelweg', maar vormt tegelijk een sluiproute naar alle uithoeken van de wereld. Terwijl landjepik draait om fysieke grenzen, zijn cyberaanvallen, digitale spionage en desinformatie hier niet aan gebonden. Steeds vaker maken statelijke actoren gebruik van digitale verbindingen om verdeeldheid te zaaien, infrastructuur aan te vallen of informatie te stelen.

Op 8 maart 2000 sprak de Amerikaanse president Bill Clinton overmoedig: 'Het staat buiten kijf dat China pogingen doet om het internet onder de duim te krijgen. Veel succes ermee – je kunt nog beter proberen een drilpudding aan de muur te spijkeren.' Precies twee dagen later brak de internetbeurs NASDAQ door de magische grens van 5000 punten en leek het internet onstuitbaar. Maar het liep allemaal anders. Op 26 maart 2000 won ene Vladimir Poetin de presidentsverkiezingen in Rusland. Hij zou de eerste zijn in een reeks nieuwe autocraten in het Oosten, onder wie de huidige Chinese president Xi Jinping. Zij zouden niet alleen het internet aan banden leggen: inmiddels dagen Rusland en China het Westen uit met geavanceerde digitale technologie.

Hoewel deze grootmachten dus heel verschillend te werk gaan, proberen ze beide door te dringen in belangrijke onderdelen van de westerse samenleving. De Nederlandse regering staat voor de taak om deze indringers onschadelijk te maken. Dat is geen gemakkelijke opdracht. Niet alleen is in technisch opzicht sprake van een wapenwedloop, ook dient bij elke reactie rekening gehouden te worden met de gevolgen die zij heeft voor handelsrelaties en diplomatieke verhoudingen. En die wegen voor een klein kikkerlandje als Nederland loodzwaar.

Dit verklaart waarom Nederland van oudsher sterk op twee gedachten hinkt als het gaat om het buitenlandbeleid. Het feit dat Nederland enerzijds denkt als een koopman die handel met andere landen wil drijven en anderzijds als een dominee die het gedrag van andere landen wil veranderen, zorgt geregeld voor beleidskramp. In een wereld waarin globalisering en digitalisering steeds meer samenvallen zie je deze kramp ook terug in de manier waarop we ons verweren tegen digitale dreigingen uit Rusland en China.

Zo presenteerde het kabinet in mei 2019 een heuse Chinastrategie. Het was geen toeval dat dit gebeurde vlak voor de besluitvorming over de rol van Huawei in het nationale 5G-netwerk. In dit honderd pagina's lange document wordt eindeloos gewikt en gewogen zonder duidelijke conclusies te trekken. Bovendien werd om de digitale brij heen gedraaid: het woord 'Huawei' kwam in de strategie nul keer voor. Datzelfde jaar kwam de regering met een al even dubbelzinnig Ruslandbeleid, waarin stond dat Nederland in zijn betrekkingen met Rusland verder zou gaan op het bestaande 'tweesporenbeleid'. Hoewel de oorlog in Oekraïne inmiddels voor een trendbreuk heeft gezorgd, komt onze opstelling richting zowel China als Rusland vaak neer op pappen en nathouden. Enerzijds handelsrelaties en diplomatieke banden onderhouden, anderzijds het veroordelen van handelingen die niet in overeenstemming zijn met ons morele kompas.

Hoe begrijpelijk ook gezien de positie van ons kleine en open land, tweesporenbeleid ademt een dubbele moraal. Als koning Willem-Alexander en koningin Máxima tijdens de Olympische Winterspelen in het Russische Sotsji een biertje drinken met Poetin, klinkt verontwaardiging. Maar intussen warmden we onze huizen tijdens de oorlog in Oekraïne wel met Russisch gas. En als China de Oeigoeren keihard onderdrukt dan zijn we ontdaan, maar tegelijk staan ondernemers in rijen te dringen om mee te mogen op handelsmissie. Helaas is deze spagaat ook zichtbaar in onze digitale weerbaarheidsstrategie, waarbij de koopmanskant van het Nederlandse denken steeds weer de overhand krijgt.

De 'strategische autonomie' van Europa

Juist omdat kleine landen vaak weinig meer kunnen dan een vingertje heffen richting grootmachten als Rusland en China, is het nodig dat de Europese Unie een gezamenlijke vuist balt. Dit inzicht dringt tot steeds meer hoofdsteden door en in het Brusselse hoofdkwartier van de EU galmt tegenwoordig de gevleugelde term 'strategische autonomie' door de gangen. Met deze term bedoelen politici zoals de Franse president Macron dat Europa in technologisch opzicht minder afhankelijk moet worden van Amerika en China. Om daadwerkelijk tot meer soevereiniteit in het digitale strijdperk te komen, is het nodig om zowel naar de economische voordeur als de digitale achterdeur te kijken.

Met de voordeur bedoel ik de handelsrelaties die landen en machtsblokken met elkaar hebben. Deze vormen de basis voor de import en export van technologie. Met de achterdeur bedoel ik de verborgen technische kwetsbaarheden in systemen en netwerken (vaak *backdoors* genoemd) die een land kwetsbaar kunnen maken voor cyberspionage of -sabotage. De voorbeelden van Kaspersky en Huawei laten het samenspel tussen beide zien: de vrees is tegenwoordig dat producten die via de voordeur binnenkomen, gevaarlijke achterdeurtjes bevatten. En er komen telkens meer van die achterdeurtjes bij. Steeds meer apparaten zijn tegenwoordig verbonden met het internet: auto's, camera's, thermostaten, speelgoed en deurbellen. Dat apparaten in dit *Internet of Things* (*IoT*) met elkaar en hun gebruikers kunnen communiceren, is handig maar vaak verre van veilig. Omdat producenten, meestal Chinese bedrijven, de kosten zo laag mogelijk willen houden, is de veiligheid vaak een bezuinigingspost. Met als gevolg: gehackte koelkasten, tandenborstels of barbiepoppen.[15]

In het beschermen van de metaforische voor- en achterdeur is een verder onderscheid te maken tussen een defensieve en een offensieve strategie. Simpel gezegd kun je je eigen huis bewaken maar je kunt je ook richten op de kwetsbaarheden van de ander. Ik vat dit als volgt samen:

De eigen achterdeur vergrendelen	**Via andermans achterdeur binnensluipen**
Cyberresilience* en cybersecurity: het beveiligen van de digitale infrastructuur en het stellen van veiligheidseisen aan leveranciers van technologie die de Europese markt willen bedienen.	Cyberwarfare (digitale oorlogsvoering): het aanvallen of (terug) hacken van externe strategische doelen om waardevolle informatie te stelen of om systemen uit te schakelen.
Voorbeeld: het stellen van veiligheidseisen aan IoT-apparaten van Chinese fabrikanten. Of de Europese privacywet AVG, die eisen stelt aan dataprotectie door Amerikaanse technologiebedrijven.	*Voorbeeld: de AIVD die Russische staatshackers onschadelijk maakt. Ook het Team High Tech Crime van de politie en het Defensie Cyber Commando werken offensief.*
De eigen voordeur bewaken	**Op andermans voordeur bonken**
Industrie- en handelspolitiek: het opleggen van handelsbeperkingen en het gedeeltelijk afschermen van de eigen markt (protectionisme), vaak ook om eigen initiatieven te stimuleren.	Innovatiebeleid: via investeringen in onderwijs en onderzoek proberen marktleider te worden, zodat andere landen jouw producten en diensten willen of zelfs wel moeten afnemen.
Voorbeeld: de wens om tot een Europese cloud te komen, die ons minder afhankelijk maakt van de clouddiensten van Google, Amazon en Microsoft.	*Voorbeeld: het Nederlandse bedrijf ASML, dat de mondiale markt van chipmachines domineert.*

* Cyberresilience: het geheel aan strategieën en tactieken voor de preventie van, de verdediging tegen en het herstel na een cyberaanval.

Door deze vier methodes slim te combineren ontstaat een gereedschapskist waarmee lidstaten en de EU als geheel zich kunnen verweren tegen digitale dreigingen van buitenaf. Helaas gaat het in de politieke besluitvorming hierover geregeld mis. Allereerst komt dit omdat veel politieke partijen electoraal proberen te scoren door de EU af te spiegelen als een bureaucratische superstaat en hun kiezers nationale soevereiniteit te beloven. Dat dit, ingeklemd tussen de technologische dominantie en dreiging van de VS, China en Rusland, onmogelijk is, vertellen ze er niet bij. Ten tweede vraagt goede besluitvorming op het complexe gebied van cybersecurity, handelspolitiek en innovatiebeleid om technische kennis, oog voor internationale verhoudingen en grip op de rijksbegroting. Dit zijn drie onderdelen waar de versplinterde en mediagerichte parlementen in Europa niet in uitblinken. Ook de Tweede Kamer niet. Met als gevolg dat de Europese gereedschapskist niet optimaal gebruikt wordt.

De achterdeur blijft vaak op een kier staan

Op basis van interne marktregels kan de EU collectieve veiligheidseisen stellen aan leveranciers. In 2016 kwam mijn medewerker Marijn van Vliet op het idee om dit ook te doen bij apparaten die aan het internet hangen. In een initiatiefnota deden we voorstellen voor een Europees marktverbod voor onveilige IoT-apparaten en een nationaal keurmerk. Normaal is het een hoop werk om zo'n nota door de Kamer te krijgen maar dit keer liep het anders. Terwijl ik bij de sleepwet en de hackwet elke centimeter had moeten bevechten (zie hoofdstuk 7), werd mijn initiatiefnota overgenomen in het regeerakkoord 2017.

In hetzelfde jaar kwam ook de Europese Unie met beleid voor een veilig Internet of Things.[16] Net als in de Europese privacywet AVG staat het stellen van eisen aan digitale technologie via de interne Europese markt hierbij centraal. Hoewel veel nationale politici graag neerbuigend doen over de Europese 'regeltjesfabriek', is regulering van de grootste afzetmarkt ter wereld een prima manier om commerciële bedrijven te dwingen Europese waarden te respecteren. Maar uit angst voor de eurosceptische kiezer durven veel partijen dit niet toe te geven en doen ze liever aan *Brussel bashen*. Daarbij wijst historicus en EU-kenner Luuk van Middelaar erop dat Europese bureaucratie niet zelden het resultaat is van onderlinge geschillen tussen lidstaten, die dingen naar hun hand proberen te zetten via collectieve EU-afspraken.[17]

Met het oog op deze nationale soevereiniteitscultus kwam de Europese Commissie begin 2020 met een nogal vrijblijvende 5G-toolbox.[18] Daarin namen de EU-lidstaten zich voor om leveranciers met een 'hoog risico' te weren uit 'kritieke onderdelen' waar veel internetverkeer samenkomt. In de praktijk bleek echter dat iedere lidstaat zijn eigen lijn trok en dwergen als België en Zweden de kolen uit het vuur haalden. Anders dan Nederland noemt Zweden de Chinese bedrijven Huawei en ZTE bijvoorbeeld wel bij naam in zijn 5G-beleid. Vooralsnog is één duidelijke Europese koers dus ver te zoeken en blijft Nederland als koopman beducht voor een harde lijn.

Investeringen in cybersecurity en onderzoek zijn ondermaats

De broodnodige investeringen in cybersecurity blijven al jaren structureel achter bij zowel de veiligheidsrisico's als de maatschappelijke kosten van cybercriminaliteit. Journalist Huib Modderkolk beschrijft in zijn boek *Het is oorlog maar niemand die het ziet* hoe veiligheidschefs tijdens een geheime bijeenkomst met premier Rutte pleiten voor een investering van 340 miljoen euro.[19] Ze beschouwen dit als een 'absoluut minimum', maar in het regeerakkoord van 2017 kwam een veel kleiner bedrag te staan: 95 miljoen.[20]

Het glas was niet eens halfleeg, hooguit bevatte het wat druppels voor op een gloeiende plaat. Inmiddels is het benodigde bedrag alleen maar verder opgelopen. In aanloop naar het huidige kabinet adviseerde de Cyber Security Raad* om van cyberweerbaarheid een 'chefsache' te maken en er 833 miljoen euro in te investeren.[21] Maar opnieuw bleven de daadwerkelijke investeringen daar ver onder. De relatieve onzichtbaarheid van cyberaanvallers speelt daarin een rol. Iedereen weet dat de digitale dreiging substantieel is en dat de kosten hoog zijn, maar als het erop aankomt kiest ons brein toch weer voor tastbare zaken als meer blauw op straat of nieuwe straaljagers.

Hetzelfde geldt voor investeringen in innovatie, waarvan het succes onzeker is en de vruchten pas veel later geplukt kunnen worden. In 2011 lanceerde het kabinet-Rutte I het nieuwe topsectorenbeleid. Dit wondermiddel zou de Nederlandse concurrentiekracht aanzienlijk versterken. Maar in plaats van extra geld paste het kabinet een boekhoudtruc toe en sneed in de budgetten voor fundamenteel onderzoek. Bijna tien jaar later herhaalde deze geschiedenis zich. Eind 2019 presenteerde het kabinet trots het Strategisch Actieplan voor Artificiële Intelligentie. De uitgesproken ambities waren torenhoog maar de financiële bijlagen achter in het jubelende document toonden een andere werkelijkheid. Het beloofde miljard aan investeringen bleek vooral te gaan om reeds bestaande bedragen en subsidies, waar voortaan het etiket 'artificiële intelligentie' op geplakt zou worden. Opnieuw geen echte investeringen maar gegoochel met getallen.

---

* De Cyber Security Raad is een nationaal en onafhankelijk adviesorgaan van het kabinet en bedrijfsleven (via het kabinet), samengesteld uit vertegenwoordigers van publieke en private organisaties en de wetenschap.

De Kamer laat het kabinet hier vaak mee wegkomen omdat het tijdrovend en ondankbaar werk is om begrotingen door te spitten. Als je geen doorgewinterde financieel specialist bent, is het bovendien onmogelijk om alle financiële technieken en trucjes te doorzien. Mij is het in tien jaar precies één keer gelukt om iets substantieels te veranderen in de rijksfinanciën. Dat was via een amendement waarin ik – geholpen door begrotingsbrein Wouter Koolmees – de zogenaamde 'terugsluis' in de Wet herziening fiscale behandeling eigen woning aanpaste. Zonder het zelf precies te begrijpen werd ik zo de man van 5,3 miljard.[22]

Vaker richtte ik me op profilering in de media. Om de ruimtevaart te stimuleren diende ik in 2012 – tot ontsteltenis van Alexander Pechtold en Wouter Koolmees – een 'ongedekte motie' in: een oproep tot meer geld, zonder te vertellen waar dit vandaan moest komen. De volgende dag stond ik mooi in *de Volkskrant* en nadien kreeg ik een aai over mijn bol van astronaut André Kuipers.[23] Een grappige herinnering maar het treurige feit is wel dat de Kamer ieder jaar hooguit een paar promille verandert aan de totale Rijksbegroting. Ook dat de Tweede Kamer in oktober morrend akkoord ging met een energieplafond waarvan de kosten kunnen oplopen tot 40 miljard euro, toont de beperkingen van het budgetrecht van de Kamer.

Een ander probleem zijn de rekenmodellen. Volgens de regels van het model van het Centraal Planbureau moet elke geïnvesteerde euro binnen (een regeerperiode van) vier jaar rendement opleveren.[24] Anders telt het niet als investering maar als kostenpost. Zo levert het aanleggen van snelwegen dus betere scores op dan het verkleinen van de klassen of het investeren in fundamenteel onderzoek. Het feit dat politiek Den Haag zich al decennia laat leiden door dit soort 'cijfermatige' rekenmodellen lijkt rationeel, maar is het niet. Het is een irrationele keuze, gebaseerd op onze wens om grip te krijgen door voorspellingen van autoriteiten, in dit geval de rekenmeesters van het Centraal Planbureau.

Geen ruimte voor genuanceerd en geduldig buitenlandbeleid

Het is een ongemakkelijke waarheid. In de digitale wedloop verliest Europa langzaam maar zeker terrein aan de machtsblokken Amerika en China. Onze achterstand op het gebied van startups, wetenschappelijke vondsten, patenten en investeringen groeit. Op bijna elk gebied, van zonnepanelen tot telecom, lopen we achter qua kapitaal en kennis.[25] Mede daarom is de Europese productafhankelijkheid relatief groot. Niet alleen leveren Chinese bedrijven 5G-antennes of communicatiesystemen voor onze hulpdiensten. Ook is er geen serieus Europees alternatief voor de clouddiensten van Google, Amazon en Microsoft. Deze afhankelijkheid leidt tot scheve verhoudingen. Terwijl China en de VS hun eigen markt strategisch afschermen, heet Europa buitenlandse concurrenten – noodgedwongen – nog steeds welkom.

Uiteindelijk raakt dit niet alleen onze welvaart maar ook onze democratie. Koplopers bepalen de technologische wereldstandaarden en die zijn allesbehalve neutraal. Standaarden zijn altijd een vertaling van waarden. De afgelopen decennia hebben Amerikaanse techbedrijven hun privacymoraal kunnen opdringen. De laatste jaren dringt daarentegen China zijn surveillancemoraal op: al meer dan honderd steden hebben *smart city**-deals gesloten met China, waarin 5G, gezichtsherkenning en algoritmes samenkomen.[26] Waarom gooit Europa de voordeur dan niet wat verder dicht?

Allereerst is handel een fundament onder onze welvaart. Uit ruilhandel ontstond de wereldeconomie, die rijkdom en stabiliteit bracht. Binnen dit systeem is Nederland als handelsland

* Smart city: een stad waarin informatietechnologie (sensoren, digitale camera's, et cetera) wordt ingezet om onderdelen aan te sturen en processen te optimaliseren.

altijd uiterst succesvol geweest. Met trots spreken we over de Gouden Eeuw en nog steeds verdienen we van elke drie euro's er één met export. Het gevolg is wel dat open markten en vrijhandel een dogma zijn geworden: voorstellen om de eigen markt te beschermen krijgen al snel het stempel 'protectionisme' opgedrukt. Weliswaar een sterk frame, maar wel ingehaald door de economische werkelijkheid van het digitale tijdperk.

Ten tweede worstelt de Kamer met het feit dat internationale handel twee kanten heeft. Als een Nederlands bedrijf de wereld verovert dan klinkt het in koor: '*Global challenges, Dutch solutions.*' Maar als buitenlandse partijen een Nederlands bedrijf overnemen dan piepen politici plots heel anders. Toen het Mexicaanse telecombedrijf América Móvil in 2013 KPN wilde overnemen, kondigde de altijd zo liberale en marktgerichte VVD-minister Kamp van Economische Zaken wetgeving aan om dit soort overnames te voorkomen.

Ten derde maken de verwevenheid van internationale belangen en complexe geopolitieke verhoudingen het Nederlandse buitenlandbeleid tot een zaak van geduld, nuance en kleine maar betekenisvolle stapjes. Hetgeen op gespannen voet staat met de hijgerige sfeer en scoringsdrang in de Tweede Kamer. Oud-buitenlandwoordvoerder van de VVD Sven Koopmans beschreef zichzelf eens als 'een politiek commentator', en precies dat gevoel bekroop mij toen het kabinet begin 2020 de export van een geavanceerde chipmachine door het Nederlandse bedrijf ASML tegenhield. Opnieuw was de Amerikaanse druk groot om te voorkomen dat strategische kennis in Chinese handen zou komen. Eensgezind riepen Kamerleden in de media dat Nederland niet moest zwichten voor buitenlandse machtspolitiek. Maar aan het gevoerde beleid veranderde niets en de vergunning werd niet verleend. Leuk, zo'n eensgezinde Kamer, maar je koopt er weinig voor.

Veel voor de bühne, vaak buitenspel

De conclusie is dat de Tweede Kamer beperkt in staat is om controle uit te oefenen op kabinetsbesluiten over de positie van Nederland in de mondiale technologiestrijd. De samenloop van technische, financiële en internationale complexiteit gaat de Kamer vaak te boven. Om deze cyberkramp te verhullen grijpen Kamerleden stoer naar laaghangend fruit, moties voor de bühne of praatjes in de media en blijft een Europese langetermijnaanpak achterwege. Zo beantwoordt Den Haag de machtspolitiek van landen als de VS, China en Rusland met politieke onmacht. Scoringsdrang leidt daarbij niet alleen tot denkfouten en slechte besluiten. Ook worden daardoor de beperkingen van de Tweede Kamer bij geopolitieke vraagstukken verhuld. Terwijl openheid en realiteitszin juist de eerste stap kunnen zijn naar een Kamer met meer grip op het buitenland en minder stoerheid voor binnenlands gebruik.

4

Een technisch hoogstandje met diepe dalen

Waarom ICT-projecten bijna altijd mislukken

Politiek wordt steeds meer gedomineerd door crises. In 2008 brak in Amerika de bankencrisis uit, waarop Europa in de greep kwam van een financiële crisis en de eurocrisis, die politici jarenlang intensief bezighielden. In de jaren daarop zorgden onder meer de vluchtelingencrisis en Brexit voor politieke hoogspanning. Momenteel hebben we te maken met een wereldwijde energiecrisis, die door de Russische aanval op Oekraïne heel dringend is geworden. Dit terwijl het water ons door de klimaatcrisis aan de lippen staat. Hierbovenop zijn er nationale crises, zoals de gasbevingen in Groningen, de toeslagenaffaire, het woningtekort, de arbeidskrapte, het koopkrachtprobleem en natuurlijk de stikstofcrisis.

'*Never waste a good crisis*,' hoor je politici geregeld zeggen. Die slogan klinkt goed, maar het probleem is dat elke crisis gepaard gaat met verkeerde inschattingen en slechte besluiten. Want niet alleen slaat ons hoofd bij acuut gevaar op hol, neemt systeem 1 ons brein over en begaan we denkfouten. Ook zijn degenen die de crisis moeten bestrijden vanwege de hoge druk geneigd 24/7 door te gaan en amper rust te nemen. Met een uitgeput brein en onvoldoende concentratie als gevolg. In het digitale tijdperk met een overload aan informatie en een eindeloze hoeveelheid prikkels is concentratie sowieso een fundamenteel probleem geworden. In feite kampen we met een aandachtscrisis, waardoor we steeds slechter in staat zijn om de crises van onze tijd op te lossen.[1] En dat leidt dan weer tot een vertrouwenscrisis.

In crisistijd vergadert de Tweede Kamer geregeld tot diep in de nacht of tijdens het reces over 'spoedeisende kwesties'. Dit lijkt logisch, maar als je kijkt wat tijdens zo'n spoeddebat daadwerkelijk besloten wordt, dan blijkt het vooral een uitlaatklep voor verontwaardiging en beeldvorming te zijn. Ook het sterke gevoel om iets te moeten dóén speelt een rol. Stevige teksten, eindeloze woordenwisselingen en stapels moties vullen die innerlijke drang, terwijl eerst een rustige analyse maken beter is dan haastige spoed. Maar ja, dat komt passief over en geeft geen goed beeld richting de kiezers. Dus blijven het slaaptekort en de burn-outgevallen oplopen.

De coronacrisis vormde op dit ongezonde patroon helaas geen uitzondering. Eerst zorgden struisvogelgedrag en wensdenken voor onderschatting van het virus. Na de uitbraak spraken velen nog lang van 'een griepje' terwijl de hoop op een mild of niet erg besmettelijk virus al was ingehaald door de realiteit. Het duurde daarna niet lang voor allerhande complottheorieën over 'de ware oorzaak' van het virus rondgingen op internet. Dat een virus de wereld kan platleggen is iets wat mensen niet kunnen geloven, zeker niet als online filterbubbels* argwaan steeds bevestigen en verergeren. Ook waren er verhalen over de mensheid die zichzelf zou heruitvinden en hoe het virus voor nieuwe verbroedering zou zorgen. Maar steeds bleek de houdbaarheidsdatum van dit soort bespiegelingen snel verstreken. Net als de koortsachtige tabellen en modellen waarmee amateur-cijferaars op Twitter de verspreiding van het virus dachten te kunnen voorspellen.

Naast allerlei menselijke denkfouten begingen ministers en Kamerleden ook een andere veelgemaakte fout in crisistijd: een werkwijze met onvoldoende ruimte voor aandacht en reflectie.

---

* Filterbubbels: de gepersonaliseerde 'luchtbel' waarin je terecht kan komen als gevolg van de algoritmes van sociale-mediaplatforms.

De hoge hoed van Hugo de Jonge

Nadat in Nederland de eerste besmetting in februari 2020 was vastgesteld, sprak Mark Rutte het land op 16 maart plechtig toe via de eerste televisietoespraak van een premier sinds de oliecrisis in de jaren zeventig. Een week later ging Nederland over op de 'intelligente lockdown'. Mijn laatste jaar in de Tweede Kamer zou volledig door corona worden gedomineerd. Enerzijds omdat ik als Kamerlid nauw betrokken was bij het uit de grond stampen van steunpakketten voor ondernemers, de chaotische ontwikkeling van de corona-app en het GGD-datalek. Stuk voor stuk dossiers die veel aandacht vroegen. Anderzijds omdat ik als vader van drie schoolgaande kinderen te maken kreeg met de gevolgen van het virus: thuisonderwijs, verveling, dalende cijfers. De hoge werkdruk en de moeizame werk-privébalans gingen zowel ten koste van de kwaliteit van mijn Kamerwerk als van mijn gezinsleven.

Na de uitbraak bepaalden de tweewekelijkse persconferenties van premier Rutte en coronaminister Hugo de Jonge al snel het nationale hartritme, dat klopte tussen hoop en vrees. Terwijl digitalisering het mogelijk maakt om alles op ieder moment individueel te kunnen beleven, brengt een crisis (of een sportwedstrijd) mensen ouderwets samen. Zo zaten op 7 april 2020 miljoenen Nederlanders realtime aan de buis gekluisterd.

Nadat de premier iedereen had opgeroepen om 'nog even' vol te houden, kreeg minister De Jonge het woord. Na wat inleidende zinnen kwam het: de aankondiging van twee nieuwe apps. Eén die je vertelt of je in de buurt bent geweest van een andere gebruiker die besmet blijkt, een andere om gemakkelijk je besmetting te rapporteren aan een arts in de buurt. Na deze aankondiging vervolgde hij: 'Maar ik zeg er ook meteen bij: dat kan alleen als we heel zorgvuldig omgaan met privacy. Het kan alleen met vertrouwen van de samenleving en dat vraagt een nauwkeurige verdere uitwerking en ik hoop u daar snel over te kunnen informeren'.[2]

Thuis voor de tv schoot ik tegen het plafond en zette ik de rustige avond waar ik in die hectische weken zo naar snakte uit mijn hoofd. Tot irritatie van mijn geliefde snauwde ik haar bits toe dat ze haar mond moest houden zodat ik de persconferentie kon volgen. Ook greep ik direct naar mijn telefoon om op Twitter te kijken wat de reacties waren en om met medewerkers te appen over de mogelijke implicaties. Zo'n tafereel speelt zich in woonkamers van politici geregeld af: als er *breaking news* is moet alles daarvoor wijken. Belangrijke dingen als het gezinsleven of een goed gesprek verliezen het altijd van urgente dingen als een politiek incident of een aankondiging in de media. Toen ik het zag gebeuren, wist ik meteen: een minister die in crisistijd een app uit zijn mouw schudt betekent code oranje en dus werk aan de winkel. Dat de minister beweerde 'zorgvuldig' met privacy te willen omgaan stelde me geenszins gerust. Bestuurders die grote plannen hebben met digitale technologie en data zeggen altijd in een tussenzin dat ze de privacy zullen waarborgen, maar in de praktijk blijkt daar bijzonder weinig van. Daarbij wist de minister dat veel mensen voorstander waren van het inzetten van technologie tegen het virus, in de hoop dat er dan minder beperkende maatregelen nodig zouden zijn.

Niet voor niets had de Europese Commissie al aangekondigd telecomdata in te zetten tegen het virus en hadden ons omringende landen al een dergelijke app ontwikkeld. Dus hoe zou het op ons afstralen als wij dat niet zouden doen? Dergelijk kuddegedrag is heel bepalend want mensen baseren hun oordelen en keuzes vaak op die van andere mensen. Daarom verkopen de boeken op bestsellerlijsten zo goed en gaan mensen liever op een vol terras zitten. Deze denkfout heet *social proof* en werd in dit geval nog versterkt door het onterechte gevoel dat Nederland altijd 'het braafste jongetje van de klas' is en dat privacyregels allerlei mogelijkheden in de weg staan.

Zelf had ik direct grote bedenkingen over de meerwaarde, de veiligheid, de betrouwbaarheid en uiteraard de privacygevolgen van de app. Maar als toekijkend Kamerlid stond ik meteen met 3-0 achter. Door de plannen te communiceren via een persconferentie was de geest direct uit de fles. Als gevolg van de toegenomen scorebordpolitiek is het helaas gebruikelijk geworden dat Kamerleden kabinetsvoorstellen eerder vernemen via de krantenkolommen dan via een Kamerbrief. Deze verandering is in het voordeel van ministers, die op deze manier de eerste communicatieslag kunnen slaan en hun plannen richting het publiek kunnen framen. Door de app voor een miljoenenpubliek uit de hoge hoed te toveren was er bijna sprake van een voldongen feit en werd de ruimte voor politieke tegenspraak tot een minimum beperkt. Een staaltje crisisdaadkracht om te voorkomen dat de Tweede Kamer zou komen met lastige vragen waarop nog geen goed antwoord was.

Even geïrriteerd als gespannen keek ik verder en tot mijn genoegen stelden NOS en *RTL Nieuws* vragen over de apps. Ik had dit niet verwacht omdat journalisten – net als Kamerleden – de neiging hebben de maatschappelijke impact van digitale technologie te onderschatten. Terwijl een app met gevoelige gegevens van miljoenen gebruikers serieuze risico's met zich meebrengt. Bijvoorbeeld dat de data in verkeerde handen komen of dat de overheid zelf er later verkeerde dingen mee gaat doen. Juist in crisistijd, als snel ingrijpen zo vanzelfsprekend lijkt, is het belangrijk kritisch na te blijven denken over een abstract belang als privacy. Ik vroeg me vooral af of de app verplicht zou worden of dat het gebruik ervan vrijwillig zou zijn. Gelukkig stelde een oplettende journalist precies deze vraag, waarmee ze de minister dwong duidelijk te maken wat zijn idee nu concreet zou betekenen voor de inwoners van ons land:

Van de Zilver (RTL Nieuws): *Nog heel even daarop doorgaand. Wordt het gebruik van die apps, wordt dat verplicht?*[3]

Minister De Jonge: *Wat nodig is natuurlijk als je die goed wilt gebruiken, is dat heel erg veel mensen die app gaan gebruiken. Dat is noodzakelijk. Of het daarvoor nodig is dat je dat ook verplicht, dat is iets om de komende tijd te verkennen. Ik zou het nu te vroeg vinden om daar al een antwoord op te geven. Wat nodig is in ieder geval is om als je het hele intensieve testbeleid ook gaat voeren, en als je dat ook wilt gebruiken om mogelijkerwijs nog preciezer te zijn in welke maatregelen je treft, dan zal je wel moeten zorgen dat heel erg veel mensen dat gaan gebruiken.*[4]

Dit is politiek voor: dat weet ik nog niet want daar heb ik in alle drukte nog niet over na kunnen denken dus draai ik er nu een beetje omheen.

Dit voorbeeld laat mooi zien hoe sterk het samenspel tussen controledrift en scoringsdrang in crisistijd is. De grote dreiging zorgt dat je als bestuurder vol goede bedoelingen alles uit de kast wilt halen om zo veel mogelijk grip op de zaak te krijgen. De angst onder de bevolking maakt dat je daarbij wilt laten zien dat je er echt alles aan doet om mensen te beschermen. Met als resultaat dat je overhaast een noodoplossing of crisismaatregel presenteert.

Op het hoogtepunt van de pandemiepaniek kondigde de regering dus een digitale oplossing aan, die gebruik zou maken van gevoelige persoonsgegevens. Dit gebeurde voor een miljoenenpubliek, zonder dat rustig nagedacht was over de mogelijke consequenties. Dit tot verrassing van het eigen ministerie, betrokken instanties en de voltallige Kamer.[5] Het is een schoolvoorbeeld van *management by speech*. Met als typisch kenmerk: improvisatie onder grote druk. En met als typisch gevolg: fouten.

Het ministerie van VWS zette er vervolgens flinke vaart achter. Geïnteresseerde leveranciers kregen drie dagen om hun voorstel in te dienen en moesten dit vervolgens presenteren tijdens een zogenaamde hackathon: een vierentwintig uur durende sessie waarin ICT-ontwikkelaars gezamenlijk aan een project werken; een veredelde modeshow voor apps dus. Dit alles in de hoop dat de app drie weken na aankondiging productierijp zou zijn. Iedereen met ook maar een greintje ICT-ervaring wist dat dit onmogelijk is.

In de dagen daarna brak de chaos uit. In allerijl had het ministerie er allerlei experts bij gehaald in een poging om de kwaliteit en de geloofwaardigheid van de app te verbeteren. Echter, teleurgesteld begonnen deze publiekelijk afstand te nemen van het rommelige proces, terwijl veelbelovende ontwikkelteams zich terugtrokken uit de selectieprocedure. Intussen twitterde minister De Jonge er lustig op los en probeerden hoge ambtenaren van het ministerie de boel te sussen door te doen alsof alles volgens plan verliep. Dit terwijl de haastige spoed een gedegen ontwikkeling van een app – hoe kansrijk die ook mag zijn – overduidelijk in de weg stond.

Maar goed, *the show must go on* en de geplande hackathon dus ook. Op zaterdag 18 april, welgeteld elf dagen na de onstuimige persconferentie, presenteerden zeven finalisten hun app. Maar de meetnauwkeurigheid, de dataveiligheid en de broncode voldeden in geen geval aan de gestelde eisen. Ingehuurde consultants en advocaten waarschuwden het ministerie voor de risico's. Net als zestig academici die het kabinet een brandbrief stuurden die begon met de dringende waarschuwing van de Franse filosoof Michel Foucault: *'Surveillance is permanent in its effects, even if it is discontinuous in its action.'*[6]

Het is belangrijk even bij deze woorden stil te staan. Het volgen van burgers door de overheid lijkt vaak logisch omdat informatie de nodige inzichten geeft, Vadertje Staat het beste met ons voorheeft en niet geschoten altijd mis is. Wat veel te vaak vergeten wordt is dat mensen kwetsbaar worden als persoonlijke informatie in vreemde handen komt en dat de eigenaar van onze gegevens een machtspositie bezit. De verleiding om deze datamacht te gebruiken om vergaande controle uit te oefenen, blijkt keer op keer onweerstaanbaar. Wie de data heeft, gaat deze vroeg of laat gebruiken. Met permanente consequenties, die doorgaans pas achteraf in volle omvang zichtbaar worden.

De coronademocratie

Intussen keek de Tweede Kamer noodgedwongen van een afstand toe. Vanwege corona waren zo goed als alle debatten van de agenda gehaald en ook het wekelijkse vragenuurtje was geschrapt.[7] Het was dus niet mogelijk om minister De Jonge naar de Kamer te roepen; het enige wat restte was het stellen van schriftelijke vragen. De dag na de persconferentie stelde ik deze op. Over de noodzaak en effectiviteit van een app. Over de hardheid van de privacywaarborgen. Over de cyberveiligheid. Over de betrouwbaarheid van de meetmethode met bluetooth. En over het risico dat de app voor steeds meer doelen ingezet zou worden. Ik nodigde alle partijen uit de vragen mede in te dienen zodat de Kamer als één blok zou optreden.[8] Politieke opponenten als Geert Wilders en Thierry Baudet deden mee, terwijl mijn coalitiegenoten VVD en CDA weigerden, uit vrees 'hun' ministers af te vallen. Dit laat zien dat naast coalitiedwang ook het partijlidmaatschap van een specifieke minister van invloed kan zijn op keuzes die Kamerleden maken. Zo gaan politieke verhoudingen geregeld ten koste van democratische controle. Uiteindelijk sprak een ruime meerderheid zich gelukkig wel kritisch uit over de app en wist de Kamer ondanks alle coronabeperkingen een hoorzitting met deskundigen af te dwingen.

Op 22 april was ik voor de eerste keer in anderhalve maand weer in Den Haag en uiterst onwennig deden we ons werk op anderhalve meter afstand. Het was in die dagen echt raar om onder de mensen te zijn. Naast zorgen over de privacy en de veiligheid waren de specialisten unaniem sceptisch over het gehaaste ontwikkelproces en het gebruik van bluetooth-technologie om anderhalve meter afstand te bepalen. De korte conclusie: een productierijpe app op 28 april zat er niet in.

Hoewel met veel moeite, kwamen tegenspraak en tegenmacht dit keer wel uit de verf. De corona-app zou alleen groen licht krijgen als zowel de technische als de juridische basis op orde was. Niet alleen moest minister De Jonge terug naar de tekentafel, ook eisten parlement, adviescolleges en toezichthouders dat hij achter zijn schrijftafel kroop voor een aparte wet over de app. Zo hield de Kamer in crisistijd vast aan het principe dat vergaande ingrepen wettelijke onderbouwing vereisen. Door haar rug recht te houden won de Kamer nog een beslissende slag, want op een gegeven moment kwam het hoge woord eruit: de app zou vrijwillig worden.

Daarmee keerde de rust terug. Met de wettelijk vast te leggen vrijwilligheid was de angel uit het dossier en kon het ministerie aan een tweede ronde beginnen. Met beperkte middelen waren we erin geslaagd om de scherpste randjes van de app weg te nemen en echte keuzevrijheid af te dwingen. Dat er nu geen sprake meer was van dwang, was cruciaal. Dat de app alleen op iemands smartphone terecht zou kunnen komen als de eigenaar daar actief moeite voor deed, kantelde de hele situatie. Onder leiding van chief information officer Ron Roozendaal organiseerde het ministerie van VWS vanaf dat moment een open ontwikkelproces waarbij iedereen kon meekijken.

Wel bleef de crisisreflex opspelen: de app moest en zou er nu echt op 1 september zijn, zo luidde de dringende boodschap en zo ging het politieke proces tijdens het zomerreces gewoon door.

Tijdens gepikeerde calls met de minister en de coalitiegenoten hield ik vol dat de app pas in gebruik kon worden genomen zodra de wet er was.[9] Toen het ministerie opperde dat de Kamer dan maar een week eerder moest terugkomen van zomerreces, steunde ik vanaf een stadsstrandje in Berlijn de oppositie om dit onzalige voorstel te blokkeren. De Kamer snakte tijdens de verhitte coronazomer naar wat rust, terwijl de app prima een weekje kon wachten.

Na jaren van ingekorte zomervakanties en plotse weekendonderbrekingen ben ik me in mijn laatste jaren als Kamerlid steeds meer gaan verzetten tegen de herhaaldelijke vergadernachten en spoeddebatten. Rustmomenten en recesperiodes zijn nodig voor de broodnodige verdieping, bezinning, werkbezoeken en adempauze. Want ons brein kan niet voortdurend aanstaan en onophoudelijk geprikkeld worden. Aanvankelijk kreeg ik – ook in mijn eigen fractie – weinig gehoor, maar met het steeds vaker uitvallen van verschillende ministers en Kamerleden begint het tij te keren. Zo kwam Kamervoorzitter Bergkamp in december 2021 met een zorgpakket tegen burn-outs en presenteerde een werkgroep van de Tweede Kamer onder leiding van SGP-fractievoorzitter Kees van der Staaij een rapport vol adviezen om 'de functies van de Kamer' te versterken.

Morrend kwamen we uiteindelijk overeen dat de Tweede Kamer de appwet op 2 september zou behandelen. Dat het halen van een symbolische datum bijna belangrijker werd dan het respecteren van het legaliteitsbeginsel (die bepaalt dat elke grote beleidsverandering een wettelijke basis behoeft) komt niet alleen door de druk die van een crisis uitgaat. Het psychologische ankereffect speelt ook een rol. Wie eenmaal een referentiepunt – in de vorm van een bedrag, percentage of datum – in zijn hoofd gezet heeft, wil daar koste wat het kost aan vasthouden. Door deze denkfout verworden deadlines zo vaak van middel tot heilig doel. Het voelt misschien als een nederlaag als je een planning loslaat, maar het is vaak juist de winnende aanpak om fouten onder tijdsdruk te voorkomen.

Temeer omdat de krappe planningen altijd ten koste gaan van gedegen voorbereiding. In combinatie met andere verplichtingen die je als mens nu eenmaal hebt, kan dat tot haast onmogelijke situaties leiden. Omdat ik gescheiden ben zie ik als co-ouder mijn drie oudste kinderen in de zomervakantie drie weken achter elkaar niet. Dus toen we eind augustus terugkwamen in Nederland hadden zij in het laatste vakantieweekend echt even mijn aandacht nodig. Daarom opende ik pas op zondagavond mijn mailbox met de documenten voor het Kamerdebat op woensdagochtend. Ik schrok me een ongeluk, want naast de gebruikelijke wetsteksten zag ik een heleboel bijlagen over de corona-app: technische specificaties, gebruikerstesten, gebruikerservaringen, penetratietesten, gegevensbeschermingseffectbeoordelingen, second opinions, juridische analyses, een 'duidingsrapportage' over de informatiebeveiliging en privacybescherming, adviezen van toezichthouders, begeleidingscommissies en taskforces, enzovoorts. Hoewel je vele honderden pagina's aan stukken nooit allemaal kwijt kunt in een debatinbreng van een paar minuten, wil je ze als controleur van de regering wel kritisch gelezen hebben. Die stukken zijn er niet voor niets, vaak ook heeft de Kamer er zelf om gevraagd. Uiteindelijk koos ik er noodgedwongen voor om op de gok een selectie van de documenten te scannen en moest ik maar hopen dat ik geen belangrijke details over het hoofd had gezien. Als Kamerlid moet je worstelend met het leven en woekerend met tijd je werk doen.

Dankzij vertraging naar verbetering

Terwijl een Kamerdebat voorheen hét bepalende moment was, is het tegenwoordig vaak zo dat de eraan voorafgaande strijd in de media en achter de schermen het Kamerdebat haast tot een formaliteit maakt. De politieke discussie over de corona-app richtte zich vooral nog op de mate van vrijwilligheid. Het ministerie van Volksgezondheid bleek namelijk grote werkgevers benaderd te hebben met het verzoek om de app 'een beetje te promoten'. Alsof van een verzoek van je werkgever geen dwang uitgaat! Een dergelijke actie laat zien hoever de regering wil gaan om bepaalde dingen door te drijven. Hoewel het een suf detail lijkt, zijn het dit soort details bij elkaar opgeteld die uiteindelijk zorgen voor serieuze staatsdwang. Het was goed dat de Kamer hier een punt van maakte en wist te voorkomen dat de app via deze weg alsnog een verlicht karakter kreeg. Uiteindelijk was de uitkomst dat een persoonlijk verzoek via de leidinggevende niet mocht, maar een informatieve poster in de lunchkantine wel.

Zo ging een ruime meerderheid van de Tweede Kamer akkoord. Omdat de Eerste Kamer pas op 6 oktober instemde, ging de app pas op 10 oktober live. De aangekondigde drie weken waren een halfjaar geworden. Maar juist dankzij deze vertraging is er een acceptabele app gekomen: wettelijk onderbouwd, technisch voldoende betrouwbaar en niet verplicht, dus met respect voor ieders privacy.

Een rups die een vlinder werd

Gaandeweg veranderde de corona-app van een rups in een vlinder. Het transparante proces, de betrokkenheid van uiteenlopende deskundigen, de vele aanbieders, de openbare broncode (*open source software*) en alle uitgevoerde tests bieden zelfs handvatten voor een toekomst met ICT-projecten die minder kosten en meer opleveren. Na de valse start en de poging tot politieke powerplay maakte de uiteindelijke aanpak het voor het parlement en de toezichthouders mogelijk hun controlerende taak goed in te vullen. Daarbij zorgde de appwet voor kaders vooraf, die hielpen de uitvoeringsrisico's te verkleinen. Hoewel de termen *privacy by design* (het in de ontwerpfase afdwingen van privacy) en *security by design* (het in de ontwerpfase afdwingen van veiligheid) inmiddels het gevaar lopen holle frasen te worden, is het cruciaal dat politici vooraf nadenken over valkuilen, en eisen stellen aan digitale toepassingen. Vanwege de digitale schaal en snelheid is de kans reëel dat bij ondoordachte toepassingen grote groepen mensen het slachtoffer worden van een crash, een datalek of een falend systeem. Juist door – als parlement – oog te hebben voor de risico's van digitale toepassingen, kan het aantal missers worden teruggedrongen en gaan mensen meer vertrouwen op de kansen van ICT-systemen.

Hoewel ik op de inhoud herhaaldelijk botste met minister De Jonge, had ik oog voor zijn loodzware verantwoordelijkheid om onder grote druk een onvoorspelbaar virus te bestrijden. Zoals hij zelf zei in een interview: 'dat virus kun je niet zien en mij wel, dus dat maakt het makkelijker om boosheid op mij te projecteren'.[10] Als hij tijdens een call geïrriteerd reageerde op kritische vragen, dan realiseerde ik me dat het hem weer extra werk en veel gedoe zou opleveren. Als ik het al zwaar vond en niet alle documenten kon lezen, dan moest het voor hem nog tien keer zo erg zijn. Daarbij had hij gelijk dat te veel principiële scherpslijperij in de praktijk van een crisis ook niet werkt. Toch heb ik me als controleur van de regering niet laten leiden door begrip en sympathie. Het naleven van de wet in crisistijd is namelijk de kern van de rechtsstaat die alle burgers bescherming biedt. Zowel op het gebied van de gezondheid als op het gebied van privacy.

Een digitale identiteitscrisis

Helaas zijn er ook ICT-rupsen die nog lang geen digitale vlinder zijn. Zoals de ontwikkeling van een elektronische identiteit (e-ID) waarmee we ons vanachter de computer makkelijk en veilig kunnen identificeren bij online transacties.* Het Nederlandse inlogsysteem DigiD dateert uit 2003 en de overgang naar een nieuw elektronisch ID verloopt uiterst moeizaam. Een belangrijk knelpunt hierbij is de vraag wie dit nieuwe e-ID gaat ontwikkelen. Naast overheidsinstanties als de Belastingdienst en het UWV zijn hiervoor ook private partijen als Google of Facebook 'in de markt'. Hoewel deze techbedrijven technisch prima in staat zijn om een goed systeem te bouwen, maakt hun op data gebaseerde verdienmodel het gevaarlijk om ze deze sleutelpositie te geven. De verleiding om als ontwikkelaar en beheerder misbruik te maken van onze data voor commerciële doeleinden is groot.

Bijkomend probleem is dat burgers in Nederland geen goede regie kunnen voeren over hun eigen persoonsgegevens. Overheden slaan onze data namelijk op veel verschillende plekken op en de rijksoverheid leest ze vervolgens centraal uit via de Basisregistratie Personen (BRP). Nederlanders hebben daardoor dus geen idee welke overheidsinstanties allemaal data over hen verzamelen en wat er precies mee gebeurt. Het is enerzijds een ondoordringbaar woud voor burgers en anderzijds een rijke oase voor geniepige hackers of gulzige techbedrijven.

Toch doet onze overheid alsof burgers wel regie hebben over hun persoonsgegevens via de website 'MijnOverheid'. Wie daarheen gaat, leest veelbelovend:

---

* Het proces om toegang tot digitale informatie of diensten te krijgen bestaat uit drie stappen. Allereerst identificatie: het kenbaar maken van wie je bent. Ten tweede authenticatie: controle van de beweerde identiteit. Ten derde autorisatie: het verlenen van de toegang.

Post van de overheid digitaal ontvangen. Uw persoonlijke gegevens op één plek.

Ik raad iedereen aan om eens een keer in te loggen op MijnOverheid en een kijkje te nemen, want het is elke keer weer schrikbarend om te zien wat de rijksoverheid allemaal over je weet: persoonsgegevens, familieleden, jaarinkomens, enzovoorts. Het is grotendeels begrijpelijk gezien de uitvoering van hun taak, maar toch: ze weten alles.

Wie vervolgens zijn 'berichtenbox' beheert, treft lange afvinklijsten aan met nationale instanties, provincies, gemeenten en samenwerkingsverbanden. Als burgers konden inzien wat die allemaal van je weten, was er pas echt sprake van transparantie, maar dat kan helaas niet. Ook de beloofde regie over persoonlijke gegevens is verre van optimaal. Zo staat er onder het kopje 'Gegevens laten aanpassen':

Klopt er iets niet in uw gegevens? Dan kunt u contact opnemen met de organisatie die deze gegevens heeft. Bijvoorbeeld met het Kadaster als er iets niet klopt bij uw kadastrale gegevens. Of met de Belastingdienst als u denkt dat uw geregistreerde inkomen niet klopt.

Onze persoonlijke gegevens staan helemaal niet op één plek. Ze zijn alleen afgebeeld op één website. Maar als er iets misgaat dan kan de oorzaak op vele plekken liggen en kun je dat helemaal niet op één plek regelen. MijnOverheid is geen oplossing voor burgers. Het is een oplossing voor de overheid zelf.

Zolang overheden allerlei gegevens verzamelen, centraal opslaan en onderling koppelen zonder voldoende inzicht en grip voor burgers, is het niet verstandig om te dromen over vergaande stappen zoals één digitale identiteit voor alle Europeanen, een Europees persoonsnummer en een digitale portemonnee voor onze persoonlijke gegevens. Dit idee van een European Digital Identity Wallet klinkt vooruitstrevend, kan in sommige gevallen heel handig zijn en komt vast en zeker voort uit goede bedoelingen. Maar zolang de publieke datahuishouding niet op orde is, de dataopslag niet veilig gebeurt en het wantrouwen tussen burger en overheid groot is, lijkt het gedoemd te mislukken. Behalve natuurlijk als de deelname eraan net zo vrijwillig wordt als bij de corona-app. Maar daar lijkt het niet op.

Het ICT-cliché

Een smalend zinnetje dat ik de afgelopen jaren steeds hoorde was: 'De overheid en ICT, dat gaat niet samen.' Het is inderdaad niet moeilijk om een lijst te maken van digitale hoofdpijndossiers, van de geldverslindende modernisering van de Basisregistratie Personen tot de hopeloos verouderde systemen van de Belastingdienst. De ICT-problemen hebben serieuze consequenties want mede hierdoor bleek een verlaging van de btw op groente en fruit bijvoorbeeld niet uitvoerbaar. Voor de omzetbelasting maakt de Belastingdienst zelfs gebruik van een ICT-systeem dat dateert uit 1982.[11] Veertig jaar oud dus.

In 2014 leidde de opeenstapeling van ICT-blunders tot een parlementair onderzoek, onder leiding van VVD-Kamerlid Ton Elias. Zoals vaker bij zo'n terugblik was het oordeel snoeihard:

> *Het geheel van ICT-organisaties bij de rijksoverheid is chaotisch en ondoorzichtig. Taken en verantwoordelijkheden zijn versnipperd en onduidelijk. De belangen van hoofdrolspelers bij ICT-projecten lopen te veel uiteen. De rijksoverheid heeft haar ICT-projecten vaak niet in de hand voor wat betreft de kosten, de tijd of zelfs het eindresultaat.*[12]

Het rapport van de commissie-Elias is gedegen en sluit aan bij de probleemanalyse van veel ICT-experts, die al langer wijzen op torenhoge ambities, slechte inschattingen, onduidelijke kaders, te veel afhankelijkheid van grote leveranciers, het onvermogen om te stoppen en natuurlijk het gebrek aan ICT-kennis. Maar ondanks de instelling van het Bureau ICT-Toetsing (BIT) en allerlei organisatieveranderingen bij de overheid schreef dagblad *Trouw* in 2019:

> *De ICT-projecten bij de overheid zijn nog steeds een chaos. Veel IT-projecten van het Rijk zijn 'onnodig of onnodig groot', kennis van zaken bij ministeries ontbreekt en te vaak worden 'duurbetaalde externen' ingehuurd om de boel vlot te trekken.*[13]

Blijkbaar is de situatie van 2014 nog niet verbeterd en is er meer nodig dan centrale sturing, uitvoeringsprincipes, scherper toezicht en ICT-kennis.

'In de vaart der volkeren'

Hoewel het rapport-Elias zijn waarde heeft gehad, ging het geheel voorbij aan het feit dat grote ICT-projecten vaak gepaard gaan met irrationaliteit en denkfouten. Ik zie drie belangrijke redenen waarom de overheid vaak de verkeerde projecten aangaat, en waarom niet-levensvatbare projecten toch vaak worden doorgedrukt. De eerste verklaring is dat politici, net als iedereen, gevoelig zijn voor marketingverhalen. Dit maakte ik al mee voor ik Tweede Kamerlid werd, toen ik bij ondernemersorganisatie MKB-Nederland werkte. Daar behartigde ik de belangen van kleine winkeliers. Een probleem waar zij mee te maken hadden, was de opkomst van winkelcentra aan de randen van de stad. De huren waren er lager, het parkeren was er gratis en dus vestigden veel grote winkelketens zich daar. Met als gevolg dat de binnenstedelijke winkeliers klanten verloren en de winkelstraten verschraalden. Naïef als ik was snapte ik niets van deze wildgroei. Waarom werd op zo'n grote schaal gebouwd voor leegstand? Waarom offerden we onze schaarse natuurgebieden en historische stadscentra op voor overbodig beton?

Na een tijdje begon ik te zien dat commerciële deelbelangen het algemeen belang overstegen. Bouwbedrijven wilden bouwen om geld te verdienen. Verhuurders in de binnenstad weigerden hun huren te verlagen omdat ze geen dalende inkomsten konden aanvaarden. En lokale bestuurders wilden bestuurlijke daadkracht tonen door een tot de verbeelding sprekend vastgoedproject te starten. Toen ik eens bij een wethouder aan tafel zat en vroeg naar de reden van weer zo'n overbodig nieuwbouwproject, zei hij met dromerige ogen: 'Kees, onze mooie gemeente moet mee in de vaart der volkeren.' Uit vrees dat een aangrenzende gemeente er anders met de buit vandoor zou gaan durfden maar weinig lokale bestuurders een project te weigeren en zijn er dus veel overbodige vierkante meters vastgoed neergezet.

Ik noem dit mechanisme 'de wethouderswedloop', en dit perverse wedstrijdelement is een veroorzaker van veel slechte besluiten. Vaak in de vorm van een *race to the bottom*, zoals bij zelfstandigen die hun werktarieven verlagen of landen die hun winstbelastingen verkleinen. Maar helaas ook tussen ministeries en uitvoeringsinstanties die graag het modernste jongetje van de klas willen zijn.

Reken maar dat grote vastgoedbedrijven prima weten hoe ze bestuurders moeten overhalen met mooie maquettes, glanzende brochures en veelbelovende 'bezoekersprognoses'. Reken maar dat grote ICT-leveranciers prima weten hoe ze ministeries en uitvoeringsinstanties moeten aanzetten tot het automatiseren van hun 'bedrijfsvoering'. En reken maar dat technologiebedrijven prima weten hoe ze burgemeesters en wethouders moeten overhalen om hun stad 'slim' te maken. Iedereen is gevoelig voor verkoopverhalen vol gouden bergen en buzzwords waarbij de psychologische trukendoos opengaat. Politici uitnodigen voor popconcerten en voetbalwedstrijden: een voorbeeld van het psychologische wederkerigheidsprincipe (voor wat hoort wat!). Complimentjes voor 'meneer de wethouder': sympathie als uitgekookte verkooptruc. Een knappe bestuurder die al deze verleidingen van ons brein weerstaat.

De tweede verklaring waarom het vaak misgaat bij ICT-projecten speelt in op de eerste: de gevoeligheid van politici voor goudenbergenverhalen wordt in het geval van ICT naar mijn mening versterkt door het gebruik van jargon. Projectplannen lijken soms wel in geheimtaal geschreven te zijn. Het in de IT-wereld veel gebezigde gebruik van termen als *agile* (wendbaar), *legacy* (verouderde systemen) of *latency* (vertraging in dataoverdracht) is een aanwijzing dat sommige insiders er belang bij hebben om ICT-vraagstukken ingewikkelder te laten lijken dan ze zijn. Bijvoorbeeld om forse facturen te kunnen sturen of om zelf slimmer over te komen. Hoe meer buzzwords en jargon, hoe groter de kans op misverstanden en dus mislukkingen.

Onbegrensd optimisme en grote afhankelijkheid

Externe druk en dadendrang kunnen verklaren waarom bestuurders een project beginnen, maar niet waarom projecten vaak langer duren en steevast duurder uitpakken dan gepland. De derde verklaring waarom ICT-dossiers vaak hoofdpijndossiers zijn, heeft dan ook te maken met psychologische planfouten.

En die beperken zich niet tot ICT-projecten: maar liefst 90 procent van de bouwprojecten eindigt later dan gepland of boven budget.[14] Daniel Kahneman en zijn onafscheidelijke onderzoekspartner Amos Tversky noemen dit de 'planningsfout': de neiging om een project te onderschatten.[15] De valkuil hierbij is dat we blindelings uitgaan van het ideale scenario en beperkte informatie aanzien voor bruikbare kennis.[16] Daarmee zwemmen we een emotionele fuik in: om een plan goedgekeurd te krijgen wordt het eerst te rooskleurig voorgesteld, waarna er later geen weg meer terug lijkt. Die weg is er uiteraard wel, maar door onze diepe afkeer van verlies maken de reeds gemaakte kosten dat we toch doorgaan tot het bittere einde in plaats van halverwege te keren.[17] Deze variant van de menselijke verliesaversie heet de *sunk cost fallacy*.

Dit principe maakte ik van dichtbij mee tijdens mijn periode bij MKB-Amsterdam. In de hoofdstad bouwde men aan de Noord/Zuidlijn, die ondernemers nabij de bouwput niet alleen veel overlast bezorgde maar die ook liefst vijf keer duurder zou uitpakken dan begroot. Hoewel de gemeenteraad kritisch was en geregeld heftige debatten voerde, durfde niemand het project te stoppen. Er was immers al te veel tijd en geld in gestoken.

Zeker in de Tweede Kamer, met haar permanente crisissfeer en 'incidentgedreven verantwoordingscultuur' (in de woorden van de Raad van State[18]), is het toegeven van mislukkingen en het incasseren van verlies haast ondoenlijk. Dus hebben ministeries de neiging tegenvallers af te dekken en door te duwen. Dat de kritische opstelling van ICT-waakhond BIT daarbij als uiterst hinderlijk wordt ervaren, spreekt voor zich.

Dit mechanisme wordt nog eens versterkt door de vaak grote afhankelijkheid van een kleine groep ICT-leveranciers. Door deze zogenoemde *vendor lock-in* zitten veel overheden letterlijk vast aan een partij waar ze alleen tegen hoge kosten vanaf kunnen. Ook een overmatig vertrouwen in 'deskundige voorspellingen' draagt bij aan slechte besluiten. Zoals we eerder al zagen laten mensen zich graag leiden door een autoriteit, zoals de tandarts in een witte jas die een bepaald merk tandpasta aanbeveelt. Wie zich onvoldoende bewust is van deze authority bias, valt snel voor de schijnzekerheid van het zwaargewicht. Want grote kennis en lange ervaring ten spijt, de toekomst laat zich niet vangen in studies over het verleden. In dit opzicht spreekt de Amerikaanse psycholoog Philip Tetlock van een heus 'expertprobleem': uit zijn onderzoek bleek dat 284 experts slechter presteerden in het voorspellen van gebeurtenissen dan (willekeurig!) pijltjes gooiende apen.[19] Zelfs op hun eigen specialisatiegebied waren de experts niet beter. Het is zelfs zo dat de personen met de meeste kennis van een vakgebied juist slechter voorspellen omdat ze hun eigen vaardigheden en intuïtie overschatten ten koste van een heldere blik op de werkelijkheid.[20]

Deze overmoed zien we bijna dagelijks in talkshows waar experts komen vertellen wat ons allemaal staat te gebeuren. Hoewel iedereen wel weet dat de toekomst niet te voorspellen is, zijn we uiterst gevoelig voor stellige visioenen, horoscopen en Nostradamus-achtige figuren die beweren te weten wat ons te wachten staat. Niet zelden met voorbarige ingrepen als gevolg.

Naast specifieke denkfouten als de planningsfout of de authority bias en de vaak opspelende taalbarrière wordt besluitvorming over ICT-projecten dus geraakt door het feit dat de in voortdurende staat van crisis en campagne verkerende Tweede Kamer steeds minder het vermogen heeft om inhoudelijk te debatteren over een complex vraagstuk en in alle haast denkfouten begaat. Zolang dit niet serieus verandert, zal het ICT-cliché blijven bestaan.

5

Het gigalek en het bestuurlijk gebrek

Waarom we het lek maar niet boven krijgen

Op dinsdagmiddag 26 januari 2021 zat ik thuis met drie kinderen die vanwege corona niet naar school konden. Kijkend naar een computerscherm zag ik mijn collega's in de Tweede Kamer woedend over minister Hugo de Jonge heen vallen.

De dag ervoor had Daniël Verlaan, techjournalist van RTL *Nieuws*, namelijk onthuld dat er grootschalige illegale handel plaatsvond in privégegevens afkomstig uit twee coronasystemen van de Gemeentelijke Gezondheidsdiensten (GGD).[1] Niet alleen naam- en adresgegevens werden verhandeld, maar ook gevoelige medische informatie en zelfs burgerservicenummers. Datahandelaars hadden de gegevens in handen gekregen door medewerkers van de GGD om te kopen. Maar liefst 26 000 medewerkers van de GGD en de ingehuurde callcenters bleken toegang te hebben tot het online registratiesysteem voor coronatests. Ook het systeem voor bron- en contactonderzoek kon door mensen van verschillende hulporganisaties en callcenters geraadpleegd worden. De gegevens werden voor veel geld verhandeld in diverse chatdiensten en op webfora.

Als dit soort nieuws naar buiten komt, dan buitelen Kamerleden over elkaar heen om het kabinet aan de tand te voelen tijdens het wekelijkse vragenuurtje.* Zo'n 'mondelinge vraag'

---

* Ieder Kamerlid kan wekelijks een 'mondelinge vraag' aanmelden over een 'actueel, urgent en voldoende gewichtig' onderwerp. Op

moet je per e-mail indienen bij de griffie en wie dat als eerste doet, krijgt het betreffende onderwerp op zijn naam. Bij het aanmelden van vragen is dus sprake van een wedstrijdelement en in het digitale tijdperk kunnen luttele seconden bepalen wie de race om het mediamomentje wint. In dit geval kwam Maarten Hijink, Kamerlid voor de SP, als winnaar uit de bus en hij stelde het datalek die dinsdag aan de kaak.

Coronaminister Hugo de Jonge deed in zijn beantwoording een paar ferme uitspraken. Zo verzekerde hij de Kamer ervan dat de GGD sinds het begin van de pandemie 'continu' het gebruik van de systemen controleerde.[2] Ook zou het systeem voldoen aan de meest recente veiligheidsnorm, de NEN 7510, en zouden medewerkers van de GGD alleen toegang hebben tot de gegevens wanneer dit noodzakelijk was.[3] Al snel bleken deze uitspraken onjuist. Wie wat kon inzien werd niet continu maar slechts steekproefsgewijs gecontroleerd. En de GGD zelf zei helemaal nog niet aan de NEN 7510 te voldoen. Natuurlijk kan het vanwege de korte voorbereidingstijd voorkomen dat een minister iets zegt wat niet helemaal klopt. Maar de stelligheid waarmee de minister de Kamer te woord stond, werkte als een rode lap op een stier.

Zelf schoten de verontwaardigde Kamerleden ook niet echt met scherp. Mogelijk waren ze na een jaar corona vermoeid, maar een meer structurele oorzaak voor het toenemende gebrek aan inhoud zijn naar mijn mening de draaiende camera's in de plenaire zaal. Die maken het niet alleen mogelijk om – zoals ik die dag deed – op afstand elk Kamerdebat live te volgen, maar ook om online commentaar te geven of fragmenten te delen op sociale media. Dit biedt Kamerleden een podium om aandacht te trekken met vurige emoties en vergaande woorden.

---

dinsdagmiddag kiest de Kamervoorzitter maximaal zes vragen uit.

Het is bekend dat spiedende camera's bij gewone mensen voor een *chilling effect* zorgen: 'afkoeling' van natuurlijk gedrag omdat je weet dat je wordt bekeken. Bij Kamerleden werkt het andersom en zorgen de snorrende camera's juist voor oververhitting. Het gevolg is dat de interrupties steeds extremer maar zeker niet beter worden. Met als resultaat dat het debat polariseert, de zaak niet wordt uitgediept en dat politiek Den Haag weer eens bevestigt wat velen al denken: ze snappen daar helemaal niets van ICT (of elk ander willekeurig onderwerp)! Om hun clicks en likes veilig te stellen wrijven ook journalisten dit beeld erin. De confirmation bias, het mechanisme waarbij selectieve informatie mensen steeds bevestigt in hun denken, doet vervolgens de rest. Allemaal ten koste van het broze vertrouwen in de politiek.

Juist om dit patroon te doorbreken wilde ik in plaats van een mondelinge vraag met maar twee minuten spreektijd een volledig Kamerdebat over het GGD-datalek. Helaas vond een ruime meerderheid van de Kamer dit aanvankelijk overbodig omdat de kwestie ook wel bij het eerstvolgende coronadebat besproken kon worden. Bovendien was de vergaderagenda door de coronacrisis uiterst krap en stond het verkiezingsreces voor de deur. Ik baalde want het komende coronadebat zou ook over het vaccineren en de lockdown gaan. Met zo'n emotioneel geladen agenda was de kans levensgroot dat voor het datalek weinig aandacht zou overblijven. De ervaring leert namelijk dat Kamerdebatten zich haast altijd toespitsen op één, hooguit twee hoofdzaken. Voor een breed debat over meerdere onderwerpen is zelden ruimte. Zo dreigde digitalisering dus opnieuw niet de benodigde prioriteit te krijgen.

Driftig een meerderheid bijeen appen

Uiteindelijk zou het debat er dankzij de geheel gedigitaliseerde informatiestromen en parlementaire procedures alsnog komen. Het verloop van het debat was echter exemplarisch voor wat er misgaat in de relatie tussen het digitale gedrag van onze politici en de cyberveiligheid van ons land. Op donderdagmiddag 28 april schreef *de Volkskrant* online dat het ministerie van Volksgezondheid al vanaf het begin zorgen had over de GGD-systemen.[4] Dit riep een nieuwe politieke vraag op: was het ministerie al op de hoogte van de risico's? Terwijl ik die middag in Scheveningen deelnam aan een Rekenkamerconferentie over algoritmes, appte ik tussendoor verhit met alle veertien fracties om te vragen of ze nu alsnog een apart debat steunden. Normaal kan ieder individueel Kamerlid elke vergaderdag een debat aanvragen, maar door corona kon ik nu alleen een 'bijzonder verzoek' doen namens een Kamermeerderheid. Omdat coalitiepartijen VVD en CDA zich strategisch stilhielden moest ik de PVV zover krijgen. Nog geen halfuur na publicatie van het *Volkskrant*-artikel stuurde ik voor het eerst in mijn leven een appje aan hun ervaren zorgwoordvoerder Fleur Agema: 'Beste Fleur, hier Kees van D66. Steun jij een apart GGD-debat? Ik moet meerderheid hebben om extra regeling aan te vragen en heb nu SP, PvdA, GL, D66, DENK en Dieren.'

Na 9 minuten appte ze terug dat het oké was. Na een gemompeld 'sorry' verliet ik gehaast de conferentie om met de tram vanaf de Scheveningse boulevard tijdig op het Binnenhof te kunnen zijn. Om het debat breder te trekken dan alleen de problemen bij de GGD en structurele aandacht te vragen voor het belang van privacy en dataprotectie verzocht ik ook de minister voor Rechtsbescherming, Sander Dekker, erbij te zijn. Nu het debat via de app een voldongen feit was geworden, verzette niemand zich voor het oog van de camera's in de plenaire zaal nog tegen het debat.

Het voorval liet ook zien hoe de politiek veranderd is. Tot het begin van deze eeuw maakten twee, soms drie, grotere regeringspartijen de dienst uit; tegenwoordig is het parlement gefragmenteerd en kun je door zetels te sprokkelen verrassende resultaten boeken. Zo heb ik ooit samen met Wybren van Haga een motie ingediend om registratieverplichtingen in casino's te heroverwegen omdat ze niet voldeden aan eisen op het gebied van dataveiligheid. Van Haga deed het voor de casino-ondernemers, ik voor de privacy. Ook heb ik een keer een eurosceptische motie van Thierry Baudet aan een meerderheid geholpen omdat deze opriep om de versleuteling van privéberichten in Nederland niet te verbieden. Mijn samenwerking met de PVV sprak eveneens niet voor zich. Maar in plaats van een cordon sanitaire waarbij je één of meerdere partijen volledig uitsluit, geloof ik meer in een open houding en het benutten van de hele Tweede Kamer om dingen gedaan te krijgen. Uiteraard binnen de grenzen van je idealen.

Dankzij digitale diensten als WhatsApp of Signal is het nu mogelijk om in no time alle fracties te benaderen. In het analoge tijdperk zou het vele uren kosten om de benodigde collega's te bereiken, tegenwoordig is het een kwestie van een paar appjes en tientallen minuten. En als je toevallig een nummer mist, dan achterhaal je dat probleemloos via de groepsapp van je fractie. Digitalisering heeft dus niet alleen invloed op de onderwerpen die besproken worden maar ook op de totstandkoming van Kamervragen, debatverzoeken en politieke meerderheden. Toen ik net in de Kamer zat verliep nog vrij veel communicatie via e-mail, sms of bellen, maar tegenwoordig gaat bijna alles via WhatsApp. Niet alleen is de reactiesnelheid – en -dwang – het hoogst, ook is een tijdelijke appgroep zo aangemaakt. Toen ik na mijn vertrek uit de Kamer eens mijn WhatsApp opschoonde, kwam ik dan ook tientallen uitgedoofde appgroepjes tegen. In tegenstelling tot wat geldt voor premier Rutte en alle andere ministers zijn er voor de Kamer – die de macht controleert en doorgaans alleen beschikt over openbare informatie – geen strenge communicatierichtlijnen. Kamerleden kunnen dus zoveel whatsappen als ze willen, hoeven niets te archiveren en kunnen appjes straffeloos verwijderen.

Feit versus fictie

In crisistijd is de Kamer extra kritisch op het kabinet maar daarbij vergeet ze vaak even naar zichzelf te kijken. De fouten bij de GGD en het ministerie namen niet weg dat duidelijk werd dat de Kamer zelf ook had zitten slapen. Want al in september had *Nieuwsuur* bericht dat GGD-medewerkers bij testuitslagen konden die ze eigenlijk niet mochten inzien. Eind december had minister De Jonge de Kamer geïnformeerd over de risico's van de IT-systemen van de GGD:

> *In de kern komt het erop neer dat twee van de drie gebruikte IT-systemen in het verleden zijn gebouwd voor verschillende doeleinden, waardoor systemen onvoldoende op elkaar aansluiten. […] Om het risico op datalekken te minimaliseren wordt een beter passend autorisatiebeheer ingericht. Hierdoor wordt het voor onbevoegde en/of niet-geautoriseerde gebruikers onmogelijk gemaakt om toegang te krijgen tot bepaalde gegevens.*[5]

Nou moet ik erbij zeggen dat het ministerie deze belangrijke Kamerbrief verzond op kerstavond, terwijl er dan natuurlijk geen hond is die zijn e-mail checkt. De kans was dus groot dat de Kamer de brief over het hoofd zou zien en dat de regering ermee weg zou komen. Formeel is de informatie dan wel met de Kamer gedeeld en is van de politieke doodzonde 'onjuist informeren' geen sprake. Vergelijkbaar is het versturen van gevoelige documenten op momenten dat de collectieve aandacht uitgaat naar een andere actualiteit. Dit timen van slecht nieuws heet *taking out the trash.*[6] Een andere truc is het in bedekte termen opschrijven van cruciale informatie of het wegstoppen ervan in bijlagen. Hoewel ik geen wantrouwend mens ben, trek ik een wrange conclusie: door informatie op een strategische manier te verstrekken, kan het kabinet invloed uitoefenen op de mate waarin de Kamer het beleid kan controleren.

Zelf ging ik ook niet helemaal vrijuit. Door mijn focus op de corona-app en de steunpakketten voor ondernemers in crisistijd had ik er al die maanden geen seconde bij stilgestaan dat het optuigen van een testinfrastructuur en het opschalen van oude systemen de kans op een datalek sterk vergroten. Naast de systematisch hoge werkdruk was er dus ook sprake van tunnelvisie, waarbij mentale oogkleppen het zicht op het grotere plaatje ontnemen. Dit psychologische principe neemt iedereen wel een keer te grazen; degenen die relatief deskundig zijn niet in de laatste plaats. Psycholoog Abraham Maslow stelde in dit kader dat wie alleen een hamer heeft geneigd is van elk probleem een spijker te maken.[7] In crisistijd zorgt de acute dreiging ervoor dat politici nog sneller naar de hamer grijpen. Hetgeen de kans op tunnelvisie sterk vergroot.

Om niet opnieuw dingen over het hoofd te zien, belde ik in aanloop naar het debat met een aantal mensen die veel ervaring hebben met databeveiliging en privacywetgeving. In de loop der jaren had ik een groep mensen om me heen verzameld aan wie ik 'domme vragen' kon stellen en die mij met liefde op de vingers tikten als ik iets beweerde wat technisch niet juist is. Sommigen deden dat subtiel via een mailtje of appje, anderen knalden het gewoon op Twitter. Hoewel deskundigen ook belangen hebben, ontkomt geen Kamerlid eraan om gebruik te maken van kennis en ervaring uit de samenleving. Om de eerder genoemde expert-fout te neutraliseren probeerde ik wel altijd verschillende invalshoeken te raadplegen.

Mijn hulplijnen wezen me erop dat bij het GGD-datalek vooral de organisatorische veiligheidseisen niet op orde waren. Zo waren de screening en de werkinstructies ondermaats, net als de controle op toegang tot gevoelige informatie. Ook bleek er een printfunctie te zijn waarmee persoonsgegevens op grote schaal konden worden verspreid. Bij datalekken en hacks denken we vaak aan hightech-oorzaken in de systemen terwijl het juist vaak misgaat door lowtech-fouten in de organisatie.

Als initiatiefnemer van het debat was ik op 3 februari als eerste aan de beurt om mijn tekst uit te spreken. Omdat mijn zorgen veel verder gingen dan de situatie bij de GGD, schetste ik eerst hoe verkeerd datagebruik onze rechtsstaat kan schaden:

> *Het afgelopen jaar brachten SyRI*, de toeslagenaffaire en dit GGD-datalek onschuldige mensen in de problemen door discriminatie, ongekend onrecht en identiteitsdiefstal. IT-overmoed, een heilig datageloof, leidde tot blind vertrouwen, blinde vlekken en oogkleppen, met maatschappelijke schade als gevolg. We zingen in koor: de wetgeving, de uitvoering en de controle moeten beter. Maar we doen het niet. De Kamer stemde recent voor de superdatawet WGS**. De politie, Defensie en de Belastingdienst overtreden de wet en toezichthouders als de Autoriteit Persoonsgegevens krijgen*

* SyRI (Systeem Risico Indicatie) was een omvangrijk antifraudesysteem, waar veel gemeenten gebruik van maakten om burgers te controleren op bijstandsfraude. De rechter verbood SyRI uiteindelijk omdat het systeem onvoldoende inzichtelijk en controleerbaar was, waardoor stigmatiserende en discriminerende effecten zouden kunnen optreden.

** WGS: Wet gegevensverwerking door samenwerkingsverbanden.

geen extra geld. Als dit niet verandert, blijven data-affaires zoals deze zich herhalen en hollen we de rechtsstaat verder uit. Graag een reactie van de minister voor Rechtsbescherming.[8]

Vervolgens ging ik in op de situatie bij de GGD en na mij kwamen nog twaalf sprekers, allemaal met de verhitte vraag: hoe heeft dit in hemelsnaam kunnen gebeuren? Voor het kabinet antwoordde, vroegen Fleur Agema en ik om de gemaakte risicoanalyse openbaar te maken omdat geheimhouding van stukken de controletaak van de Kamer belemmert. Maar helaas: onder druk van het Nationaal Cyber Security Centrum hield het kabinet de risicoanalyse geheim. Daarmee verkoos de Kamer een gemankeerd debat boven een uitgesteld debat. In een crisissfeer en met een spoeddebattencultuur voelt uitstel als afstel en die valkuil is meestal in het voordeel van het kabinet.

In het debat gaf minister De Jonge gemaakte fouten toe, beloofde hij beterschap en stelde dat veel problemen al waren opgelost. Maar kort na zijn bewering dat de printfunctie volledig uitgezet was, kreeg ik een e-mailbericht waarin een anonieme Rode Kruismedewerker schreef dat deze in Den Haag en Leeuwarden nog steeds bruikbaar was. Naast alle Kamerbrieven van het kabinet moet je als volksvertegenwoordiger nooit vergeten burgermails te lezen. Hierin staat vaak hoe het voorgenomen beleid en alle beloftes in de praktijk uitpakken.

Goocheltrucs uit politieke onwil

Na minister De Jonge kwam minister Dekker van Rechtsbescherming aan het woord. Verschillende Kamerleden hadden hem tijdens het debat opnieuw gevraagd om meer geld voor de Autoriteit Persoonsgegevens (AP). De privacywaakhond kampt al jaren met enorme achterstanden, onder meer bij het afhandelen van datalekken. Zo kreeg de AP in het jaar 2020 melding van bijna 24000 datalekken en ondernam ze in minder dan 2000 gevallen actie. Het ministerie van Justitie liet in vier jaar tijd drie keer onderzoek doen naar de capaciteit van de AP en telkens constateerden de onafhankelijke consultants een aanzienlijk tekort. Het kabinet nam de conclusies in ontvangst, om er vervolgens weinig tot niets mee te doen. Aan het eind van het debat probeerde ik het samen met de SP en GroenLinks nog één keer:

> *Waarom nou niet, als er moties van de Kamer zijn, een keer aan het einde van zo'n kabinetsperiode zeggen: we doen er wat geld bij voor die Autoriteit Persoonsgegevens? Die mensen werken keihard om aan alle kanten allerlei datamisstanden recht te zetten.*[9]

Na een verhitte woordenwisseling concludeerde de minister kortweg:

> *De heer Verhoeven en ik zijn het gewoon met elkaar faliekant oneens.*[10]

Debatteren wordt vaak afgespiegeld als kunstvorm en er zijn zelfs verschillende debatprijzen voor welsprekendheid. Maar heel vaak hoeft het kabinet weinig meer te doen dan simpelweg de deur dichthouden. Door met wollige teksten om de kern heen te draaien of juist door heel korte – inhoudsloze – antwoorden te geven. Daarop diende ik met de SP een motie in die meer budget voor de AP eiste. De coalitiepartijen VVD, CDA en CU stemden tegen maar met steun van de PVV werd de motie aangenomen. Echter, minister Dekker weigerde haar uit te voeren.

Omdat het kabinet een paar weken eerder gevallen was over de toeslagenaffaire, was het 'demissionair'. Deze staatsrechtelijke term betekent dat een kabinet geen vertrouwen meer heeft van de Tweede Kamer en daarom zijn ontslag heeft aangeboden. In afwachting van verkiezingen mag het dan geen omstreden zaken meer behandelen. Wat wel of niet 'omstreden' is, is een politieke kwestie en daarover beslist de Tweede Kamer door onderwerpen 'controversieel' te verklaren. Nadat het kabinet-Rutte III was gevallen mocht het enkel nog 'op de winkel passen' en de coronacrisis managen. In theorie is dit alles heel democratisch, maar in de praktijk betekent het dat de regering selectief gaat shoppen, vaak rechtstreeks tegen de wensen van de Kamer in.

Dat levert schrijnende gevallen op. Zo schreef het kabinet op 1 maart plechtig dat het uitvoeren van de Kamermotie om toezichthouder AP te versterken niet mogelijk was vanwege de demissionaire status:

> *Voorts is de motie niet voorzien van een financiële dekking en is het gelet op de demissionaire status van dit kabinet thans niet mogelijk om toezeggingen te doen over de uitvoering van de motie, aangezien dit nieuw beleid zou betreffen. Investeringen als deze vragen om fundamentele beleidskeuzes, die aan een volgend kabinet zijn.*[11]

Oftewel: nieuw beleid is niet mogelijk want we passen alleen op de winkel. Het argument van de ontbrekende financiële dekking was er met de haren bij gesleept, want het kabinet had deze motie hoe dan ook niet uitgevoerd. In tijden dat miljarden probleemloos vrijgemaakt werden, stuitte een paar miljoen op politieke onwil van de minister van Rechtsbescherming.

Een paar dagen later 'omarmde' hetzelfde kabinet wel het rapport van een adviescommissie die het controversiële pleidooi deed om het werk van twee andere onafhankelijke toezichthouders 'uit te hollen':[12]

Ondanks de demissionaire status van het kabinet is ervoor gekozen om een volwaardige reactie op het rapport te geven, omdat de door de commissie in haar rapport aangesneden problematiek alsmede de gepresenteerde oplossingsrichtingen vergen dat daaraan met voortvarendheid opvolging wordt gegeven.[13]

Oftewel: nieuw beleid is best mogelijk ook al passen we alleen op de winkel. Er was duidelijk sprake van een dubbele standaard, maar omdat de ene helft van de Kamer al op weg was naar de uitgang en de andere helft in de verkiezingsstand stond, vond men het niet belangrijk genoeg om hier een punt van te maken. Zo kwam het kabinet weg met zijn demissionaire goocheltrucs. In dit soort gevallen sta je als individueel Kamerlid vaak machteloos, ook al heb je het staatsrechtelijke gelijk overduidelijk aan je kant.

Ook de discussie over de geheime risicoanalyse liep met een sisser af. Dit document had gewoon openbaar moeten worden, maar zoals wel vaker slaagde het kabinet erin om – onder het mom van staatsveiligheid – politiek gevoelige informatie voor zich te houden. Samen met PVV-collega Agema startte ik na het GGD-debat nog wel twee e-mailprocedures op om het stuk alsnog openbaar te krijgen, maar omdat op 12 februari het verkiezingsreces begonnen was, kregen we niet genoeg reacties meer voor een meerderheid. Timing is een politieke factor van belang en beïnvloedt de informatievoorziening aan de Tweede Kamer. Door bijvoorbeeld stukken met weken vertraging naar de Kamer te sturen kan een kabinet de angel uit het debat halen.

Ik heb in elf jaar Kamerlidmaatschap geregeld gezien hoe politieke procedures het kabinet kunnen bevoordelen, waarbij de Tweede Kamer vaak niet de moeite neemt of in staat is dit te voorkomen. Deze gang van zaken heeft als gevolg dat een kabinet zichzelf oneigenlijke politieke ruimte kan verschaffen. Scherper gezegd is er sprake van democratische uitholling die controle van de macht lastiger maakt, zeker in tijden van nood of crisis. Onder crisisdruk en uit dadendrang neemt de Kamer te vaak genoegen met opgelegde beperkingen, gaat het debat te veel voorbij aan de inhoud en kan het kabinet tegen de wens van de Kamer in gaan. Dit stopt alleen als de Kamer hier in meerderheid een punt van maakt, geduldig samenwerkt en de rug collectief recht houdt. Om een nieuwe bestuurscultuur af te dwingen moet het parlement zich op dit vlak zelfbewuster gaan opstellen. Belangrijk maar niet eenvoudig, want in plaats van hijgerigheid voor de camera vraagt dit een lange adem achter de schermen.

Datalekken: een kwestie van uitvoering

Het GGD-datalek past in het bredere patroon dat het aantal datalekken jaar in, jaar uit toeneemt. Allerlei bedrijven en overheden die beschikken over uiterst gevoelige informatie van mensen worden erdoor getroffen. Onderstaande lijst geeft een idee van de omvang van het probleem:

* Ashley Madison, een website voor vreemdgangers, werd in 2015 gehackt en meer dan 60 gigabyte aan data, waaronder (creditcard)gegevens van de gebruikers, kwamen op Pirate Bay te staan.[14]
* 92 miljoen e-mailadressen en wachtwoorden werden in 2017 gekaapt uit de servers van de Israëlische stamboomwebsite MyHeritage.
* Door middel van het automatisch kopiëren van data op zowel Facebook als LinkedIn werden in 2021 gegevens van honderden miljoenen gebruikers buitgemaakt.

* In 2019 was er een groot datalek bij Bureau Jeugdzorg Utrecht, waardoor duizenden dossiers van kwetsbare kinderen op straat kwamen te liggen. Bij een vergelijkbaar lek in Finland konden ouders alleen tegen betaling voorkomen dat het jeugdzorgdossier van hun kinderen online werd geplaatst.
* Ook gemeenten als Zwijndrecht, Nuenen, Hof van Twente en Buren kregen te maken met datalekken van verschillende aard. De oorzaken waren een verkeerd verzonden persbericht, zwartgemaakte teksten die alsnog leesbaar bleken en een misleidende e-mail waarmee een onbevoegde persoon wist binnen te dringen.

De cijfers spreken boekdelen. Organisaties als het Centraal Bureau voor de Statistiek, de politie, de Fraudehelpdesk en de Autoriteit Persoonsgegevens meldden in 2021 stuk voor stuk toenames van het aantal digitale misdrijven, het aantal hacks van persoonsgegevens en het aantal fraudegevallen. In Nederland is de overheid goed voor ongeveer één op de vijf datalekken.[15] Vaak is er geen kwade opzet en komen gevoelige gegevens door menselijke fouten op straat te liggen. In sommige gevallen zitten er wel criminelen achter, die via losgeld of afpersing geld proberen te verdienen met persoonsgegevens.

Onderschatting en overmoed

Hackers weten dat persoonsgegevens *big business* zijn, maar voor de leek is het probleem moeilijk voelbaar te maken. Een datalek is zo abstract dat ons brein het wegwuift: we maken ons niet druk om iets wat niet direct pijnlijke gevolgen heeft. Zelfs bij een groot datalek hebben we de bedrieglijke dat-gebeurt-mij-nietgedachte. Deze *optimism bias* geeft ons het gevoel dat we veiliger en slimmer en succesvoller zijn dan anderen. Zoals neurowetenschapper

Tali Sharot het samenvat: 'We zijn geneigd de waarschijnlijkheid van positieve gebeurtenissen te overschatten en de waarschijnlijkheid van negatieve gebeurtenissen te onderschatten.'[16] Maar liefst 80 procent van de mensen 'lijdt' aan deze denkfout. Hoewel de meeste mensen de harde statistieken vaak wel kennen, verwachten ze niet dat ze zelf gaan scheiden, in een burn-out belanden, een ongeluk krijgen, in een burenruzie terechtkomen of een enorme miskoop doen. Of dat we slachtoffer worden van een datalek. Zoiets overkomt immers alleen anderen...

Het doet een beetje denken aan het beroemde fabeltje van het jongetje en de wolf. Een vader liet zijn zoon op de schapen passen en droeg hem op 'wolf' te roepen zodra er een wolf kwam. Ondeugend als hij was sloeg de jongen driemaal voor niets alarm. Op een gegeven moment riep hij voor de vierde keer 'wolf', maar zijn vader luisterde niet meer. Toen de vader aan het einde van de dag terugkwam op de plek waar hij zijn zoon en schapen had achtergelaten, zag hij alleen een wolf met een heel dikke buik. Dit *cry wolf*-principe zit ook achter veel datalekken. Hoewel de herhaalde waarschuwingen in dit geval over een bestaand risico gaan, raken we murw omdat ze meestal zonder concrete gevolgen blijven. Dus verwaarlozen we de veiligheid en komen onze persoonlijke data op een kwade dag toch in verkeerde handen. Met het aanvankelijke kennisgebrek heeft dit weinig meer te maken want iedereen weet inmiddels dat een datalek serieuze risico's met zich meebrengt. Dat kwaadwillenden met persoonlijke informatie je identiteit kunnen misbruiken, je kunnen stalken of je met mailtjes of sms'jes geld afhandig kunnen maken (phishing) is algemeen bekend.

RTL-journalist Daniël Verlaan laat in zijn boek *Ik weet je wachtwoord* zien dat Nederlanders desondanks op grote schaal zwakke wachtwoorden als '123456', 'welkom' of 'feyenoord' gebruiken.[17] Deze lichtzinnigheid beperkt zich helaas niet tot privéaccounts. Ook bedrijven en overheden gaan herhaaldelijk de fout in.

Hoe we na DigiNotar weer in slaap sukkelden

De hoop van deskundigen en IT-specialisten is dat grote cyberaanvallen of datalekken ons wakker schudden. Vaak gebeurt dat ook wel, maar na zo'n schok vallen we langzaam maar zeker toch weer in slaap, tot de volgende alarmbel afgaat.

In Nederland begon deze sluimerstand met een nachtelijke persconferentie op 3 september 2011, waarin minister Donner van Binnenlandse Zaken verklaarde dat de betrouwbaarheid van honderden overheidswebsites niet meer te garanderen was. Het bedrijf DigiNotar, een digitale 'supernotaris' die belangrijke veiligheidscertificaten uitgaf, bleek te zijn gehackt.[18] Misschien denk je: so what, maar het gevolg was dat de daders hiermee bekende – en blindelings vertrouwde – websites konden vervalsen en zich bijvoorbeeld konden voordoen als de website van Google of Wikipedia maar ook als die van DigiD, de Belastingdienst of honderden andere overheidsdiensten. Om te voorkomen dat alle grote Amerikaanse internetbedrijven hun DigiNotar-certificaten introkken, cruciale systemen niet meer bruikbaar zouden zijn en een nationale ramp zou uitbreken, nam de Nederlandse overheid het bedrijf met een noodgreep over. Hoewel alle DigiNotar-certificaten direct vervangen werden, gold nog wekenlang een waarschuwing voor veel overheidswebsites.

Het was de eerste digitale ramp in Nederland. Zoals dat met internet kan gaan, ontwikkelde de situatie zich 'sluipenderwijs' van een technisch 'probleem' tot een 'nationale crisis'.[19] Als Tweede Kamerlid was ik destijds nog digibeet maar ik voelde wel de aandrang om te reageren. Dus liet ik op 30 augustus een scheet in de media:

'Wij vinden dit zeer zorgelijk en willen het naadje van de kous weten. De privacybeveiliging van belangrijke, digitale

overheidsdiensten als DigiD moet waterdicht zijn,' zegt parlementariër Kees Verhoeven tegenover NU.nl. Hij komt later vandaag met Kamervragen.[20]

'Naadje van de kous'. 'Waterdicht'. 'Kamervragen'. Zo had ik mijn politieke bingokaart al bijna vol en kon ik mijn wekelijkse berichtje op Nu.nl weer afvinken. De 24/7-nieuwssite was die dagen een belangrijk nieuwskanaal voor Tweede Kamerleden en in de fractie stond ik tot mijn trots bekend als 'Koning Nu.nl'.

Wat ik in al mijn scoringsdrang niet wist, was dat GOVCERT, de digitale brandweer van de overheid, al in actie was gekomen en beveiligingsbedrijf Fox-IT onderzoek liet doen naar de situatie bij DigiNotar. Fox-IT stelde vast dat de beveiliging van het bedrijf zwaar tekortschoot, vanwege achterstallige software-updates en ontbrekende virusscanners. Jaren later onthulde Huib Modderkolk in zijn boek *Het is oorlog maar niemand die het ziet* nog een saillant detail: omdat het in de certificatenkluis zo koud was, hadden de DigiNotar-medewerkers een amateuristische netwerkkabel gelegd tussen deze kluis en de werkplek waar de certificaten getekend werden. Net als bij het GGD-datalek was het dus een lowtech-actie die de veiligheidsprocedures ondermijnde. Met als gevolg het einde van een bloeiend bedrijf en een land dat boven de digitale afgrond bungelt.

Kort na de DigiNotar-ramp werd KPN gehackt. Honderden mensen werkten een week lang onafgebroken om het probleem op te lossen, en het voortbestaan van het trotse bedrijf stond op het spel. Achteraf werd duidelijk dat KPN de hack pas een week na de ontdekking meldde aan het Nationaal Cyber Security Centrum en het Team High Tech Crime van de nationale politie. Dit terwijl de inbrekers zo diep in het systeem zaten dat ze alle klantgegevens konden inzien of alles hadden kunnen stilleggen. Inclusief het bellen naar alarmnummer 112.

'De hackers' bleken geen bende buitenlandse criminelen

maar een Nederlandse jongen van zeventien jaar oud. Hij kwam erachter dat KPN de update van het programma HP Data Protector niet had doorgevoerd en kon met een hacktool kinderlijk eenvoudig doordringen tot in de ruggengraat van het bedrijfsnetwerk.[21] De Kamer noemde de kwestie 'ongehoord', wilde dat de zaak 'tot de bodem' werd uitgezocht, stelde Kamervragen en eiste een spoeddebat.[22]

Deze voorvallen maakten plotsklaps duidelijk dat de gevleugelde term 'world wide web' letterlijk genomen moet worden. Het internet is een wereldwijd netwerk, dat valt of staat met de zwakste schakel. De Onderzoeksraad Voor Veiligheid (OVV) schreef naar aanleiding van de DigiNotar-crisis dat bestuurders een 'veel te grote afstand hebben tot de problemen die samenhangen met digitale veiligheid'. [23] Dat bestuurders in de jaren daarna collectief op cybercursus werden gestuurd, zou daaraan bijzonder weinig veranderen. Tien jaar later vond een groot beveiligingslek plaats bij het bedrijf Citrix, de leverancier van software waarmee de Nederlandse overheid en ook Tweede Kamerleden kunnen thuiswerken. Wekenlang lag het systeem plat. Het incident leidde opnieuw tot een harde conclusie van de OVV over het digitale bewustzijn van onze overheid: 'De bestrijding van digitale incidenten wordt in Nederland in de weg gestaan door versnipperde verantwoordelijkheden en gefragmenteerde informatievoorziening.'[24]

Blunderende bestuurders

Wat hierin een belangrijke rol speelt, is dat de uitvoering van beleid een ondergeschoven kind is geworden. Eind vorige eeuw is ervoor gekozen om beleid en uitvoering te scheiden door rijksdiensten op afstand van de departementen te plaatsen, vaak als bezuinigingsmaatregel.[25] Volgens onderzoek dat de Tweede Kamer zelf uitvoerde, werkt dat versnippering in de hand. Bovendien hebben uitvoerende instanties te maken met conflicterende waarden: ze moeten efficiënt werken maar ook oog hebben voor de menselijke maat; ze moeten burgers helpen maar tegelijk streng optreden tegen fraude.[26] De toeslagenaffaire liet duidelijk zien welke gevolgen zo'n kramp kan hebben.

Tijdens crises speelt er nog iets anders mee. Als alle aandacht uitgaat naar het bestrijden van het externe gevaar, is er minder oog voor interne uitvoeringsrisico's. Dat was bij de GGD ook het geval. Wie in het kader van virusbestrijding een testorganisatie uit de grond wil stampen, vergeet de details die horen bij een goede datahuishouding.

Daarnaast zijn veel ICT-blunders simpelweg het gevolg van nalatigheid door individuele politici. Zo werd in 2016 het privé-account van minister van Economische Zaken Henk Kamp gehackt door een phishingaanval. Zoiets kan iedereen overkomen, maar al snel bleek dat hij zijn Gmailadres ook gebruikte voor zijn werk als minister. Na onderzoek van de Auditdienst Rijk en de AIVD bleek dat er in 12 000 werkmails twintig vertrouwelijke documenten stonden, waarvan één zelfs met staatsgeheime informatie.[27] Hoewel de Amerikaanse presidentskandidaat Hillary Clinton in 2015 in grote problemen kwam door precies hetzelfde vergrijp, ging de gedisciplineerde Kamp toch de fout in. In antwoord op schriftelijke Kamervragen betreurde hij dat zelf ook ruiterlijk:

> *Ik ben mij er onvoldoende bewust van geweest dat, gezien de aard van mijn werkzaamheden, de door mij gebruikte privé-e-maildienst niet geschikt was.*[28]

Nu weet ik uit eigen ervaring dat veilig thuiswerken extra gedoe betekent. Je kunt vanuit huis in je werkbestanden en e-mails via een beschermde omgeving waarop je moet inloggen. Dat vraagt niet alleen extra invoer van wachtwoorden en inlogcodes, maar ook betrouwbaar internet. Zelf had ik in die tijd mijn computer op zolder staan en tot mijn ergernis werd ik geregeld uit het systeem gegooid omdat de internetverbinding niet goed was. Dan moest ik weer opnieuw inloggen en vaak was een deel van het werk verloren gegaan. Ook ik stuurde dus wel eens een document naar mijn privémail. Voor Kamerleden, die amper over geheime of gevoelige informatie beschikken, zijn er echter amper richtlijnen, terwijl er voor ministers het *Handboek voor bewindspersonen* is, vol met voorschriften zoals deze: 'Het gebruik van een privémailaccount voor werkgerelateerde doeleinden wordt ernstig ontraden.'

Desondanks zijn ministers hardleers. Op 30 april 2022 schreef de NOS dat de meeste bewindslieden nog steeds gebruikmaken van hun privémail voor werkgerelateerde zaken. Ook minister De Jonge bleek dit tijdens de coronacrisis uit gemaksoverwegingen gedaan te hebben.[29]

Ook het inloggen zelf gaat niet altijd goed. Op 15 november 2020 wist de eerdergenoemde Daniël Verlaan toegang te krijgen tot een geheim overleg tussen de Europese ministers van Defensie. Het kraken van de code was niet erg lastig omdat minister Bijleveld van Defensie een foto op Twitter had laten zetten waarop het inlogadres en een groot deel van de pincode te zien waren. Na een aantal keer proberen kon Verlaan zo de digitale vergadering binnen. De Europese Raad dreigde 'melding te doen bij de autoriteiten', maar in plaats van journalisten of goedwillende hackers te vervolgen is het natuurlijk beter om de eigen beveiligingsprocedures te verbeteren.

Het voorval was extra pijnlijk omdat Bijleveld een maand eerder de digitale argeloosheid van veel Nederlanders had gehekeld in stellige bewoordingen:

Het argeloze gebruik van mobiele telefoons. Terwijl we weten dat Rusland en China ons via die mobieltjes proberen te bespioneren, dus dat je bij belangrijke vergaderingen die niet naast je neer moet leggen. Ik doe dat ook niet. Bij de NAVO, *als we een paar dagen vergaderen, mag niemand een telefoon bij zich hebben.*[30]

Wederom: kennis genoeg. Maar het gaat om gedrag. En dat verandert niet, omdat we het gevaar stelselmatig onderschatten. Omdat ons brein cybersecurity pas serieus neemt als het misgaat. Zoals de minister het zelf verwoordde tijdens het wekelijkse vragenuur:

De foto had gewoon niet op internet mogen staan – dat is helder – omdat zo eenvoudig kon worden ingelogd. Dat is zoals het is. U heeft dus een terecht punt: het moet nooit meer gebeuren.[31]

Het is steeds hetzelfde liedje. Even een snelle tweet voor de buitenwacht. Even snel een e-mail vanuit huis. Even een kabeltje aanleggen naar de centrale kluis. Als cybersecurity even niet uitkomt, bezuinigen we er direct op. Zowel in tijd als in geld.

Een andere foto zorgde voor nog veel meer ophef. Toen minister Ollongren als verkenner tijdens de kabinetsformatie hoorde dat ze corona had, liep ze in de ochtend van 25 maart 2021 gehaast over het Binnenhof om naar huis te vertrekken. Een ANP-fotograaf schoot wat foto's en zag dat de minister vertrouwelijke documenten niet had afgedekt. De door digitale fotografie leesbaar geworden zinsnede 'positie Omtzigt, functie elders' zou een bestuurlijke crisis inleiden, de formatie maanden ophouden en het vertrouwen in de politiek ernstig beschadigen.

Dit vertrouwen werd opnieuw zwaar op de proef gesteld toen

de Volkskrant onthulde dat premier Rutte jarenlang sms'jes wiste. Terwijl digitale technologie onbeperkte opslag van data mogelijk maakt, kampte de premier juist met een gebrek aan opslagruimte op zijn stokoude Nokia 301. Hij beschouwde het deleten van berichtjes als praktische keuze, maar na alles wat er de afgelopen tien jaar op het gebied van informatievoorziening gebeurd is, riep het prangende vragen op. Was dit 'realtime archiveren' – zoals de landsadvocaat het handig wist te framen – wel in overeenstemming met de Archiefwet, die voorschrijft dat functiegebonden correspondentie niet zomaar vernietigd mag worden? Waarom liet de premier het archiveren van zijn berichten niet over aan gespecialiseerde ambtenaren? En vooral: welke informatie is allemaal verloren gegaan?

Op die eerste vraag was het antwoord volgens de Inspectie Overheidsinformatie en Erfgoed dat de premier de Archiefwet overtrad met het dagelijks wissen van sms'jes.[32] Op de laatste vraag zal nooit een antwoord komen, want het bleek niet mogelijk de gewiste sms'jes terug te vinden via de telefoonprovider. Uiteraard eiste de verontwaardigde Kamer een spoeddebat over de kwestie. Saillant genoeg kwam daardoor het – met moeite ingeplande – hoofdlijnendebat over digitale zaken te vervallen. Zo verdrong politieke ophef over oude sms'jes een inhoudelijke discussie over de digitale dilemma's in onze samenleving.

Verbeter de wereld, begin bij jezelf

De lijst van politici die de fout in gingen met digitale technologie is lang. GroenLinks-Kamerlid Bram van Ojik overkwam tijdens de formatie van 2017 hetzelfde als minister Ollongren in 2021. Ook Kamerleden Lilianne Ploumen en Pieter Omtzigt verslikten zich in digitale communicatie, waardoor vertrouwelijk bedoelde tekstberichtjes per abuis publiek werden. En RTLjournalisten stuurden in 2017 een tweet namens SGP-voorman Kees van der Staaij, wiens inloggegevens na een datalek op straat lagen. Recent nog concludeerde de Rekenkamer dat de WhatsAppaccounts van minimaal vijf Tweede Kamerleden in 2020 werden gehackt. Overigens is ook de fysieke beveiliging in de Tweede Kamer ondermaats. In de tijd dat ik in de Tweede Kamer werkte, heb ik nooit een werkkamer of dossierkast gehad die ik op slot kon doen! Hoezo security? Hoezo privacy? Verder delen veel rijksambtenaren vertrouwelijke informatie via digitale apparaten of communicatiediensten die hier niet geschikt voor zijn.[33] Ook kampen veel ministeries met hopeloos verouderde software en communiceren ministers vaak over werk via diensten als WhatsApp en Telegram op hun privételefoons.

Het menselijk brein houdt van tastbare ingrepen en directe beloningen. Daarom verkiezen we crashdiëten boven geleidelijk afvallen. Daarom geloven we eerder in een herniaoperatie dan in dagelijkse oefeningen. En daarom kunnen we moeilijk de discipline opbrengen om met kleine handelingen grote ellende te voorkomen.

De digitale lichtvaardigheid van onze bestuurders, politici en ambtenaren is dus verklaarbaar maar staat wel in scherp contrast met het streven naar nationale cyberveiligheid. Zolang beleidsmakers op grote schaal zwakke wachtwoorden bedenken, software-updates uitstellen en onbeveiligde mailaccounts of open wifinetwerken gebruiken, is onze digitale veiligheid niet in goede handen. Zolang bewindspersonen protocollen negeren en hun digitale hygiëne verwaarlozen is hoogwaardige cybersecurity op nationaal niveau een illusie. Wie simpele regels uit het handboek voor bewindspersonen niet naleeft, is geen geloofwaardige uitvoerder van de grote digitale ambities uit het regeerakkoord.

6

Glinsterende databergen

Hoe controledrang leidde tot de toeslagenaffaire en we er niets van leerden

Tot nu toe ging het over geopolitieke dreigingen en crisissituaties, die de aanwezige systeemfouten en denkfouten in de politiek versterken. Maar hoe zien we die fouten terug in de dagelijkse kerntaak van de Tweede Kamer, namelijk wetgeving? Dit hoofdstuk gaat over de Wet gegevensverwerking door samenwerkingsverbanden (WGS), die overheidsinstanties toestaat om op grote schaal persoonsgegevens uit te wisselen. Dit terwijl soortgelijke wetgeving van een aantal jaar geleden uiteindelijk leidde tot het toeslagenschandaal. In hoofdstuk 7 bespreek ik de sleepwet en de hackwet, die de inlichtingendiensten en de politie vergaande bevoegdheden geven maar waarop de democratische controle ondermaats is.*

Elk van deze wetten heeft tot doel om misstanden als fraude, terreur, afpersing of kindermisbruik tegen te gaan. Deze vormen van criminaliteit roepen sterke emoties op, waardoor de grenzen van rationele en weloverwogen oordeelsvorming onbewust worden opgerekt. Woede over onrecht, angst voor de dood, medelijden met de slachtoffers en zelfs walging of wraakgevoelens jegens de daders zorgen voor een allesoverheersende

---

* De officiële namen van deze drie wetten zijn respectievelijk: de Wet gegevensverwerking samenwerkingsverbanden (WGS); de Wet op de inlichtingen- en veiligheidsdiensten (WIV); en de Wet computercriminaliteit III (CC3).

drang tot ingrijpen en het morele gevoel er – hoe dan ook – iets tegen te moeten doen. Deze emoties zijn aanjagers van de alomtegenwoordige bestuurlijke controledrift, waarvan digitale technologie en data een verlengstuk zijn geworden. Gecombineerd met politieke scoringsdrang en een gebrekkig inzicht in de mogelijke impact van digitalisering komen wetten tot stand die niet alleen hun doel missen, maar er uiteindelijk zelfs voor zorgen dat burgers op de lange termijn juist minder vrij en veilig zijn. De pijnlijke paradox is dus dat politici met goede bedoelingen ingrijpen om de samenleving te beschermen tegen dood en verderf, maar hierin doorslaan met digitale middelen waarmee ze de rechtsstaat en burgerrechten juist beschadigen. Kort samengevat: de intenties zijn goed maar de interventies pakken verkeerd uit.

Hoe wetgeving werkt

Het wetgevingsproces vindt plaats in onze democratische rechtsstaat, die bestaat uit veel meer dan verkiezingen en meerderheidsbesluiten. Ons politieke systeem is er namelijk ook op gericht om fundamentele mensenrechten en individuele vrijheden te beschermen. Daartoe hebben we een grondwet, houden we ons aan internationale verdragen en werken we volgens het principe van machtenscheiding: de regering als uitvoerende macht, de Tweede Kamer als wetgevende macht, en een onafhankelijke rechtsprekende macht.

Deze – door Montesquieu bedachte – trias politica is van belang om de uitvoerende macht voldoende te kunnen controleren. Dit is nodig, want ministeries en uitvoeringsinstanties hebben tezamen honderdduizenden medewerkers en vergaande bevoegdheden. Zo beschikken de politie en het leger over ‘zwaardmacht’. Dit is een exclusieve bevoegdheid om rechtmatig functionele dwang door geweld uit te oefenen. Daarnaast heeft de overheid bevoegdheden om op basis van onderzoek onder burgers dreigingen in kaart te brengen. Je zou dit 'speurmacht' kunnen noemen. Naast de Rijksrecherche van de politie en de Koninklijke Marechaussee van het leger spelen de inlichtingen- en veiligheidsdiensten AIVD en MIVD hierin een belangrijke rol. In toenemende mate gedragen ook uitvoeringsorganisaties als de Belastingdienst, het UWV en zelfs gemeenten zich als crimefighters.

De exclusieve bevoegdheden geven de overheid een machtspositie die burgers niet alleen kan beschermen, maar ook kan beschadigen. Daarom staat zowel de inzet van als het toezicht op de bijzondere bevoegdheden beschreven in het Wetboek van Strafvordering en de Oorlogswet. Maar ook in specifiekere wetten als de datawet WGS, de sleepwet en de hackwet.

Het geheel aan wetten en bevoegdheden maar ook gebruiken en jurisprudentie, noemen we de constitutie: de staatsinrichting van een land, met als kern de grondwet, waarin de grondrechten van burgers zijn vastgelegd. Er zijn twee categorieën grondrechten: klassieke grondrechten, die de burger beschermen tegen de overheid (zoals het recht op privacy of de vrijheid van meningsuiting), en sociale grondrechten, die de overheid verplichten bepaalde voorzieningen te treffen (zoals het recht op volksgezondheid of onderwijs). Deze nationale grondrechten corresponderen weer met de mensenrechten die internationaal zijn vastgelegd in de Universele Verklaring van de Rechten van de Mens en het Europees Verdrag voor de Rechten van de Mens.

Hoewel grondrechten dus een groot gewicht hebben, zijn ze nooit absoluut. Zo kan een vrijheid worden ingeperkt als de handhaving van de openbare orde of de staatsveiligheid hierom vraagt. Dit moet dan wel geregeld worden in een aparte wet, die zorgvuldig onderbouwt waarom het nodig is en duidelijk uitlegt op welke wijze het gebeurt.* Wetgeving bepaalt dus in hoeverre fundamentele rechten in de praktijk tot uiting komen en is daarmee een uiterst belangrijke aangelegenheid. Idealiter zou de besluitvorming hierover rationeel verlopen, maar het tegendeel is vaak het geval.

Wetgeving is emotie

Hoewel de Tweede Kamer als medewetgever het recht heeft om zelf wetsvoorstellen in te dienen, is 99 procent van de wetgeving afkomstig van de regering. Hoe beoordeelt de Tweede Kamer deze wetten dan?

Het begint doorgaans bij het *doel* van een wet. Elk wetsvoorstel is namelijk een vertaling van maatschappelijke wensen, zoals fraudeaanpak of terreurbestrijding. Het politieke oordeel hierover is grotendeels een kwestie van persoonlijke opvatting. Volgens de Amerikaanse psycholoog Jonathan Haidt liggen aan onze voorkeuren zes morele bouwstenen ten grondslag: vrijheid, zorg, rechtvaardigheid, loyaliteit, autoriteit en heiligheid.[1] Het gewicht dat politieke partijen en ideologieën geven aan elk van de zes waarden verschilt sterk. Liberalen en libertariërs geven bijvoorbeeld veel om vrijheid, terwijl conservatieven sterker hechten aan loyaliteit en autoriteit.[2] In Nederland – waar liberaal niet hetzelfde betekent als in de VS – zie je dit terug in het feit dat, om de veiligheid te beschermen, rechtse (behoudende) politici doorgaans verder willen gaan dan linkse (progressieve)

* Om een goede verhouding tussen grondwet en specifieke wetgeving te waarborgen, hebben rechters in bijvoorbeeld Duitsland en in Scandinavische staten de mogelijkheid tot constitutionele toetsing. In Nederland wordt dit overgelaten aan de wetgever, oftewel de Tweede en Eerste Kamer.

politici. Deze basale voorkeuren zijn diepgeworteld en kunnen vaak niet overbrugd worden door feiten. Hoewel de rechtsstaat een op ratio gebaseerd systeem is, is de wetgeving erbinnen vaak een kwestie van emotie.

Uit het doel volgen *middelen*. Zoals eisen, verboden en boetes. Een goed middel is doelgericht en voldoet aan twee voorwaarden: het moet werkzaam zijn (de effectiviteit), en het moet in verhouding staan tot het doel (de proportionaliteit). Als een lichter middel ook werkt dan verdient dat de voorkeur, en bij te veel nevenschade moet een middel niet worden ingezet. Dit lijken objectieve criteria maar ook hier spelen persoonlijke voorkeuren mee. Dat collectieve veiligheidsmaatregelen vaak ten koste gaan van persoonlijke vrijheden neemt de een makkelijker voor lief dan de ander. De gevleugelde uitspraak 'Het doel heiligt de middelen' laat zien dat het oordeel over het doel vaak ook het oordeel over het middel beïnvloedt.

Iets vergelijkbaars geldt voor de derde en laatste factor van een wet: *de controle en naleving*. Hierbij gaat het om grondrechtelijke waarborgen, toezicht op de uitvoering en indien nodig toetsing door rechters. Zelfs als het doel maatschappelijk breed gedragen is en het middel op papier doelgericht is, dan kan de praktijk anders uitpakken. Zeker met de op afstand geplaatste – op datapakhuizen lijkende – uitvoeringsorganisaties van tegenwoordig. Daarom moet controleerbaarheid (checks-and-balances) deel uitmaken van wet- en regelgeving. Helaas moet ook deze factor vaak buigen voor de emotie rondom het politieke doel.

Als we de drie wetsonderdelen 'doel', 'middel' en 'controle' in een simpele formule zetten, krijgen we de volgende optelsom: **doel + middel + controle = wet**.

Een goede wet streeft een duidelijk doel na, met effectieve en proportionele middelen én zorgt voor voldoende controle op de uitvoering. Een slechte wet daarentegen maakt de ongecontroleerde inzet van vergaande middelen mogelijk om een niet scherp omschreven doel te bereiken. Helaas bestaan hier verschillende voorbeelden van, die uiteindelijk uitmondden in persoonlijke ellende en schade aan de rechtsstaat.

Slechte wetten brengen mensen echte ellende

Ik herinner het me nog goed. Eind 2020 behandelde de Kamer de grote datawet met de nietszeggende naam 'Wet gegevensverwerking samenwerkingsverbanden'. De aanloop ernaartoe was ruzieachtig, het Kamerdebat was een wanvertoning en na afloop treinde ik superchagrijnig naar huis. Hoewel zowel de Raad van State als de Autoriteit Persoonsgegevens uiterst kritisch was geweest over het wetsvoorstel, had het kabinet aangedrongen op snelle behandeling, nog voor de verkiezingen van maart 2021. Ondanks het feit dat de vergadertijd in het parlement door het coronavirus fors was ingeperkt, koos de Tweede Kamer niet voor de logische route van uitstel, maar ging akkoord met een korte behandeling op de achternamiddag van 7 december. Bij dat gemankeerde debat waren slechts zes van de dertien fracties aanwezig en door hoge werkdruk vlak voor het kerstreces had een aantal van hen de wet niet of amper gelezen. De spreektijden waren kort en bovendien hadden alle aanwezige partijen – na intensief overleg met het kabinet – hun positie vermoedelijk allang bepaald.

Het doel dat het ministerie van Justitie met de WGS nastreeft is een betere samenwerking tussen betrokken instanties bij de bestrijding van fraude en criminaliteit. Door de wettelijke mogelijkheden te verruimen, zouden meer criminelen gepakt kunnen worden. Met dat doel is niet zoveel mis, al heeft veiligheidsdenken haast automatisch de neiging door te slaan. In dit geval is dat volgens mij zeker het geval: de WGS moet het mogelijk maken dat honderden overheidsorganisaties en zelfs een aantal private partijen op grote schaal databestanden gaan delen en verwerken. Dit klinkt efficiënt maar ik vind dit ongelimiteerde datadelen een gevaarlijk idee: als honderden organisaties hun datasets haast onbeperkt gaan kopiëren en vermenigvuldigen, bouwt de overheid als het ware een deeltjesversneller waarin data exponentieel groeien. De zo ontstane oceaan aan gegevens wordt vervolgens ingezet als 'sturingsinformatie' bij het controleren van burgers. Oftewel: grote groepen mensen worden dan bij voorbaat verdacht, krijgen te maken met controles, sancties of plichten (bewijsstukken overleggen, geld terugbetalen) waardoor ze in serieuze moeilijkheden komen. Zo'n aanpak is in mijn ogen ineffectief en buitenproportioneel. Iedereen kent het angstige en machteloze gevoel dat een boze brief van een overheidsinstantie kan oproepen. Daarom is zorgvuldigheid en terughoudendheid op zijn plaats.

Desondanks kent de WGS beperkte waarborgen voor rechtsbescherming. Plichtmatig noemt de wet wel enige privacywaarborgen, maar dusdanig abstract dat niet duidelijk wordt hoe ze de datagevaren precies beteugelen. Daarbij is de toezichtcapaciteit zeer beperkt omdat de Autoriteit Persoonsgegevens zoals we zagen al jaren kampt met een tekort aan menskracht. Bovendien is de grip van het kabinet op betrokken uitvoeringsorganisaties als de Belastingdienst, het UWV en de FIOD beperkt omdat deze afgelopen decennia als zelfstandige organen op afstand zijn gezet. De uitvoeringsprocessen zijn daarbij zo vergaand geautomatiseerd dat menselijke controle in de praktijk uiterst gelimiteerd is. Temeer omdat een deel van de systemen sterk verouderd is.

Omdat zowel het middel als de controle erop bij deze wet onvoldoende is, stonden de seinen voor mij op rood; een overheid die haast ongeremd burgers controleert, past niet binnen een democratische rechtsstaat. Hoewel we in de coalitie zaten, adviseerde ik mijn fractie om tegen te stemmen, en zo geschiedde. Mijn coalitiegenoten waren niet blij met dit oordeel maar daar trok ik me weinig van aan: te vaak worden slechte wetten aangenomen vanwege de politieke context, waarin coalitieverhoudingen of conformisme leidend zijn, terwijl de wetsinhoud niet goed genoeg is. Maar een meerderheid van de Tweede Kamer, inclusief een aantal oppositiepartijen, dacht er anders over en stemde op 18 december haast schouderophalend voor deze datawet.

'Ongekend onrecht' door alles-of-nietsbeleid

Toevallig was de stemming over de WGS precies op de dag dat de Tweede Kamer haar rapport met de titel 'Ongekend onrecht' presenteerde over het grootste politieke schandaal van de afgelopen tien jaar: de toeslagenaffaire. De Belastingdienst bleek vermoedens van fraude te verzamelen en onschuldige mensen op een zwarte lijst te zetten, waarna ze grote geldbedragen moesten terugbetalen. Hierbij was sprake van stelselmatige discriminatie omdat de Belastingdienst aan de poort selecteerde op basis van persoonskenmerken, leeftijd, nationaliteit en zelfs 'giften aan de moskee'.[3] Omdat de verhalen van slachtoffers niet doordrongen en veel politici en journalisten – ook door coalitiedwang en jaloezie op andermans primeur – de situatie onderschatten, kwam de volle omvang van deze kwestie pas in 2020 aan het licht, dankzij journalistiek graafwerk van *RTL Nieuws* en *Trouw* en lang doorvragen door Kamerleden als Pieter Omtzigt en Renske Leijten.

Omdat het toeslagenschandaal pas laat zichtbaar werd, vergeten we dat er sprake is van een lange voorgeschiedenis, met een heel ander uitgangspunt dan de fraudebestrijding waar het uiteindelijk op uitdraaide. Het sociale idee achter kinderopvangtoeslag is namelijk dat de overheid mensen met een lager inkomen een tegemoetkoming geeft voor de opvang van hun kinderen, zodat meer werken voor deze groep loont. Omdat toeslagen fraudegevoelig bleken en omdat fraude het maatschappelijk draagvlak voor sociale, op inkomen gebaseerde maatregelen ondermijnt, mondde dit uiteindelijk uit in snoeiharde overheidscontrole op relatief hulpbehoevende en kwetsbare groepen. Uit angst voor fraude en onrecht werd goedbedoeld beleid dus een rottende regeling. Bij deze omslag speelde de ophef over de Bulgarenfraude een belangrijke rol, maar de achterliggende dataverzamelpraktijk gaat veel verder terug.

In 2004 trad de Wet kinderopvang in werking en sindsdien is het de Belastingdienst die de kinderopvangtoeslag zowel kan toekennen, uitbetalen als terugvorderen, om precies te zijn op basis van de Algemene wet inkomensafhankelijke regelingen uit 2005. Wat weinigen wisten, was dat er in die tijd een heel registratiesysteem was opgetuigd om verdachte burgers te volgen. Ook toen al beschikte de Belastingdienst over een ongeëvenaarde hoeveelheid data, wisselde die met veel instanties informatie uit en liep ver voorop in de toepassing van data-analyses.[4] Als de Kamer scherp voor ogen had gehad dat de Belastingdienst beschikte over zulke indringende instrumenten, had men mogelijk niet gekozen voor de risicovolle combinatie van uitvoerings- en controletaken en had men de bevoegdheden hiertoe vooraf wellicht beter ingeperkt.

In de praktijk betekende het stelsel namelijk dat ouders die een lullig administratiefoutje maakten of per ongeluk nalieten een paar honderd euro eigen bijdrage te betalen een onontkoombare terugvordering van vele duizenden euro's konden krijgen.[5] Met als pijnlijk mechanisme: hoe armer je bent, hoe meer toeslag je nodig hebt, hoe hoger de bedragen zijn die je in één keer moet terugbetalen en hoe harder je dus geraakt kunt worden. Dit soort inzichten lijken logisch maar zijn typische achterafwijsheden die horen bij de hindsight bias. Deze veelvoorkomende vertekening doet ons vergeten dat cruciale kennis of inzichten op het moment van besluiten vaak niet (volledig) voorhanden zijn. Zo kon het toeslagenbeleid ontsporen op een manier die – gegeven de emotionele omstandigheden – moeilijk te voorzien was.

De hardvochtige aanpak was gebaseerd op een alles-ofnietsbenadering: bij een minieme misser moest je alles terugbetalen. 'Alles of niets' is de oervorm van de invloedrijke zwartwitdenkfout, waarbij de wereld in tweeën wordt gedeeld zonder grijstinten en nuances. Dat het onmenselijke systeem achter de toeslagenaffaire samen te vatten is met de naam van een denkfout, laat – onbedoeld – zien hoe invloedrijk de werking van ons brein op besluitvorming kan zijn.

Pas jaren later, in 2013, volgde de beruchte Bulgarenfraude. RTL *Nieuws* en *Brandpunt* brachten schokkend in beeld hoe een Bulgaarse bende hun landgenoten aanmoedigde om zich met een vals adres in te schrijven in Nederland om zo toeslagen te claimen. De mediastorm dwong Kamerleden naar interruptiemicrofoons en televisiecamera's om publiekelijk hun woede te uiten over deze buitenlandse profiteurs. Het fraudespook joeg de Kamer schrik aan, het onrecht leidde tot blinde woede, en fraudebestrijding werd het frame dat leidde tot kritiekloos groepsdenken*. Als gevolg van de eensgezinde verontwaardiging werd nog datzelfde jaar de Wet aanpak fraude toeslagen en fiscaliteit aangenomen, om de toch al strenge Wet kinderopvang extra stevig te handhaven. Dit gebeurde door intensiever toezicht, een uitbreiding van het boete- en strafrecht en versterking van de mogelijkheden tot invordering door de Belastingdienst.

Ondanks waarschuwingen van de Raad van State over de haast waarmee de wet werd ontwikkeld, stemde de Kamer met honderdvijftig stemmen tegen nul voor de wet. In het licht van

---

* Groepsdenken: de wens om het met elkaar eens te zijn belangrijker maken dan de inhoud van een besluit.

de gebeurtenissen was het begrijpelijk dat het kabinet vergaande wetten optuigde om fraude aan te pakken. Eveneens was het begrijpelijk dat Kamerleden luidkeels tegemoet wilden komen aan de maatschappelijke woede. Inmiddels is iedereen het erover eens dat deze cocktail van controledrift en scoringsdrang de rechtsstaat heeft beschadigd. In de woorden van de onderzoekscommissie van de Tweede Kamer zelf:

> *De commissie constateert dat bij de uitvoering van de kinderopvangtoeslag grondbeginselen van de rechtsstaat zijn geschonden. Dit verwijt treft niet alleen de uitvoering – specifiek de Belastingdienst/Toeslagen – maar ook de wetgever en de rechtspraak.*[6]

Zo kon een – door collectieve fraudeangst unaniem aangenomen – onevenredig harde wet uitmonden in maatschappelijke schade, waarbij de voltallige trias politica niet vrijuit ging. Iedereen kent het toeslagenschandaal en het wordt voortdurend van stal gehaald om het falen van de overheid te onderstrepen.

Om te laten zien dat beschadiging van de rechtsstaat door digitale technologie en datasystemen geen incident is, gebruik ik hieronder een tweede voorbeeld van fraudebestrijding door de overheid, Systeem Risico Indicatie (SyRI) geheten. Inhoudelijk staat dit volledig los van de toeslagenaffaire (want het gaat niet over toeslagenfraude maar over bijstandsfraude), maar de ontstaansgeschiedenis en het verloop ervan vertonen duidelijke parallellen en onderstrepen nogmaals het hardnekkige patroon dat ook achter de datawet WGS zit.

Systeem Risico Indicatie en de blackboxmethode

In februari 2020 verbood de rechter het antifraudesysteem SyRI omdat het onvoldoende inzichtelijk en controleerbaar was, waardoor stigmatiserende en discriminerende effecten zouden kunnen optreden.*

Aan de basis van SyRI lag de Wet structuur uitvoeringsorganisaties werk en inkomen, die de uitvoering van de arbeidsvoorziening en de werknemersverzekeringen wijzigde, vooral door de realisatie van één loket voor het zoeken naar werk en het aanvragen van een uitkering. In 2014 werd hieraan echter het 'SyRI-besluit' toegevoegd, tegen de bezwaren van de Autoriteit Persoonsgegevens en de Raad van State in. Door het SyRI-besluit mochten gemeenten, het UWV, de Sociale Verzekeringsbank, de Inspectie SZW en de Belastingdienst allerlei gegevens aan elkaar koppelen: arbeidsgegevens, fiscale gegevens, inburgeringsgegevens, re-integratiegegevens, schuldengegevens en nog veel meer. Ook in dit geval is het overigens weer zo dat de overheid veel meer data heeft van kwetsbare mensen. Enerzijds omdat die meer gebruikmaken van publieke regelingen en anderzijds omdat die intensiever gecontroleerd worden.[7] Het gevolg hiervan is dat er een onderzoeksbias ontstaat waarbij – ten onrechte – verdachte patronen worden aangetroffen.

Desondanks debatteerde de Kamer niet eens over dit SyRI-besluit en nam het aan als hamerstuk: ieder Kamerlid stemde dus stilzwijgend voor. Ook ikzelf! Destijds was ik geen woordvoer-

---

* De rechtbank oordeelde dat de wetgeving die de inzet van SyRI regelde in strijd was met hoger recht. De wetgeving voldoet volgens de rechtbank niet aan artikel 8 van het Europees Verdrag voor de Rechten van de Mens. Dit artikel beschermt het recht op respect voor het privéleven.

der Sociale Zaken, dus kreeg ik de mails met alle SyRI-stukken niet in mijn mailbox. Maar toch. Alle Kamerleden hebben de verantwoordelijkheid om de hele regering te controleren. Ik dus ook en zeker op 'mijn' gebied van datagebruik, dat alle domeinen doorkruist. Ik had destijds beter op moeten letten, bijvoorbeeld door in de wekelijkse fractievergadering de lijst hamerstukken door te nemen en hier vragen over stellen.

De formele SyRI-besluitvorming dateert dus uit 2014, maar ik benadruk opnieuw dat de achterliggende controlereflex al veel eerder tot vergaande stappen leidde. De betrokken overheidsorganisaties werkten namelijk al vanaf 2004 samen in de Landelijke Stuurgroep Interventieteams, waarin ze vele tientallen fraude-opsporingsprojecten uitvoerden met onder meer het OM, de politie en de ministeries van Financiën en SZW. Ook zonder wettelijke basis kroop de overheid dus al onder de huid van bepaalde groepen burgers. Het koppelen van de benodigde gegevens gebeurde via de zogenaamde 'Black Box'-techniek.[8] Omdat overheidsinstanties – vanwege privacybescherming en onschuldpresumptie (het principe dat iemand onschuldig is tot het tegendeel bewezen wordt) – niet zomaar onverdachte personen mochten analyseren, vervingen ze namen tijdelijk door nummers. Deze veelgebruikte pseudoniementruc laat het koppelen van datasets anoniem en dus relatief onschuldig lijken, maar schijn bedriegt: na de analyse werden de 'verdachte nummers' gewoon weer terugvertaald naar de namen van personen, die daardoor wel degelijk in het vizier kwamen.

Deze gang van zaken getuigt van een nogal gebrekkig inzicht in de impact van digitale instrumenten. IT'ers, ethici en wetenschappers waarschuwen al jaren voor het blackboxprobleem, waarbij ondoorzichtige automatische besluitvorming tot foute conclusies over mensen leidt. In plaats van om die reden terughoudend te zijn, ging de op fraude jagende overheid dus juist op grote schaal datasets koppelen. Na kritiek van het College

Bescherming Persoonsgegevens, de voorganger van de huidige Autoriteit Persoonsgegevens, pasten ze vervolgens een halfslachtige techniek toe om dit koppelen alsnog mogelijk te maken. Saillant genoeg kreeg deze aanpak dus de naam Black Box: soms is de naam een voorteken.

Het toeslagenschandaal en SyRI vertonen een aantal belangrijke overeenkomsten op het gebied van data-inzet door de overheid. Zo begon het grootschalig verzamelen van data in beide gevallen in de praktijk al vroegtijdig, en volgde de wettelijke basis pas tien jaar later. Ten tijde van de behandeling van die wetgeving achter de twee antifraudesystemen was de collectieve emotie rond het fraudespook vanwege incidenten als de Bulgarenfraude op een hoogtepunt. De verhitte Kamer steunde de onderliggende wetgeving in beide gevallen unaniem. Door verontwaardigde zondebokpolitiek en emotionele oogkleppen was er geen oog voor het feit dat de ingezette middelen disproportioneel en risicovol waren. Maar de gevolgen hiervan zouden pas jaren later blijken. Naast grote maatschappelijke schade was bij zowel het toeslagenschandaal als SyRI overigens sprake van een geringe financiële opbrengst. Onderzoeksjournalist en auteur van het boek *Zo hadden we het niet bedoeld* Jesse Frederik becijferde dat 805 Bulgaren ongeveer 4 miljoen euro aan toeslagen ontvangen hebben. Op 68 miljard euro per jaar is dat een aandeel van 0,006 procent. Volgens het ministerie van Sociale Zaken is de opbrengst van alle blackboxprojecten 21 miljoen euro, oftewel een armzalige 3,5 miljoen euro per jaar. De pijnlijke samenvatting van beide gevallen: baat het niet, dan schaadt het wel.

Heilig datageloof

Terug naar de datawet WGS, die in dit hoofdstuk centraal staat. Omdat het hier veel meer overheidsinstanties betreft, die vele malen meer gegevens kunnen delen, gaat de datagedreven controledrift in potentie veel verder dan bij het toeslagenschandaal of SyRI. Critici spreken dan ook van een 'toeslagenaffaire 2.0' of 'Super SyRI'.[9] Een van de grootste bezwaren tegen de WGS is dat eerder verzamelde gegevens achteraf voor nieuwe doelen ingezet zullen worden. Dit is in strijd met het wettelijke principe van doelbinding: je mag data alleen gebruiken voor het doel waarvoor je ze hebt verzameld.

Toen ik dit tijdens het debat herhaaldelijk aan de orde stelde, verzuchtte minister Grapperhaus van Justitie ten slotte:

> *Ik kan op een gegeven moment wel alle zorgen gaan bespreken, maar ik zie ze niet. [...] Ik denk dat het een sluitend systeem is, omdat het juist is waar de wet over gaat.*[10]

Het argument dat een wet automatisch een sluitend systeem oplevert, is natuurlijk een drogreden. Het toeslagenschandaal en SyRI hebben ons immers geleerd dat een wet geen garantie is voor een goede praktijk. Integendeel. Dat de minister en initiator van deze wet blind was voor kritiek, was misschien nog te begrijpen. Je eigen creatie om zeep helpen doet pijn. Maar waarom ging de zo nadrukkelijk gewaarschuwde Tweede Kamer zo makkelijk akkoord met de WGS? Waarom stemde de Tweede Kamer, die zo begaan was met door de overheid benadeelde burgers, in met een wet die onmiskenbare overeenkomsten vertoonde met het toeslagenschandaal en die overduidelijk in strijd was met (grond)wettelijke principes?

Volgens velen komt dit door een gebrek aan kennis: de Tweede Kamer snapt het gewoon niet en gaat digitaal de mist in. Deze populaire verklaring lijkt plausibel. Begin 2019 vormden VVD, CDA, D66 en GroenLinks een onderzoekscommissie over digitalisering, die in gesprek ging met wetenschappers, bedrijfsleven, adviesorganen en toezichthouders. Ook de PVV, Denk en 50Plus deden mee, dus de volle breedte van de Kamer was vertegenwoordigd. Op 28 mei 2020 concludeerde de commissie dat er nog maar beperkt kennis is opgebouwd over digitalisering en dat het tijd is voor betere inhoudelijke ondersteuning van het parlement.[11]

Het gebrek aan inzicht over de mogelijke gevolgen van datagebruik zit hem niet alleen in desinteresse in de technische aspecten, maar komt ook voort uit een heilig geloof dat data meer begrip en zelfs harde waarheden opleveren. Dit datageloof, ook wel dataïsme genoemd, is de nieuwste verschijningsvorm van het techoptimisme dat ons eerder overmoedig deed denken dat de digitale economie voor altijd zou groeien en dat het internet dictators zou helpen verdrijven. De politieke invloed van modeldenken, het idee dat je met data en modellen de wereld kunt verklaren of menselijk gedrag kunt voorspellen, is iets wat ook Kamerlid Pieter Omtzigt benoemt:

> *In Nederland zijn we dus dol op het werken met modellen en vaak varen we er blind op. We begrijpen steeds minder hoe de modellen werken en dus welke tekortkomingen ze hebben. De fixatie op een modelwerkelijkheid zorgt ervoor dat de echte werkelijkheid steeds verder uit beeld raakt.*[12]

Schijnzekerheid met vervelende gevolgen

De wens om de toekomst te voorspellen kent vele gedaanten, zowel publiek als privaat. De politie 'anticipeert' op misdaad door middel van 'big data'-toepassingen.* Overheidsinstanties verzamelen 'sociale data' (inkomen, afkomst, schulden) om het risico op misbruik in kaart te brengen. Geheime diensten 'delven' gedragsdata, ook wel 'metadata' genoemd (locatie, contactgegevens), om mogelijke aanslagen te verijdelen.** Internetbedrijven verzamelen 'surfdata' (clickgedrag, sociaal netwerk) om onderliggende patronen bloot te leggen en zo onze interesses te ontdekken, om vervolgens meer advertenties te verkopen.

Zo is de inzet van data een moderne religie geworden. Zoals in ieder dorp een kerk staat, bouwen gemeentes tegenwoordig hun eigen *smart city* vol met sensoren en automatische beslissystemen. Maar terwijl de kerktoren boven de stad uitsteekt, blijven de digitale systemen onder de radar. Net als de Stichting Inlichtingenbureau, dat als 'informatieknooppunt voor gemeenten' zorgt voor 'slimme informatiedistributie' over burgers, en signalen over vermeend misbruik doorgeeft aan gemeenten.*** Als een sociale inlichtingendienst die haast onopgemerkt waakt over de 'nationale eerlijkheid'.

Bevooroordeelde algoritmes

De vaak gedane aanname bij dit soort initiatieven is dat data en algoritmes objectief uitwerken. Dit is onterecht. Wie bijvoorbeeld een Afro-Amerikaanse naam invoert op Google, wordt sneller verwezen naar een website waarop je criminele achtergronden kunt controleren.[13] Uit een omvangrijke studie bleek

---

* Deze methode heet *predictive policing* en is overgewaaid uit de VS en het VK.

** Dit wordt ook wel *datamining* genoemd: het zoeken naar waardevolle informatie in een grote hoeveelheid data.

*** https://www.inlichtingenbureau.nl/.

dat gezichtsherkenningsalgoritmes meer moeite hebben met het herkennen van zwarte en Aziatische gezichten.[14] En het sollicitatiealgoritme van Amazon oordeelde vrij recent dat vrouwen ongeschikt waren voor technische functies. De rode draad in deze voorbeelden is dat modellen en algoritmes vaak minderheden benadelen. Hier is een aantal redenen voor.

Allereerst zijn de data per definitie afkomstig uit het verleden. Ook als de dataset niet verouderd, selectief of incompleet is, blijft het een weerspiegeling van iets wat niet hoeft terug te keren. Daarbij worden van kwetsbare groepen doorgaans meer data verzameld en zijn de anonieme (of pseudonieme) gegevens in digitale vorm vervolgens altijd herleidbaar naar de persoon in kwestie.

Ten tweede werken veel modellen met categorieën. Wie net buiten een bepaalde grenswaarde valt, kan hier veel nadeel van ondervinden. Dat zie je bijvoorbeeld bij mensen uit lagere-inkomensgroepen voor wie het niet loont om meer te gaan werken omdat ze dan net boven een bepaalde ondergrens uitstijgen en daardoor minder toeslagen krijgen. Met als gevolg een lager netto-inkomen. Een ander voorbeeld is de zogeheten normaalverdeling, die draait om het gemiddelde. Een prima bruikbaar model voor lengte of temperatuur, maar zodra dit model gebruikt wordt voor verdelingen met grote uitschieters, zoals vermogen, dan zegt het model weinig over de werkelijkheid.

Ten derde zijn algoritmes ontworpen door mensen, en daarom bevatten ze denkfouten. Het is algemeen bekend dat mensen generaliseren: dat iemand tot een bepaalde groep behoort, leidt al snel tot de – foute – conclusie dat diegene 'dus' ook de vermeende groepseigenschappen bezit: de *group fallacy.* Ook het door elkaar halen van correlatie en causaliteit* komt veel voor.[15] Denk aan de eerder genoemde 'swimmer's body illusion'.

---

* Correlatie: er is een verband tussen twee factoren, maar dat hoeft niet per se een oorzaak-gevolgrelatie (causaliteit) te zijn.

Internetpionier Marleen Stikker stelt bovendien dat technologie niet neutraal is omdat het een representatie is van de macht en zijn ideeën.[16] Een voorbeeld hiervan zagen we eerder in dit boek: door het wereldwijde bereik van Amerikaanse sites als Facebook en Amazon worden ongemerkt ook Amerikaanse waarden verspreid. Daarbij stelt futuriste Amy Webb dat ontwerpteams vaak op 'stammen' lijken: homogene groepen hoogopgeleide mannelijke engineers met grote vaardigheden op het gebied van informatica en programmeren.[17] Dit vergroot de kans op vooringenomenheid, eenkennigheid en geslotenheid. En dus het ontstaan van biases, bubbles en black boxes die bepaalde groepen bovengemiddeld beïnvloeden en benadelen.

Het blinde geloof van overheden in algoritmes en computerprogramma's is gevaarlijk. Als een computercode wet wordt, dan is het bijna onmogelijk om daaraan te ontsnappen, zowel voor de ambtenaar die een beslissing moet nemen als voor de burger over wie wordt besloten. Hierbij speelt de eerder genoemde authority bias een rol, want als de computer nee zegt, gaat menigeen daar niet tegenin. Wat de democratische controle van deze systemen extra moeilijk maakt, is dat de Tweede Kamer zich geen concrete voorstelling kan maken van de grootschalige verwerking van persoonlijke data. Geen Kamerlid heeft ook maar een idee van hoe dit verzamelen, koppelen, analyseren en concluderen precies in zijn werk gaat. In de zwarte doos ziet de Kamer niets en ze tast dus volledig in het duister. Verhullend taalgebruik en ongrijpbare termen maken het extra moeilijk om de vinger op de zere plek te leggen en gerichte aanpassingen te doen. Zoals minister Opstelten ooit op onnavolgbare wijze sprak van 'het fenomeen van de Cyber', is ook de openingstekst van datawet WGS nogal abstract:

Dit wetsvoorstel strekt er in de eerste plaats toe de verwerking van persoonsgegevens en andere gegevens door bepaalde, in deze wet aangewezen samenwerkingsverbanden voor de vervulling van een in deze wet omschreven doel van zwaarwegend algemeen belang van een adequate juridische basis te voorzien.[18]

'Andere gegevens'. 'Bepaalde samenwerkingsverbanden'. 'Zwaarwegend algemeen belang'. Wie dit leest kan zich geen enkele voorstelling maken van wat er nu precies gaat gebeuren. Zo houden het heilig datageloof en een gebrek aan technologisch praktijkinzicht elkaar in stand.

De valkuil van rechtvaardigheid

Zo eensgezind als de onderzoekscommissie Digitale toekomst in mei 2020 was over het belang om digitale technologie politiek beter op waarde te schatten, zo verdeeld waren de betrokken partijen een halfjaar later over de datawet WGS. VVD, CDA en PVV waren vol overtuiging voor, GroenLinks, Denk en D66 met evenveel overtuiging tegen. Samen meer kennis verzamelen is prachtig, maar daarmee heb je de menselijke emoties die komen kijken bij wetgeving nog niet uitgeschakeld. Hierbij spelen ook verschillende denkfouten een rol.

Bij wetgeving gericht tegen criminaliteit of misbruik komt, naast de menselijke angst voor gevaar, ook het eerder genoemde fenomeen verliesaversie kijken: de wens om verlies te voorkomen weegt veel zwaarder dan de mogelijkheid om winst te boeken.[19] Daarom proberen mensen koste wat kost om verlies te voorkomen, bijvoorbeeld door zich te verzekeren tegen kleine risico's. Maar dus ook door relatief kleinschalige fraudekwesties met zware wapens te bestrijden.

Een ander oerinstinct is het wantrouwen jegens groepen waar we zelf niet toe behoren, zoals Bulgaren of zelfs mensen uit een andere wijk: de ook al eerder aangehaalde outgroup bias. Wat hiermee samenhangt is onze sterke neiging om bij vervelende gebeurtenissen direct een schuldige aan te willen wijzen: in de woorden van onderzoeker Hans Rosling het 'zondebokinstinct'.[20] Daarbij speelt het negatieve mensbeeld van politiek denkers als Machiavelli en Hobbes nog steeds een invloedrijke rol in hedendaagse beslissingen. De WGS is een voorbeeld van een maatregel waarin dergelijke instincten zich vertalen in wantrouwen tegenover de burger. Dit wantrouwen vanuit de overheid is echter een vicieuze cirkel, want als een selffulfilling prophecy werken negatieve verwachtingen slechtere resultaten in de hand. In de woorden van Rutger Bregman: 'Als we geloven dat de meeste mensen niet deugen, gaan we elkaar zo behandelen. Dan halen we het slechtste in elkaar naar boven.'[21]

Hoewel liberalen, socialisten, conservatieven en populisten verschillend denken over vrijheid, loyaliteit of autoriteit, is de waarde 'rechtvaardigheid' voor alle politici belangrijk.[22] De collectieve weerzin tegen onrecht en de nadruk op eerlijkheid is menselijk maar slaat snel door, zoals de Bulgarenfraude liet zien. De (verlies)angst dat (buitenlandse) slechteriken profiteerden van ons systeem zorgde voor vergaande controledrift bij alle politici. De vurige wens om het fraudespook daadkrachtig te verjagen veroorzaakte groepsdenken. Het doel heiligde vergaande middelen en maakte uitvoeringsblind. Dit laatste terwijl personeelstekorten en verouderde computersystemen de uitvoering van politieke wensen juist steeds verder inperken.

Paradoxaal genoeg werden met het streven naar rechtvaardigheid juist belangrijke principes van de rechtsstaat, zoals het legaliteitsbeginsel en de onschuldpresumptie, geschonden: om fraudeurs aan te pakken hield de overheid zich niet aan de wet en werden mensen bij voorbaat als verdachte behandeld.

Een in dit verband cruciaal – en vaak geciteerd – zinnetje is de voorspelling van toenmalig staatssecretaris Weekers tijdens een Kamerdebat in mei 2013 dat door een hardere fraudeaanpak 'de goeden onder de kwaden zullen lijden'.* Hiermee wilde hij de Kamer erop wijzen dat meer bewijsvoering van ouders gevraagd zou worden, maar onbedoeld sloten zijn woorden naadloos aan bij de latere uitkomst dat de overheid onschuldige ouders als fraudeur ging behandelen. Het gegeven dat goede intenties geregeld slechte interventies opleveren, beschouw ik als de valkuil van rechtvaardigheid. Omdat deze valkuil gegraven wordt door onze emoties, kan rationele kennis ons hier vaak niet voor behoeden. Zeker niet als grote hoeveelheden data verleidelijk liggen te glinsteren.

Achteraf oordeelde het rapport 'Ongekend onrecht' als volgt over de besluitvorming rondom het toeslagenschandaal:

> *De groepsgewijze aanpak, de 'alles-of-niets'-benadering en de wijze waarop 'opzet/grove schuld' werd gehanteerd, hebben grove inbreuk gemaakt op het rechtsstatelijke principe dat optimaal recht gedaan moet worden aan individuele situaties van mensen. Onder druk van een oververhitte politieke behoefte aan fraudebestrijding, waarin elke vergissing al gauw als fraude werd gezien, werden ouders in de raderen van de uitvoering door de Belastingdienst ten onrechte gebrandmerkt als opzettelijke fraudeurs.*[23]

* De Nationale Ombudsman vernoemde een onderzoeksrapport over het handelen van de Belastingdienst naar deze uitspraak en Jesse Frederik vernoemde er het tweede hoofdstuk van zijn boek over het toeslagenschandaal naar.

De datamythes van een surveillancestaat

De neiging tot brandmerken en afstraffen is in de verder verhitte en versplinterde Kamer alleen maar erger geworden. Ook bij de WGS stapte de Kamer weer in de emotionele valkuil. Vanuit de grote behoefte om fraude en misdaad te bestrijden nam een meerderheid disproportionele middelen en gebrekkige controle voor lief. Een belangrijke rol is hierbij weggelegd voor een aantal hardnekkige mythes over datagebruik. Deze sluiten aan op onze grenzeloze behoefte aan controle en het idee dat data een objectieve, tastbare oplossing bieden. Het is cruciaal dat we ons bewust worden van deze dogma's voordat we ze kunnen ontkrachten. Dit zijn de belangrijkste vijf datamythes op een rij:

* 'De inzet van data is effectief en efficiënt'. Dit terwijl de schade geregeld groter is dan de opbrengst.
* 'De inzet van data is tijdelijk en beperkt'. Dit terwijl een dataproject zelden stopt en een teveel aan verzamelde data zelden wordt verwijderd.
* 'De inzet van data is niet inhoudelijk: we lezen niet mee'. Dit terwijl ook metadata veel zeggen over iemands leven.
* 'De inzet van data is anoniem'. Dit terwijl data altijd herleidbaar zijn naar personen.
* 'De inzet van data is neutraal en objectief'. Dit terwijl datasets (en algoritmes) menselijke fouten en vooringenomenheid bevatten.

Het is belangrijk om te zien dat verkeerd datagebruik een directe aantasting is van de grondbeginselen van de rechtsstaat: overal waar een datadogma in de besluitvorming de overhand krijgt, verdwijnt er een fundament van de rechtsstaat naar de achtergrond. Daarom herhaal ik hier vijf belangrijke rechtsstatelijke beginselen om de datamythes mee te ontkrachten:

* Het legaliteitsbeginsel: alles wat een overheid doet, moet gebaseerd zijn op wetgeving. Op datagebied heet dit 'doelbinding': je mag data alleen gebruiken voor het doel waarvoor ze verzameld zijn.
* Het proportionaliteitsbeginsel: het middel moet in verhouding staan tot het doel. Op datagebied heet dit dataminimalisatie: je moet zo weinig mogelijk (soms zelfs geen!) data inzetten. Alles wat je niet nodig hebt, moet je tijdig en volledig vernietigen.
* De onschuldpresumptie: het principe dat iemand onschuldig is tot het tegendeel bewezen wordt. Dus ook als data iemand op een zwarte lijst terecht laten komen.
* Het gelijkheidsbeginsel: iedereen wordt in gelijke gevallen gelijk behandeld. Dus ook als de computer discrimineert door 'nee' te zeggen tegen de een en 'ja' tegen de ander.
* Het recht op privacy: iedereen heeft recht op respect voor zijn privéleven. Ook op het moment dat de overheid de nationale veiligheid wil beschermen.

De feiten uit dit hoofdstuk zijn confronterend: al bijna twintig jaar verzamelt de overheid op grote schaal gegevens van burgers, deels zonder dat dit wettelijk netjes geregeld is. Fundamentele rechtsprincipes, zoals de afspraak dat de overheid zich aan de wet moet houden en de aanname dat iedereen onschuldig is tot het tegendeel bewezen is, worden hierbij geschonden. Vele overheidsdiensten overtreden stelselmatig uitgangspunten van de Europese privacywet AVG, zoals het nemen van beveiligingsmaatregelen om data veilig te bewaren en het naleven van de eis dat de verzamelaar data alleen mag benutten voor het oorspronkelijke verzameldoel. In een sfeer waarin politieke overtuigingen zwaarder wegen dan analyses op basis van feiten en cijfers, worden adviescolleges en toezichthouders die tegenspraak bieden regelmatig genegeerd: aan waarschuwingen van de Raad van State, de Nationale Ombudsman en de Autoriteit Persoonsgegevens gaf het kabinet bijvoorbeeld weinig gehoor.

Op basis van deze opsomming is het niet overdreven om te stellen dat Nederland als we niet oppassen verandert van een rechtsstaat in een surveillancestaat: een land waarin de overheid haar speurmacht op onrechtmatige wijze inzet tegen burgers. In hoofdstuk 9 schets ik een remedie voor deze ontwikkeling.

7

De veiligheidsparadox

Hoe de obsessie met veiligheid ons kwetsbaar maakt

'#weesgeenkees': deze hashtag hield ik over aan het referendum over de sleepwet in 2018. Jaren later duikt hij op Twitter nog geregeld op. Ook het sleepwet-item bij *Zondag met Lubach* blijft me achtervolgen. Terwijl ik langzaam wegzakte in donker water met op de achtergrond de Titanic-tune, zei Lubach: 'Het doet me pijn om te zeggen, maar Kees... is Kees niet meer.' Na de uitzending kreeg ik er op Twitter zo hard van langs dat Arjen Lubach zich zelfs genoodzaakt zag het voor me op te nemen.[1]

Dat Lubach me op de hak nam, Twitter ontplofte en zelfs allerlei BN'ers me uitscholden, neemt niet weg dat de sleepwet een hoogtepunt van mijn Kamerlidmaatschap vormt. Dit omdat ik vanuit een vrij kansloze positie veel invloed op een belangrijke wet kon uitoefenen. Om dit voor elkaar te krijgen, moest ik een compromis sluiten en veranderde ik onderweg van tegenstander in voorstander. Dit leverde me veel kritiek op maar had wel resultaat: de sleepwet is een betere wet dan de WGS uit het vorige hoofdstuk.

De sleepwet regelt de bevoegdheden van de diensten en heet officieel de Wet op de inlichtingen- en veiligheidsdiensten (WIV 2017) maar kreeg al snel haar bekende bijnaam omdat het grootschalig aftappen van internetkabels er een belangrijk en controversieel onderdeel van was. Deze wet werd ontwikkeld omdat haar voorganger, de WIV 2002, door de snel voortschrijdende digitalisering sterk verouderd was geraakt. Terwijl het digitale inlichtingenwerk steeds omvangrijker en belangrijker werd, begonnen de wettelijke grenzen daarom te vervagen en ontstond een gebrek aan democratische controle op activiteiten als het grootschalig verzamelen van internetdata en het hacken van computers.

Hoewel de huidige sleepwet inmiddels aardig voldoet aan de eisen van het digitale tijdperk, laat de naleving ervan flink te wensen over. In dit hoofdstuk zal blijken dat onder het mom van nationale veiligheid te makkelijk gebruikgemaakt wordt van digitale middelen. Omdat de sleepwet hierin niet uniek is, komt in dit hoofdstuk ook de zogenaamde hackwet aan bod. Paradoxaal genoeg vergroot deze wet door het verstrekken van hackbevoegdheden aan opsporingsdiensten de kwetsbaarheid van digitale systemen. Voor we naar deze twee wetten gaan kijken, is het nodig om de politieke context van deze wetten te kennen: een toenemende obsessie met veiligheid.

De nationale veiligheidsobsessie

De afgelopen decennia is de invloed van veiligheidsdiensten wereldwijd sterk toegenomen. Een belangrijke ontwikkeling hierin is dat nieuwe technologieën de onderzoeksmogelijkheden enorm hebben vergroot. Digitale communicatie via laptops en smartphones laat eindeloze datasporen na. Het gaat hier niet om de inhoud zelf (e-mails, sms'jes en foto's bijvoorbeeld) maar om je gedragsgegevens, ook wel 'metadata' genoemd: waar hang je uit? Met wie heb je contact? Welke websites bezoek je? Dit willen de inlichtingendiensten graag weten.

De invloed van de veiligheidsdiensten is ook gegroeid door de toenemende angst voor terroristische aanslagen. Nadat zelfmoordvliegtuigen op 11 september 2001 de Twin Towers in New York hadden neergehaald, riep de Amerikaanse president

Bush op tot de *War on Terror*. Om dit kracht bij te zetten, benadrukte hij een week later: '*Every nation, in every region, now has a decision to make. Either you are with us, or you are with the terrorists.*'

Grote gebeurtenissen zijn een garantie voor grote verhalen, verklaringen en voorspellingen die tot onze verbeelding spreken, maar die ook tot grote denkfouten leiden. Daarbij is het uitroepen van een oorlog tegen het kwaad een even klassieke als problematische aanpak. Zo leidde de Vietnamoorlog tot een getekende generatie Amerikanen, en bleek de Irakoorlog gebaseerd op de onjuiste aanname dat er massavernietigingswapens zouden zijn. Daarbij is de goed-foutbenadering die Bush hanteerde een variant van de zwart-witdenkfout. Door de wereld simpelweg in tweeën te splitsen, met een denkbeeldige kloof ertussen, verdwijnt de nuance die nodig is bij gecompliceerde vraagstukken. Het effect hiervan werd nog vergroot door het principe van 'sociale bewijskracht', waarbij we ons blind laten leiden door wat volgens anderen juist is.[2] Omdat voor tegenspraak haast geen ruimte was, namen veel politici verkeerde beslissingen.

Naast de morele én militaire strijd tegen het terrorisme die Bush afkondigde, gebeurde er nog iets. Dat bleef lange tijd onzichtbaar, totdat oud-medewerker van de Amerikaanse veiligheidsdienst NSA Edward Snowden geheime documenten lekte. Hieruit bleek dat de NSA al jaren op grote schaal geheime spionageactiviteiten verrichtte door metadata te onttrekken aan grote internetbedrijven als Google en Facebook. Hoewel de kritiek groot was, praatten politici, van de Nederlandse minister Ernst Hirsch Ballin tot de Amerikaanse president Barack Obama, het grootschalig verzamelen van data goed door te benadrukken dat dit de nationale veiligheid diende en tevens door te beweren dat niet naar de inhoud gekeken werd. Of dit laatste waar is, is zeer de vraag. Een bericht dat via de complexe internetinfrastructuur* van A naar B reist, kan onderweg op veel plekken worden onderschept door verschillende inlichtingendiensten. Daarbij valt e-mailverkeer niet onder het briefgeheim en was *end-to-end-encryptie* – het versleutelen van berichten op een zodanige wijze dat alleen de zender en ontvanger de inhoud kunnen bekijken – nog niet zo wijdverspreid als nu. Maar zelfs als de inhoud niet gelezen werd, dan blijft het zo dat ook metadata heel veel over je zeggen.[3]

Zowel de drang om deze data te gebruiken om risico's op te sporen, als het gemak waarmee we de inbreuk op onze privacy accepteren heeft te maken met het menselijke onvermogen om risico's in te schatten. We overschatten wat tot de verbeelding spreekt, schrik oproept of plots gebeurt (breinsysteem 1 krijgt de overhand) en we onderschatten de dagelijkse risico's en geleidelijke veranderingen (breinsysteem 2 laat het afweten). Mensen met vliegangst vergeten bijvoorbeeld dat de kans op een dodelijk auto-ongeluk ongeveer honderd keer zo groot is als de kans dat een vliegtuig neerstort. Op dezelfde manier bagatelliseren we de ingrijpende ziekte diabetes, terwijl liefst één op de drie mensen ermee te maken krijgt. En we doen zo weinig aan de opwarming van de aarde omdat het relatief langzaam gaat en we de gevolgen niet direct zien. Van deze risicodenkfout maken terroristen – al dan niet bewust – gebruik. Daarnaast misbruiken ze onze doodsangst om aandacht op te eisen voor hun radicale overtuigingen. Omdat het gevoelde gevaar vele malen groter is dan het daadwerkelijke risico, is terreurdreiging uiterst invloedrijk.[4]

Het gevolg van deze terreurangst is een blinde focus op veiligheid door politici, die elk risico willen uitbannen maar de gevol-

---

* Internetinfrastructuur: het stelsel van zeekabels, internetknooppunten, datacenters en telecomverbindingen die het versturen van data via het internet mogelijk maakt.

gen van hun ingezette maatregelen en middelen niet overzien.[5] Dit leidt tot wetgeving die wordt gekenmerkt door een gebrek aan effectiviteit en proportionaliteit.

Een nieuwe inlichtingenwet: de sleepwet

Tegen de achtergrond van deze veiligheidsobsessie werd de nieuwe sleepwet ingediend. Het plenaire Kamerdebat werd ingepland op woensdagmiddag 8 februari 2017. Na het lezen van honderden bladzijden aan wetsdocumenten was ik tot de conclusie gekomen dat een gemoderniseerde inlichtingenwet inderdaad nodig was om te voorkomen dat de diensten vrijwel ongehinderd het internet konden aftappen en smartphones konden binnendringen.

Het probleem was dat er veel mankeerde aan de wijze waarop het kabinet de modernisering invulde. Omdat de sleepwet de diensten bevoegdheden geeft om internetverkeer te onderscheppen, apparaten te hacken en verzamelde informatie te delen met andere landen, is de potentiële reikwijdte gigantisch.

Dit vraagt om politieke grenzen, maar de wetstekst stelde de Kamerleden voor een lastige opgave. Een 'bewaartermijn' van drie jaar kon de Kamer nog wel overzien. Dat betekent dat de verzamelde internetdata daarna vernietigd dienen te worden. Maar wat betekende de sleutelterm 'onderzoeksopdrachtgerichte interceptie' precies? 'Interceptie' staat hier voor het aftappen van internetkabels, maar hoe ziet een onderzoeksopdracht daartoe er dan uit? Hoe bepalen de diensten welke gegevens noodzakelijk zijn voor de uitvoering van hun taak? Ook de term 'bulkdataset' riep verwarring op: hoe komt zo'n grote dataset tot stand? Wat zit er allemaal in? Hoe wordt zo'n megaset dan geanalyseerd? En worden overbodige gegevens verwijderd? Enzovoorts. Daarbij is de praktijk van samenwerking met andere inlichtingendiensten traditioneel schimmig en grotendeels oncontroleerbaar. Weliswaar schrijft de sleepwet voor dat zogenaamde 'wegingsnotities' nodig zijn, maar voorkomt dit dan dat een Turkse inlichtingendienst ongefilterde bulkdatasets van de AIVD kan krijgen met gevoelige informatie over een Koerdische journalist in Nederland? Mede door het gebruik van abstracte termen en politieke bezweringsformules was het voor de Kamer haast onmogelijk om een goed beeld te krijgen van de daadwerkelijke uitvoeringspraktijk.

'Van WIV-hater naar sleepwetliefde'

Net als bij de WGS was er aanvankelijk weinig media-aandacht voor de nieuwe inlichtingenwet. Niet alleen om mijn punt te maken maar vooral ook om aandacht te trekken vroeg ik maar liefst negentig minuten spreektijd aan (een kwartier is bij wetgeving normaal) en diende ik twintig wetswijzigingen in (twee stuks is al bovengemiddeld). Zo goot ik mijn weloverwogen inhoud in een nogal opportunistische vorm. Bovendien ging ik mee in het frame dat felle tegenstanders van de wet bedacht hadden. Zo gebruikte ik in het debat herhaaldelijk de term 'sleepnet', terwijl het platte beeld van kleine visjes in een groot net de technische lading helemaal niet dekte.

Mijn twintig voorgestelde wetswijzigingen vatte ik aan het eind van mijn lange inbreng samen in vijf hoofdpunten: 'geen sleepnet, sterk toezicht, geen omwegen in de vorm van sluiproutes, verantwoorde data-analyses en betere afweging bij buitenlandse samenwerking'. Het kabinet, vertegenwoordigd door minister Plasterk van Binnenlandse Zaken en minister Hennis van Defensie, wist zich vooraf gesteund door coalitiepartijen VVD en PvdA, maar ook door oppositiepartijen CDA en PVV, waardoor het al mijn kritiek en voorstellen probleemloos naast zich kon neerleggen. Zelfs mijn voorstel om in de wet op te nemen dat het verzamelen van data 'zo doelgericht mogelijk' moest gebeuren, ging het kabinet te ver: men hield vast aan de algemene en uiterst rekbare term 'proportioneel'. De ministers stelden dat dit voldoende zou zijn om te voorkomen dat de diensten overdadig data zouden gaan verzamelen. Later bleek uit de stukken dat het kabinet vreesde dat de zinsnede 'zo doelgericht mogelijk' te veel beperkingen zou opleveren. Hoewel de tegenstanders er alles aan hadden gedaan en de onderlinge irritaties hoog opliepen, stemde uiteindelijk een ruime Kamermeerderheid voor de sleepwet: 114 stemmen voor en 36 tegen.

Daarmee leek de zaak verloren, maar een maand nadat de Kamer de sleepwet had aanvaard, waren er Tweede Kamerverkiezingen en steeg D66 van 12 naar 19 zetels. Die zomer deed D66 mee aan de formatie en daarbij zag ik mijn kans schoon. Ik nam contact op met VVD-Kamerlid – en tevens demissionair minister van Defensie* – Jeanine Hennis om over de sleepwet te praten. Ondanks het feit dat deze al door de Tweede Kamer was, wilde ik een aantal dingen regelen die het kabinet destijds had weggewuifd. Nadat de wederzijdse irritaties van het sleepnetdebat waren uitgesproken, volgde een aantal overlegjes op het ministerie van Defensie en een lange e-mailwisseling waarin elk woord zorgvuldig werd gewogen. Uiteindelijk werd er een passage over de sleepwet opgenomen in het regeerakkoord van 10 oktober 2017. Daarin stond de cruciale zin dat er 'van het willekeurig en massaal verzamelen van gegevens van burgers in

* In het dualistische systeem van onze democratie zijn parlement en regering van elkaar gescheiden en mag je normaal niet van beide lid zijn. De uitzondering op deze regel is artikel 57 in de grondwet, dat voorschrijft dat een demissionaire bewindspersoon tijdens de kabinetsformatie ook lid mag zijn van de Staten-Generaal (Eerste en Tweede Kamer).

Nederland of het buitenland ("sleepnet") geen sprake kan, mag en zal zijn'. Hiermee gaf ik alsnog meer invulling aan de algemene term 'proportioneel'. Ook werd vastgelegd dat het kabinet zich strikt moest houden aan de waarborgen in de wet.

Toegegeven, formatieoverleg met een demissionair minister maakt de verhouding tussen parlement en regering er niet duidelijker op. Terwijl ik tijdens het sleepwetdebat in de Kamer tegenover de minister stond, zat ik nu met haar op het ministerie. Anderzijds is de formatie de periode waarin het oude kabinetsbeleid wordt omgezet naar een nieuw coalitieakkoord. Voor mij betekende dit een unieke kans om als Kamerlid tegen een ruime Kamermeerderheid in alsnog wat verbeteringen door te voeren. En omdat het niet meer in de wet kon, deed ik het maar 'over de wet': in het regeerakkoord. Het was dus vooral gericht op de uitvoering.

De toezeggingen in het regeerakkoord waren het maximaal haalbare, maar voor de critici van de wet was het natuurlijk ruimschoots onvoldoende. Net als ik wilden ze een andere wet in plaats van deze politieke bijsluiter via het regeerakkoord. Dit zijn de momenten dat je als politicus de keuze moet maken tussen vasthouden aan je eigen gelijk of een compromis sluiten voor het best haalbare. Ik koos voor het laatste.

Intussen hadden vijf studenten het initiatief genomen voor een 'sleepwet-referendum'. Zoals de initiatiefnemers van het Oekraïne-referendum steun kregen van website GeenStijl, was het nu tv-programma *Zondag met Lubach* dat zorgde voor een duwtje in de rug. Op 1 november 2017 verklaarde de Kiesraad dat de benodigde 300 000 handtekeningen binnen waren, en het referendum zou plaatsvinden op 21 maart 2018. Dat bracht mij in een uiterst netelige positie. Nadat ik eerst tegen de wet had gestemd, had ik als lid van de coalitie aanvullende afspraken gemaakt over diezelfde wet. Ik vond dat ik hier openlijk voor moest staan en ging dus als voorstander van de wet de referendumcampagne in. Maar hoezeer ik het ook uitlegde in de media en hoe hard ik ook zwoegde in de debatzaaltjes, het lukte me niet het publiek te overtuigen. Die zagen toch vooral dat ik nu in het kamp zat van AIVD-baas Rob Bertholee, die keer op keer herhaalde: 'Veiligheid is voor mij belangrijker dan privacy.' Plots was ik een medestander van Fox-IT oprichter Ronald Prins, die stickers uitdeelde met de tekst: 'Liever de AIVD op het internet dan een Rus in mijn laptop.'

De inhoud deed haast niet meer ter zake, het dominante beeld was dat ik – onder dwang – een draai had gemaakt omdat D66 nu in de regering zat. Dus kopte GeenStijl op 7 maart 2018: 'D66-draaimolen Kees Verhoeven, van Wiv-hater naar Sleepwetliefde in 1 jaar. #WeesgeenKees'. Het was misschien makkelijk scoren voor GeenStijl, maar dat was het voor mij in het Kamerdebat een jaar eerder ook geweest, toen ik me bediende van het frame 'sleepnet' en opportunistisch meedeinde op de golven van de absolute tegenstanders. In die zin was het een koekje van eigen deeg.

Tegen alle verwachtingen in stemde op 21 maart 49,4 procent van de kiezers tegen, 46,5 procent voor en 4 procent blanco. Daarmee adviseerde de Nederlandse bevolking het kabinet om de sleepwet in te trekken, maar na de ervaringen met het eerdere Oekraïne-referendum waren coalitiegenoten VVD en CDA geenszins van plan dit te doen. Wel lukte het me uiteindelijk om de onwelwillende ministers zover te krijgen de sleepwet op belangrijke onderdelen te wijzigen.

Na veel vertraging debatteerde de Kamer uiteindelijk op 3 juni 2020 over de aangescherpte wet. Hoewel dit het sluitstuk was van een bijzondere wetsgeschiedenis, kreeg ik in het afsluitende Kamerdebat – dat een formaliteit was geworden – nul interrupties van de voorheen bijtende collega's en besteedden de media er geen aandacht meer aan. Hoewel de sleepwet sterk was verbeterd ten opzichte van de versie die de Kamer met een ruime meerderheid had aangenomen, zweeg iedereen hierover. Als de strijd gestreden is en er niets meer te scoren valt, dan is het resultaat ineens bijzaak geworden.

Een stapeling van systeemfouten en denkfouten

Ook bij de sleepwet speelden systeemfouten en denkfouten een belangrijke rol in het besluitvormingsproces. Allereerst zorgden de krachtige frames 'sleepnet' en 'sleepwet-referendum' ervoor dat de focus van het debat op het aftappen van internetdata kwam te liggen. Niet alleen kent deze onderzoeksmethode steeds grotere beperkingen omdat veel e-mail- en chatverkeer tegenwoordig versleuteld zijn en de inhoud niet meer te achterhalen is. Ook zijn het juist andere onderdelen uit de sleepwet die nu tot uitvoeringsproblemen leiden. Zo geeft de sleepwet de diensten bevoegdheden om datasets uit te wisselen met buitenlandse diensten en om computers te hacken. Aan deze – minstens zo ingrijpende – onderdelen had de Kamer meer aandacht moeten besteden. Deze tunnelvisie werd natuurlijk veroorzaakt door de mogelijke impact van het grootschalig aftappen van internetkabels, maar de scherpe frames tijdens het debat zorgden ook voor een versmalling van de politieke denkramen.

Ten tweede was bij de sleepwet sprake van doorgeslagen maakbaarheidsdenken. Omdat de vorige inlichtingenwet dateerde uit 2002, leefde het idee dat de nieuwe wet in één keer goed moest zijn. Hoewel inlichtingenwerk in het digitale tijdperk een complexe aangelegenheid is, wilde het kabinet geen rekening houden met het scenario dat de uitvoeringspraktijk aanleiding zou kunnen geven tot aanpassingen. De nieuwe wet moest en zou snel door de Kamer en het kabinet keerde zich fel tegen mijn idee om al na een paar jaar te evalueren of de wet daadwerkelijk had geleid tot een gebalanceerde werkwijze.

Dit is politieke starheid, terwijl regelmatige aanpassingen juist de enige manier zijn om wetten te laten functioneren. Het getuigt van goed bestuur om gemaakte inschattingsfouten toe te geven en rammelende onderdelen te wijzigen. Ook al claimen critici dan smalend hun gelijk.

Echter, in de door beeldvorming gedomineerde politiek is het haast onmogelijk geworden om nog van standpunt te veranderen. 'Draaien' staat ongeveer gelijk aan politieke zelfmoord, met als gevolg dat politici steeds minder van mening durven te veranderen: dit versterkt de toch al invloedrijke *conservatism bias*, waardoor mensen ondanks nieuwe informatie krampachtig vasthouden aan bestaande opvattingen. Dit is een zorgelijke ontwikkeling. In een snel veranderende wereld werken dogma's en rechtlijnigheid beperkend. Dat politici betrouwbaar moeten zijn en hun beloftes moeten nakomen, betekent niet dat ze altijd de ingezette lijn moeten blijven volgen. Je koers wijzigen als de feiten erom vragen is juist een kernwaarde van eerlijke politiek.

Onevenwichtige beeldvorming, gebalanceerde inhoud

De meeste mensen hebben een negatief gevoel overgehouden aan de sleepwet. Door de bijnaam 'sleepwet' denken we aan schimmige inlichtingen- en veiligheidsdiensten die met een net al onze privégegevens opvissen. En bovendien lijkt het of de regering de stem van het volk, dat nee stemde bij het referendum, heeft genegeerd. Maar wie verder kijkt dan zijn neus lang is, ziet dat de wet eigenlijk best geslaagd is.

Wat zeiden we ook alweer over een goede wet, op basis van de formule **wet = doel + middel + controle**? Dat deze een concreet doel nastreeft, met middelen die in verhouding staan tot de consequenties, en waarop goede controle mogelijk is.

Door verschrikkingen als 9/11 en de aanslag op de redactie van *Charlie Hebdo* is er onder burgers en politici een breed draagvlak voor het voorkomen van terreur. Dit doel wordt vervolgens nagestreefd via middelen als het aftappen van internetkabels en het hacken van computers, waarbij ook steeds intensiever wordt samengewerkt met buitenlandse diensten. Deze middelen zijn even ingrijpend als ongrijpbaar: via het internet kunnen internetdiensten in korte tijd heel veel informatie verzamelen en dit gebeurt buiten ons zicht en met complexe technieken. Of deze instrumenten effectief en proportioneel zijn is moeilijk te beoordelen omdat ze sterk afhankelijk zijn van de uitvoeringspraktijk: welke internetkabels worden afgetapt? Om hoeveel mensen gaat het daarbij? Welke methodes gebruiken de diensten om te hacken? Dit soort aspecten maakt controle cruciaal en hier wordt via specifieke eisen invulling aan gegeven. Zo gelden maximale bewaartermijnen voor de afgetapte data en mag het samenwerken met de buitenlandse diensten alleen op basis van wegingsnotities waarin de werkwijze van de betreffende dienst uiteen wordt gezet. Hierbij worden de voorgestelde operaties vooraf getoetst door de Toetsingscommissie Inzet Bevoegdheden (TIB) en is er zowel tijdens als achteraf toezicht mogelijk door de Commissie van Toezicht op de Inlichtingen- en Veiligheidsdiensten (CTIVD). De TIB kan een aftap-actie van de AIVD bijvoorbeeld afwijzen omdat ze vindt dat het te veel mensen raakt in relatie tot het doel. De CTIVD kan tijdens alle operaties meekijken en rapporteren of de diensten zich aan de wet houden. Dit stelsel maakt dat de Nederlandse diensten tot de best gecontroleerde ter wereld horen.

Ik vind dat iets om te koesteren, maar daar denken de diensten anders over. Zo zei AIVD-directeur Erik Akerboom eind 2021 bij BNR Nieuwsradio dat de Nederlandse diensten te 'statisch' reageren op hackers, die steeds sneller wisselen van servers en providers om hun activiteiten te verhullen. Hij laakte de sleepwet, die voorschrijft dat er eerst een plan moet liggen voor je ingrijpt. 'Want dan ben je vaak al te laat.' De demissionaire inval-minister van Defensie, Henk Kamp, zei het hem gretig na en suggereerde in een afscheidsinterview dat het onafhankelijk toezicht op de diensten wel een tandje minder kon: 'We moeten een adequate verdediging hebben tegen cyberaanvallen, maar dat lukt niet als je alle procedures en regels moet doorlopen.'[6]

Net als ICT-waakhond BIT uit hoofdstuk 4 kreeg toetsingscommissie TIB vanaf het begin het verwijt het belangrijke werk van de diensten te veel te belemmeren. Dit vaak herhaalde geluid heeft inmiddels effect. Het kabinet is momenteel bezig met een wetsvoorstel dat de 'knelpunten' voor de AIVD en de MIVD moet wegnemen (lees: om de mogelijkheden te vergroten en het toezicht in te perken). Eind februari maande de Tweede Kamer zelfs tot spoed hiermee vanwege de Russische aanval op Oekraine en de bijkomende 'dreigingen in het cyberdomein'. Het zal zeker niet de laatste keer zijn dat politici een oorlog of aanslag aangrijpen om de veiligheidsbevoegdheden van de overheid gehaast te vergroten. Hoe de nieuwe wet er precies uit komt te zien is uiteindelijk aan de Tweede Kamer maar voor het technisch goed ingevoerde lid van de TIB, computerprogrammeur Bert Hubert, was de aangekondigde verruiming reden om zijn functie alvast neer te leggen.[7] Ook andere toezichthouders uitten hun zorgen over de zoekrakende balans tussen 'nationale veiligheid en privacy'.[8]

Zelfs als dit leidt tot een acceptabele wet, dan nog is het niet vanzelfsprekend dat de diensten zich hieraan houden. Afgelopen jaren heeft de CTIVD herhaaldelijk geconstateerd dat de inlichtingen- en veiligheidsdiensten handelden in strijd met de wet. Zo schreef de toezichthouder in juni van 2022 dat de AIVD en MIVD bulkdatasets met 'mogelijk miljoenen gegevens van personen' langer hebben bewaard dan de toegestane periode van anderhalf jaar.* Dat een overheidsdienst zich niet aan de wet houdt, kan ten koste gaan van onschuldige burgers. Helaas beperkt dit probleem zich niet tot de sleepwet en het aftappen van internetdata. Ook bij het inbreken in computers van verdachten gaat de overheid verder dan is voorgeschreven.

Vergaande politiebevoegdheden: de hackwet

De sleepwet geeft inlichtingendiensten de mogelijkheid om systemen te hacken als de situatie daarom vraagt. Ook de politie heeft een hackbevoegdheid en hier debatteerde de Kamer in 2016 over. Dit gebeurde in het kader van de hackwet, officieel de Wet computercriminaliteit III (CC3) geheten. Tijdens dit debat liet de Kamer na de om de hackbevoegdheid voldoende te begrenzen. Dat is zorgwekkend, want hacken brengt veiligheidsrisico's met zich mee, ook als de hacks door betrouwbare overheidsinstanties worden uitgevoerd. Zo gaat het bij hacken niet alleen om het spanningsveld tussen de nationale veiligheid en individuele burgerrechten, maar ook om de vraag hoe je de samenleving kunt beschermen tegen criminelen zonder deze tegelijkertijd bloot te stellen aan digitale aanvallen.

Lekken en hacken

Om dit te begrijpen is het belangrijk om te weten hoe hacken werkt. Om een computersysteem of netwerk te kunnen hacken moet er sprake zijn van een kwetsbaarheid. Bij veruit de meeste

---

* Ook waren twee hacks om bulkdatasets met telecomdata te verwerven niet rechtmatig en was de AIVD niet zorgvuldig genoeg bij het samenwerken met buitenlandse diensten.

hacks vormt de mens die kwetsbaarheid. Dan komt de indringer binnen door de gebruikers te misleiden: met een e-mail of sms waarin een bijlage zit met zogenaamde 'malware': kwaadaardige software om computers binnen te dringen.* Wat we ons niet goed realiseren is dat psychologie vaak de hoofdrol speelt bij het kraken van computers. Er wordt namelijk misbruik gemaakt van menselijke nieuwsgierigheid, angst of hebzucht. Als het hacken meer technisch van aard is, dan gaat het over kwetsbaarheden in de software als gevolg van programmeerfoutjes. Deze komen veelvuldig voor en worden doorgaans ontdekt door de leverancier. Zo'n bedrijf maakt het probleem pas bekend zodra er een oplossing (*patch*) voor is, die iedere gebruiker kan doorvoeren via een beveiligingsupdate. Tot die tijd kunnen hackers de softwarefout benutten om toegang te krijgen tot alle computers waar deze software op staat. Daarom is het regelmatig updaten van je systeem van bijvoorbeeld je smartphone zo belangrijk!

Als een computersysteem kampt met een kwetsbaarheid of beveiligingsprobleem dan wordt in de media zowel gesproken van een lek ('het systeem is zo lek als een mandje') als van een hack ('het systeem is gehackt'). Ik heb dit zelf altijd verwarrend gevonden maar in feite is het een kip-of-ei-kwestie: zonder een lek is hacken niet mogelijk en andersom wordt het lek niet gevonden zonder hackers; een softwarekwetsbaarheid maakt een systeem lek en als iemand via dit lek binnenkomt, is er sprake van een hack. Bij een groot en zichtbaar lek (zoals een voor de hand liggend wachtwoord) is hacken doodsimpel, bij een meer verborgen lek (zoals een klein foutje in een lange computercode) is hacken ingewikkelder.

---

* Het binnendringen van systemen door de mens erachter te verleiden heet 'social engineering'.

Zerodays

Nu bestaan er ook kwetsbaarheden die nog niet (breed) bekend zijn. Deze categorie onopgeloste softwarefouten noemt men 'zerodays'. Dit verwijst naar het gegeven dat de leverancier nog geen tijd ('nul dagen') heeft gehad om de kwetsbaarheid te herstellen. Als iemand zo'n onbekende softwarekwetsbaarheid vindt, kan diegene dus twee dingen doen: de zeroday melden aan de leverancier, zodat deze het probleem kan oplossen, of de zeroday geheimhouden, zodat deze later gebruikt kan worden om te hacken.* De hacker die de zeroday gebruikt, kan de overheid zijn die een crimineel wil pakken. Maar het kan net zo goed een criminele hacker zijn die elektriciteitscentrales of ziekenhuizen wil platleggen. Het uitgangspunt moet daarom volgens mij zijn dat de ontdekker van een zeroday deze direct meldt, zodat het gat gedicht kan worden.** Alleen bij hoge uitzondering – en onder strenge voorwaarden – zou de Nederlandse overheid zerodays als cyberwapen moeten inzetten in de strijd tegen criminaliteit. Uiteraard moet deze bijzondere bevoegdheid wettelijk goed vastgelegd zijn en moet de Tweede Kamer de inzet ervan scherp controleren.

Helaas is het tegendeel het geval. De inzet van zerodays door de Nederlandse overheid is niet goed afgebakend en de politie handelt in strijd met de hackwet. Deze ondoorzichtige en ongecontroleerde inzet van zerodays holt de digitale infrastructuur én de rechtsstaat uit. Ten dele komt dit omdat de specifieke

* Het gebruiken of misbruiken van een zeroday gebeurt via een *zeroday exploit*: gebruikmaken van een (bij de maker van de software) onbekende kwetsbaarheid om binnen te dringen.

** Het verschil tussen *zerodays* en *backdoors* is zoiets als een per ongeluk opengelaten zolderraam en een bewust niet op slot gedraaide achterdeur.

kennis om het goed te doen ontbreekt. Maar een minstens zo belangrijke rol is weggelegd voor wat ik de 'schurkenemotie' noem: de wil om hard op te treden tegen criminaliteit en daartoe stevige middelen in te zetten.

De Tweede Kamer is niet in staat gebleken om de hackende politie goed te controleren op basis van wettelijke regels. Sterker nog: mogelijkheden om het ongecontroleerde gebruik van zerodays aan banden te leggen, heeft het parlement bij herhaling laten lopen.

Een doel om de middelen te heiligen

Tijdens de behandeling van de hackwet, op 13 december 2016, sprak het Nederlandse parlement uitgebreid over de hackende overheid. Dit was een uiterst stroef gesprek, omdat misverstanden over de techniek van het hacken een zinnig debat onmogelijk maakten. Zo meende het CDA dat de politie softwarekwetsbaarheden zou vinden tíjdens het hacken, terwijl het precies andersom is en je kwetsbaarheden nodig hebt vóór het hacken. Ook het uitvergroten van ideologische tegenstellingen over boeven vangen versus burgerrechten bewaken stond een inhoudelijke afweging in de weg. Zo deed de VVD alsof D66 niet zou willen optreden tegen online criminaliteit omdat ik geen voorstander ben van een onbegrensde hackbevoegdheid.

Opnieuw zag ik hoe groot de invloed van emotie is bij onze besluitvorming. In hun drang om criminaliteit te bestrijden, en zich op dit onderwerp te profileren, schermen politici met schurken en slechteriken. In het geval van de toeslagenaffaire waren dit 'Bulgaarse fraudeurs' en bij de sleepwet 'moslimterroristen'. Met deze zondebokpolitiek spelen ze in op de emotie. Deze reflex zag je ook duidelijk terug in het Kamerdebat. Om het debat op scherp te stellen begon de VVD al snel over een van de ergste vormen van criminaliteit, namelijk kindermisbruik: 'Dagelijks zijn er 750 000 mannen die webcamseks hebben met kinderen. Iedereen heeft het nieuws gevolgd van Sweetie, het fictieve personage dat ontwikkeld is door Terre des Hommes en dat maar liefst 1000 van die viespeuken ontmaskerde.'[9]

Door de hackwet mag de politie veel meer dan alleen 'viespeuken' hacken, want de bevoegdheden worden bij kleinere en grotere internetcriminaliteit ingezet. Om de politie meer bevoegdheden te kunnen geven tegen internetcriminelen, maakte de VVD er een karikatuur van. Daarbij is iedereen het erover eens dat misbruik van kinderen bestreden moet worden. De vraag is alleen of je dit moet doen door de politie ongecontroleerd computers van verdachten te laten hacken door middel van softwarekwetsbaarheden. Dit omdat kwaadwillenden deze kwetsbaarheden ook kunnen gebruiken, bijvoorbeeld om cruciale infrastructuur plat te leggen.

Hoewel je met zerodays misschien 'een viespeuk' kunt pakken, is het uiteindelijk verstandiger om onbekende kwetsbaarheden te melden zodat de leverancier ze kan oplossen en het internet voor iedereen veilig blijft. Nee, ik denk niet dat het repareren van softwarekwetsbaarheden criminelen van hun daden kan weerhouden; ik denk wel dat het hacken met geheimgehouden kwetsbaarheden een paardenmiddel is.

Hoewel ik deze argumenten tijdens het debat herhaaldelijk naar voren had gebracht en had getracht een aantal hardnekkige misverstanden over hacken weg te nemen, veranderde er aan de stemverhouding niets meer en werd de hackwet op 20 december 2016 met een ruime meerderheid aangenomen.

Om te huilen: de uitbraak van WannaCry

Dat softwarefouten en hierop gebaseerde virussen voelbare gevolgen kunnen hebben, bleek nog geen halfjaar later. Toen brak een gigantische 'ransomware-aanval' uit, die 230 000 Windowscomputers in zo'n 150 landen trof. Ransomware is gijzelsoftware: als je computer hierdoor getroffen is, kun je niet meer in bepaalde programma's behalve als je losgeld betaalt. Systemen van telecombedrijven, universiteiten, energiecentrales en spoorwegen werden gegijzeld door de software, die als een epidemie rondging.[10] Met als gevolg dat hun klanten niet meer konden bellen, reizen en studeren. In het Verenigd Koninkrijk konden patiënten zelfs geen operatie of chemokuur meer krijgen.

Om de alertheid te vergroten en de dreiging concreter te maken, krijgen orkanen en pandemieën maar ook cyberaanvallen vaak een naam. Deze aanval kreeg de naam WannaCry, een verbastering van WanaCryptor, de oorspronkelijke naam van de computerworm.[11] Nadat de storm was gaan liggen werd namelijk duidelijk dat WannaCry was gebaseerd op twee Windowskwetsbaarheden, met de namen EternalBlue en DoublePulsar. En wat bleek nu? Deze kwetsbaarheden waren door een hackerscollectief met de naam Shadow Brokers ontfutseld aan de Amerikaanse veiligheidsdienst NSA.[12] Wat bedoeld was als hacktool om boeven te vangen werd dus ransomware die gewone mensen trof! Overigens was hier geen sprake van een echte zeroday, want leverancier Microsoft had twee maanden voor de uitbraak al een oplossing gepubliceerd: wie netjes zijn updates had gedraaid werd dus niet getroffen. Maar dat had lang niet iedereen gedaan. Ruim een maand later brak een tweede ransomware-aanval uit, NotPetya, die gebaseerd was op dezelfde twee kwetsbaarheden. Ondanks steeds opnieuw geuite waarschuwingen waren miljoenen computers nog steeds niet up-to-date.

Hoe oom agent de windhandel in zerodays stimuleert

Dat de overheid op basis van de hackwet zerodays mag gebruiken, vergroot niet alleen de kans op cyberaanvallen zoals WannaCry. Er is nog een ander risico. Anders dan de Amerikaanse NSA ontwikkelt de Nederlandse politie zijn cyberwapens namelijk niet zelf. Nee, de politie koopt zijn hacktools in bij diverse bedrijven. Deze verdienen miljoenen met het speuren naar zerodays, wat natuurlijk veel aantrekkelijker is dan het gratis melden van hun vondsten. Omdat de politie klant is bij dit soort bedrijven, stimuleert de Nederlandse overheid dus de handel in kwetsbaarheden die het internet onveilig maken. Het feit dat de hackwet ruimte laat voor deze gevaarlijke vorm van uitbesteden is wat ik het meest schokkend vind.

Omdat de drijfveren van deze verkopers commercieel zijn, maakt het ze weinig uit aan wie ze hun waar slijten. Zo kan het dus voorkomen dat Nederland hacktools wil kopen en in de rij staat met een dictatoriaal regime dat oppositieleden, journalisten of klokkenluiders wil uitschakelen. Daar komt bij dat de verkopers geheimhouden welke kwetsbaarheden precies gebruikt zijn, waarmee ze per definitie onopgelost blijven. De pijnlijke conclusie: op basis van de hackwet koopt de Nederlandse overheid ontwrichtend hackgereedschap op duistere markten.

Net als bij de sleepwet probeerde ik via het regeerakkoord van 2017 de hackwet achteraf wat te begrenzen. Hoewel we tijdens het hackwetdebat flink gebotst waren, kwamen VVD'er Klaas Dijkhoff en ik tot de afspraak om in het regeerakkoord op te nemen dat er meer geld zou komen voor de politie om eigen software te ontwikkelen, dat de AIVD screenings zou uitvoeren wanneer er toch externe software aangekocht moest worden en dat de Kamer beter geïnformeerd zou worden over de hackpraktijken van de politie.

Maar het mocht niet baten. In de jaren die volgden zou uit onderzoek van de verantwoordelijke toezichthouder, de Inspectie Justitie en Veiligheid, blijken dat de politie geen eigen software was gaan ontwikkelen, dat men niet volgens de regels inkocht bij externe leveranciers en dat er stelselmatig onrechtmatige hacks werden uitgevoerd.

Zo maakte de politie in 2020 bij tien van de veertien hacks gebruik van commerciële binnendringsoftware.[13] Hoe risicovol dit is werd duidelijk toen in juli 2021 honderden journalisten, politici en mensenrechtenactivisten gehackt bleken te zijn met spionagesoftware Pegasus van het Israëlische bedrijf NSO Group. Ook Europese landen zoals Spanje maken gebruik van deze technologie, die een concrete bedreiging van de democratie betekent.[14]

Het incident onderstreept dat hacksoftware ook tegen onschuldige burgers gericht kan worden. Omdat de politie het onderzoek van *de Volkskrant* stelselmatig tegenwerkt, kan niet worden uitgesloten dat ook Nederland hacksoftware van NSO Group heeft gekocht. Bovendien weigert het kabinet openheid te geven over het Nederlandse gebruik van de Pegasusspyware.

Een mislukte missie voor veilig hacken

Ook de hackwet scoort een onvoldoende volgens de formule **doel + middel + controle**. Met het doel is niets mis, maar het middel is te ingrijpend en de controle erop te beperkt. Om online criminelen en 'viespeuken' aan te pakken, zet de overheid softwarekwetsbaarheden op risicovolle wijze in. Terwijl Kamerleden de techniek amper begrijpen, gaan ze hier uit dadendrang en scoringsdrang in mee. Tijdens het debat over de hackwet zei het CDA bijvoorbeeld: 'Wij willen gewoon dat de politie veel bevoegdheden heeft op het internet.'[15] Maar nadien vergaten veel partijen die bevoegdheden te controleren.

Terwijl de sleepwet leidde tot rumoer, is het rond de hackwet altijd angstvallig stil gebleven. Om toch nog iets te doen tegen de grote risico's voor de digitale veiligheid, diende ik – na veel voorbereidend werk van mijn medewerker Marijn – op 19 juli 2019 een initiatiefwet in om de hackende overheid te reguleren.* Op 18 juni 2020 behandelde de Tweede Kamer deze Wet Zerodays Afwegingsproces. Er kwamen welgeteld vier fracties opdraven: VVD, SP, GroenLinks en D66 zelf. Dat maar liefst tien fracties wegbleven, liet zien hoezeer de wetgevende taak van de Kamer geërodeerd is. Zeker met steeds meer kleine fracties kampen veel Kamerleden met een chronisch tijdsgebrek. Wie in deze omstandigheden overeind en zichtbaar wil blijven, laat een technische wet dan lopen. Dit samenspel tussen werkdwang en scoringsdrang is even logisch als cynisch.

Intussen deed het kabinet – dat bij initiatiefwetten van de Kamer slechts de rol van onafhankelijk adviseur heeft – er alles aan om mijn wetsvoorstel te ontmantelen. Op 3 februari 2021 stuurde het kabinet een brief over mijn wet naar de Kamer. Daarin schreef het:

> *Voor de opsporing geldt dat de invoering van de wet zal leiden tot een stapeling van goedkeurings- en toezichtsprocessen die de taakuitvoering minder efficiënt maakt en onduidelijkheid met zich meebrengt, terwijl de zorgvuldigheid niet toeneemt. Deze elementen hebben naar verwachting*

---

* Bij een initiatiefwet vult een Kamerlid zijn wetgevende taak in door zelf een wet te schrijven. Het is aan initiatiefwetten te danken dat in Nederland alle stellen kunnen trouwen (het homohuwelijk) en elke burger orgaandonor is (de donorwet). Zelf wist ik eerder initiatiefwetten door de Staten-Generaal te loodsen over winkelen op zondag en het beledigen van de koning.

een negatief effect op de nationale veiligheid en op de opsporing van strafbare feiten.[16]

Wie mijn voorstel inhoudelijk niet kende, was natuurlijk gevoelig voor de afschrikwekkende frames over mijn wet waar het kabinet zich als 'objectieve autoriteit' van bediende. Uiteindelijk trok het kabinet aan het langste eind, want een meerderheid van de Kamer vond mijn wet wel sympathiek maar durfde vanwege kennisgebrek niet tegen het kabinet in te gaan. Het was de wereld op zijn kop. Het parlement, dat de regering moet controleren, liet zich onder druk zetten door diezelfde regering. Mijn zerodays-initiatiefwet was een stille dood gestorven.

Slechte wetten en de onwettige overheid

De voorbeelden van de sleepwet en de hackwet illustreren hoe terreurangst en de schurkenemotie zorgen voor vergaande controledrift. Hoewel ik ministers en collega-Kamerleden geregeld heb horen zeggen dat honderd procent veiligheid niet bestaat, is de nationale veiligheid een obsessie en willen veel politici elk risico op leed uitbannen.[17] Vaak doen ze dit aan de hand van wetgeving gericht op het verzamelen van internetdata. Zoals de Wet bewaarplicht telecommunicatiegegevens, die regelde dat telecomproviders klantdata moesten gaan bewaren. Of de Wet gebruik van passagiersgegevens voor de bestrijding van terroristische en ernstige misdrijven, op basis waarvan een speciale eenheid vluchtinformatie kan onderzoeken. Of de ANPR-wetgeving, die automatische kentekenherkenning mogelijk maakt. Ook het wetsvoorstel dat ter bestrijding van het coronavirus onze telefoongegevens voor het RIVM opeisbaar moest maken is een voorbeeld. Stuk voor stuk kampen dit soort wetten met rechtsstatelijke haken en ogen. Door de Wet bewaarplicht hebben rechters inmiddels een streep gehaald omdat die in strijd was met internationale verdragen.* Voor de Wet passagiersgegevens dreigt hetzelfde lot; het nut en de noodzaak ervan zijn nooit goed aangetoond. En de Tijdelijke wet informatieverstrekking RIVM i.v.m. COVID-19 heeft het kabinet zelf al stilletjes ingetrokken.

In andere gevallen leidt de controledrift tot ingrepen in de internetinfrastructuur. Zo doet het ministerie van Justitie en Veiligheid al jaren pogingen om de versleuteling van privéberichten te verzwakken omdat end-to-end-encryptie een 'vrijplaats' voor criminelen zou creëren. Zo klaagden het Openbaar Ministerie en de AIVD dat berichten niet of nauwelijks te ontcijferen waren.[18] Laat dat nou precies de bedoeling van versleuteling zijn: vertrouwelijke communicatie is een grondrecht en bovendien kan iedereen gebruikmaken van ingebouwde achterdeurtjes. Niet alleen de politie maar ook criminelen. Dit is precies waarom Apple een aantal jaar geleden weigerde de FBI toegang te geven tot de telefoondata van een terrorist. Een ander voorbeeld is het wetsvoorstel dat het kabinet in 2016 indiende om illegale gokwebsites te kunnen blokkeren. Hoe ellendig gokverslaving en gokschulden ook zijn, websiteblokkades gaan ten koste van de protocollen en standaarden waarop het hele internet draait. Juist daarom adviseerde de Wetenschappelijke Raad voor het Regeringsbeleid in 2015 deze 'publieke kern' van het internet te vrijwaren van overheidsbemoeienis.[19]

Misschien nog wel erger dan een overheid die slechte wetten maakt, is een overheid die zelf de wet overtreedt. Bij de sleepwet en de hackwet zagen we dit al en ook hier geldt helaas dat het

* In 2014 en 2017 oordeelde het Europese Hof dat lidstaten hun telecombedrijven niet mogen verplichten tot het bewaren van communicatiegegevens voor de bestrijding van zware criminaliteit en terrorisme. In lijn hiermee stelde een Nederlandse rechter de Nederlandse bewaarplicht buiten werking.

probleem veel breder is. Zo tuigde Defensie – zonder wettelijke bevoegdheid – een nieuwe informatieafdeling op, die grootschalig data verzamelde om te zien waar maatschappelijke onrust in de samenleving zich afspeelde.[20] En de Nationaal Coördinator Terrorismebestrijding en Veiligheid (NCTV) volgde stiekem burgers op sociale media, met zogenaamde fake-accounts.[21] Ook dit gebeurde zonder wettelijk mandaat. In plaats van de NCTV terug te fluiten, diende het demissionaire kabinet een spoedwet in die de NCTV alsnog de mogelijkheid moet geven om persoonsgegevens te verzamelen. Om de vergaande controledrift te rechtvaardigen, wordt steeds weer de valse tegenstelling tussen veiligheid en privacy van stal gehaald. Oud-minister van Veiligheid en Justitie Ivo Opstelten herhaalde graag dat veiligheid boven privacy moest gaan. Ook staatssecretaris van Defensie Jack de Vries bediende zich van klassieke drogredenen. Zo suggereerde hij in 2013 dat het veiligheidsdoel alle middelen heiligt: 'Als het voor het bewaken van die veiligheid nodig is dat veiligheidsdiensten in het geheim opereren en ons daarbij in de gaten houden, dan zij dat zo.'[22] In sommige gevallen gaat de veiligheidsdrang nog verder, zoals bij de NCTV. Toen medewerkers hun toenmalige chef erop wezen dat er geen wettelijke grondslag voor het volgen van burgers was, snauwde hij: 'Wie nog een keer over die grondslag begint, kan zijn spullen pakken.'[23]

Conclusie: onze rechtsstaat lijdt onder de publieke controledrift

Net als het 'keihard aanpakken' van fraude is de bescherming van de 'nationale veiligheid' een politiek oerinstinct. Zoals fraude-onrecht ons woedend maakt, zo voelen we doodsangst bij terrorisme. Dus willen we op grote schaal data koppelen, het internet aftappen en telefoons hacken.

In de wetgeving die dit mogelijk moet maken wordt de balans tussen enerzijds collectieve doelen als rechtvaardigheid en veiligheid, en anderzijds individuele burgerrechten scheefgetrokken. Met als gevolg dat de rechtsstaat uitgehold raakt. De paradox hierbij is dat vergaande veiligheidsmaatregelen ons juist kwetsbaar maken. In een poging om grip te krijgen op criminaliteit zet de overheid de achterdeur voor indringers steeds verder open: bulkdatasets schenden niet alleen onze privacy, maar als ze in verkeerde handen vallen, brengt dit journalisten en klokkenluiders in repressieve regimes in gevaar; het gebruik van softwarekwetsbaarheden kan de veiligheid van het internet ondermijnen, zoals de WannaCry-uitbraak bewees; en het inkopen van spyware bij commerciële bedrijven als NSO Group had tot gevolg dat Europese politici werden afgeluisterd.

Om dit te voorkomen moet de Tweede Kamer haar wetgevende taak beter invullen. Maar ook als een wet eenmaal van kracht is, blijft democratische controle cruciaal. Want steeds vaker overtreedt de overheid als handhaver van de wet zelf de wet. Het probleem is alleen dat de Tweede Kamer steeds minder tot die controle in staat is. Omdat de controle van digitale technologie taai en tijdrovend is, besteden veel Kamerleden er vanwege de hoge werkdruk weinig aandacht aan. Zeker als ze in een kleine fractie zitten. Daar komt bij dat het amper loont om je te verdiepen in complexe materie: de meeste media besteden liever aandacht aan poppetjes, relletjes en roddels.

Dit spanningsveld tekent de politieke besluitvorming over digitale wetgeving. Zolang de controledrift alle ruimte krijgt, zullen bestuurders met goede bedoelingen digitale technologie verkeerd blijven inzetten en zal de rechtsstaat blijven wankelen.

8

Hoe we de waanzinnige wisselwerking kunnen doorbreken

Ik ben opgegroeid in het Zeeuwse dorpje Kloetinge. Achter ons huis lag een akker waar suikerbieten groeiden. Elke dag voetbalde ik in onze achtertuin en steeds als ik de bal over ons hek schoot, moest ik door de klei ploeteren. In die zompige brij kwam ik amper vooruit en mijn schoenen werden er smerig van. Maar een betere optie had ik niet. Hetzelfde geldt voor de democratie. De Amerikaanse politicoloog Charles Lindblom noemde bestuurskunde 'de wetenschap van het voortmodderen', omdat zelfs het beste plan stuit op beperkte informatie en gebrekkige voorspelbaarheid. Otto von Bismarck zei ooit dat wetten als worstjes zijn, waarvan je maar beter niet kunt weten hoe ze gemaakt worden. Winston Churchill vatte het als volgt samen: 'Democratie is geen goede staatsvorm, maar ik ken geen betere.'

De democratie is het beste politieke systeem omdat het burgers vrijheid, bescherming en welvaart brengt. Dit betekent niet dat iedereen tevreden is. Toen in coronatijd een lockdown werd uitgeroepen, maar ook wanneer er asielzoekers moesten worden gehuisvest, hoorde je mensen vaak roepen dat Nederland geen democratie meer was. Zolang de besluitvorming verloopt volgens democratische regels en procedures, deel ik deze analyse niet. Bovendien hoort ontevredenheid juist ook bij de democratie, die ruimte biedt voor tegenspraak.

De tragiek van de politiek

Bij het nastreven van hun idealen hebben politici namelijk te maken met een harde realiteit. Zo is het onmogelijk om Nederland honderd procent veilig te maken en zal onrecht altijd blijven bestaan. Ook zal er nooit genoeg geld zijn om alle problemen op te lossen. En er is altijd te weinig tijd, omdat een samenleving met zeventien en een half miljoen mensen nu eenmaal meer vraagt dan twintig ministers en honderdvijftig Kamerleden aankunnen. Politiek gaat over grote lijnen en gemene delers, vraagstukken worden versimpeld en aan het eind van het democratische proces moeten alle volksvertegenwoordigers voor of tegen stemmen. Dit terwijl beleidsvraagstukken zelden of nooit zwart-wit zijn.

Binnen deze onverbiddelijke beperkingen proberen politici persoonlijke voorkeuren en uiteenlopende belangen in gezamenlijke afspraken te vatten. Daarbij is 'lelijke politiek' onvermijdelijk, omdat iedereen er alles aan doet er zo veel mogelijk uit te halen voor zijn kiezers. Evenmin fraai ogen de rafelige uitkomsten waarmee niemand helemaal tevreden is maar waarmee het gros wel kan leven. Maar democratische besluitvorming draait nu eenmaal om het sluiten van compromissen. Het vergaren van steun voor ideeën is een geduldig ambacht en vergt luisteren naar tegenspraak, inclusief het accepteren van politieke oppositie en juridische grenzen. Dat de politiek daarbij 'achter de feiten aan loopt' is onvermijdelijk: juist in een democratie is besturen namelijk vooral bijsturen.

Voor leden van de Tweede Kamer is dit politieke geploeter een dagtaak. Het meekrijgen van fractiegenoten, andere partijen en bewindspersonen slokt je op, maar mensen buiten de politiek krijgen hier amper iets van mee. Zij zien je harde werk niet en dus is het er voor hen niet. Het gevolg is dat mensen zowel het moeizame proces als de middelmatige uitkomst slecht begrijpen. Onophoudelijk wijzen wetenschappers en juristen even gedetailleerd als geïrriteerd op de tekortkomingen van beleid. En op verjaardagsfeestjes of op het voetbalveld klinken vaak simpele oplossingen voor ingewikkelde problemen.

Zo hoor ik mensen bijvoorbeeld vaak pleiten voor een kiesdrempel[1] om de 'onbestuurbaarheid' van het land tegen te gaan. Dat is zeker een optie, maar als je dan vraagt wat ze van fractiediscipline vinden, dan zeggen ze vol overtuiging dat het 'ondemocratisch' is. Daar zit ook wat in, maar als je beide stellingnames naast elkaar legt, dan blijkt het allemaal toch iets ingewikkelder dan het lijkt. Want zonder fractiediscipline zijn er in feite honderdvijftig partijen en is de versnippering dus maximaal. Een goede balans tussen democratie en bestuurbaarheid is nog niet zo eenvoudig.

Wat genuanceerder zijn de zaaltjes waarin betrokken mensen overal in Nederland nadenken over maatschappelijke vraagstukken. Van de talloze keren dat ik in zo'n zaaltje stond is een gastcollege in 2018 op Nyenrode me bijgebleven. Het was voor een groep managers afkomstig uit overheid en bedrijfsleven, en het thema was 'publiek-private samenwerking'. Voor de gelegenheid had ik een powerpointpresentatie voorbereid. Maar na vijf minuten kwam de eerste vraag en mijn openhartige antwoord leidde direct tot nieuwe vragen en al snel raakten we in een verhitte discussie. Na enige tijd verzuchtte ik: 'Ons gesprek legt de tragiek van de politiek bloot.' De professor, Bob Hoogenboom, vroeg me wat ik precies bedoelde en daarop legde ik uit dat veruit de meeste politici vol goede bedoelingen zitten, maar dat ze in de ogen van velen slechte – zelfs kwaadaardige – besluiten nemen.

Deze tragiek vormt de beruchte kloof tussen politiek en samenleving. Een bepaalde afstand is er altijd geweest, maar vandaag de dag lijkt het wantrouwen haast onoverbrugbaar geworden: het ploeteren en voortmodderen leidt tot steeds minder vooruitgang en tot steeds meer verontwaardiging. We dreigen vast te lopen.

De verlammende spiraal

Ik vrees dat onze democratie crasht als we op deze manier doorgaan. We moeten er alles aan doen om dit te voorkomen, en daarover gaat dit laatste deel van mijn boek. Voor ik met remedies kom, vat ik eerst mijn diagnose samen: de waanzinnige wisselwerking tussen digitale technologie, nationale politiek en menselijke psychologie, die leidt tot een instabiel systeem en die de besluitvorming verlamt.

In dertig jaar tijd hebben globalisering en digitalisering de verdeling van welvaart en macht in de wereld ingrijpend veranderd. In Nederland is het politieke systeem in een paar decennia gewijzigd van een relatief stabiel geheel naar een verhitte snelkookpan met twintig partijen. In plaats van de naoorlogse zuilen en klassieke ideologieën wordt het politieke speelveld gedomineerd door drie nieuwe hoofdstromen: pragmatisme, idealisme en populisme.

Met pragmatisme bedoel ik: de aanpak van bestuurlijk ingestelde partijen in het politieke midden die haalbaarheid en houdbaarheid centraal stellen. Ze nemen regeringsverantwoordelijkheid en sluiten noodzakelijke compromissen, maar hebben de neiging bureaucratisch, technisch en afstandelijk te worden. Deze houding schiet menige kiezer in het verkeerde keelgat, waarbij grote groepen mensen zich van hen afkeren, voor 'buitenstaanderspartijen' kiezen of zelfs niet meer stemmen en afhaken van het traditionele bestel.[2]

Idealisten streven een radicaal andere toekomst na en willen het systeem rigoureus veranderen. Omdat ze uit politiek perfectionisme minder bereid zijn water bij de wijn te doen, staan ze vaak langs de lijn hun gelijk te verkondigen. Deze partijen stellen dikwijls één onderwerp centraal, bedienen specifieke doelgroepen en zijn verspreid over het hele politieke spectrum te vinden.

Populisten stellen zich vanaf de extreme politieke flanken op als de enige vertegenwoordigers van het 'echte volk'. Daarbij verheerlijken ze het roemrijke verleden en de soevereine natiestaat. De schuld van alle problemen ligt in hun ogen bij een immorele elite, en ze proberen de hedendaagse complexiteit te reduceren door met simpele oplossingen te komen.

Uiteraard is enige nuance op zijn plaats, zijn deze drie stromen niet strikt gescheiden en passen niet alle partijen precies in dit plaatje. Wel draagt deze blokvorming bij aan het patroon waarin middenpartijen zich gedwongen voelen een coalitie te vormen, daartoe deelbelangen loslaten en zo hun politieke profiel verzwakken. Om vervolgens van alle kanten te worden aangevallen door oppositiepartijen, die hun kritiek uitvergroten en zich profileren om de teleurgestelde kiezers naar zich toe te trekken. Een voortvloeisel hiervan is dat traditionele partijen als CDA, VVD en PvdA maar ook D66, GroenLinks en PVV tegenwoordig allemaal een radicale variant kennen: respectievelijk BBB, JA21, SP, Volt, Partij voor de Dieren en Forum voor Democratie.

De grootschalige en razendsnelle digitalisering is een belangrijke aanjager van deze politieke dynamiek. Wereldwijd heeft digitale technologie geleid tot gedragsverandering, nieuwe normen en moderne bedrijven, waardoor onze leefwereld totaal anders is dan in de jaren tachtig. In de Tweede Kamer heeft digitale technologie in de hand gewerkt dat de altijd al aanwezige politieke drijfveren maakbaarheid, zichtbaarheid en beschikbaarheid zijn doorgeslagen in de systeemfouten controledrift, scoringsdrang en werkdwang.

Systeemfout: controledrift (doorgeslagen maakbaarheid)	**Systeemfout: scoringsdrang (doorgeslagen zichtbaarheid)**	**Systeemfout: werkdwang (doorgeslagen beschikbaarheid)**
De politieke wens om alles te controleren.	De politieke wil om steeds te scoren.	De politieke dwang om permanent beschikbaar te zijn.
Versterkt door databestanden en algoritmes.	Versterkt door online en sociale media.	Versterkt door e-mails, appgroepen en pushberichten.
Voortkomend uit angst, een negatief mensbeeld en onderling wantrouwen.	Gebaseerd op de diepgewortelde menselijke neiging tot strijd en de hoofdzonde ijdelheid.	Gebaseerd op het misverstand dat alles urgent is en dat je overal bij moet zijn.
Symptoom: het uitschakelen van tegenmacht en tegenspraak. 'Coalitiedwang'.	Symptoom: het uitvergroten van verschillen en polarisatie. 'Oppositiedrang'.	Symptoom: het uitvallen van steeds meer politici. 'Junkie- en zombiepolitiek'.
Oftewel: de toeslagenaffaire.	Oftewel: de motielawine.	Oftewel: de burn-outgolf.
Van rechtsstaat naar controlestaat.	Van democratie naar 'mediacratie'.	Van 9-5 naar 24/7.

Deze drie systeemfouten als gevolg van de digitale revolutie versterken op hun beurt onze evolutionair ingegeven neiging tot het maken van allerhande denkfouten. Grofweg zijn deze onder te verdelen in (te) snelle oordelen, stellige overtuigingen en sterke invloeden. De behoefte aan controle, de nadruk op beeldvorming en de uitputting van het brein maken politici namelijk gevoeliger voor voorbarige conclusies, eenzijdige verklaringen, onjuiste voorspellingen en valse frames.

Valkuil: snelle oordelen	**Valkuil: stellige overtuigingen**	**Valkuil: sterke invloeden**
Voorkeuren en versimpelingen van ons 'snelle systeem 1'.	Vervormingen en verklaringen van ons 'verhalende zelf'.	Gedrag en verhalen van andere mensen.
Direct gevormd, in het hier en nu.	Geleidelijk tot stand gekomen.	Afkomstig uit onze omgeving.
Vuistregels/snelkoppelingen (heuristieken) en behoeften/aversies zorgen voor biases en ruis.	'Verhaaltjes' en 'narratieve misleiding' leiden tot schijnbegrip en schijncausaliteit.	Verhalen die meeslepend worden verteld en slim worden verspreid brengen ons op andere gedachten.
Deze werking van het brein vormt onze diepgewortelde intuïties, voorgevoelens, instincten, neigingen en reflexen.	Ons geheugen vervormt gebeurtenissen en ons brein vult ontbrekende dingen in om iets aannemelijk te maken.	Onze verbeeldingskracht maakt ons uiterst gevoelig voor wat anderen doen en zeggen.
Bekende voorbeelden: schijntegenstellingen, blind afgaan op iemands uiterlijk, planningen die altijd uitlopen.	Bekende voorbeelden: levensverhalen, complottheorieën, reconstructies, 'gamechangers'.	Bekende voorbeelden: kuddegedrag, hypes en rages, debattrucs, drogredenen, framing, retorische vragen.

Bijbehorende denkfouten: Afkeer van verlies What you see is all there is Aureool-effect Planningsfout Exponentiële blindheid*	Bijbehorende denkfouten: Peak-end rule Confirmation bias Hindsight bias Toevalsblindheid** Zondebokinstinct	Bijbehorende denkfouten: Ingroup-outgroup bias Bandwagon effect*** Authority bias Sympathy bias Social proof

Het resultaat van dit alles is een negatieve spiraal die onze politiek verlamt. Terwijl hypercommerciële technologiebedrijven als Facebook en Google, geopolitieke assertiviteit vanuit landen als China en Rusland plus een reeks crises *van buitenaf* de druk op onze democratie opvoeren, zorgt het – door digitalisering aangejaagde – samenspel tussen systeemfouten en denkfouten voor politieke onmacht *van binnenuit*. In een tijd waarin onder meer klimaatverandering, machtsmisbruik, sociale ongelijkheid en woningnood vragen om politiek leiderschap, zijn onze politici juist steeds minder in staat tot goede besluitvorming. Bovendien zorgt het samenspel tussen systeem- en denkfouten voor een geleidelijke uitholling van de rechtsstaat, zoals we in de afgelopen hoofdstukken hebben gezien.

---

* Exponentiële blindheid: zich verkijken op iets dat evenredig groeit aan de eigen omvang, zoals een virus dat zich verspreidt.

** Toevalsblindheid: mensen geloven niet in toeval en begrijpen statistische kansen niet.

*** Bandwagon effect: de behoefte om bij de winnaar te horen.

Vijf randvoorwaarden voor een gezonde democratie

Na vier verkiezingscampagnes, twee intensieve referenda over het Oekraïne-verdrag en de sleepwet en een scheiding in vijf jaar tijd, kreeg ik in 2017 last van een pijnlijke rechterschouder. Ik denk dat het kwam door stress in combinatie met overmatig smartphonegebruik. Hoe dan ook, het werd geleidelijk steeds erger, het verlamde me in mijn bezigheden en het hield me zelfs uit mijn slaap. Na er maanden mee geworsteld te hebben, ging ik naar een fysiotherapeut. Die legde me uit dat ik een overbelaste pees had en dat dit een rotblessure was. Iets van behandeling was wel mogelijk, maar de enige echte oplossing was dat ik dagelijks oefeningen zou gaan doen om het weefsel weer gezond te krijgen.

Hoewel de diagnose me opluchtte, baalde ik ook. Voor oefeningen had ik het veel te druk en het resultaat zou veel te lang op zich laten wachten. Eerst deed ik er niets mee en probeerde ik het met pijnstillers. Maar op een gegeven moment werd het zo vervelend dat ik besloot de oefeningen te gaan doen. Hoewel ik ze niet elke dag perfect deed, werkten ze wel. De pijn nam af, de verkramping werd minder en het gevoel iets te doen aan mijn probleem stemde me positiever. Het duurde uiteindelijk jaren voor het helemaal over was, maar het feit dat ik er iets aan dééd maakte mijn leven direct stukken beter.

Net als het herstel van mijn schouder is het een kwestie van een lange adem om onze democratie weer gezond te maken. Dit begint met het erkennen en omarmen van het probleem. We moeten ons bewust zijn van het veeleisende digitale tijdperk, waarin op technologie gebaseerde machten onze samenleving vormgeven. We moeten onder ogen zien dat onze politici verstrikt raken in systeemfouten. We moeten aanvaarden dat alle mensen denkfouten maken. Pas als we zien wat er echt aan de hand is, kunnen we het probleem oplossen.

Dit is de gedeelde verantwoordelijkheid van politici, ambtenaren, media en kiezers. Alleen als alle betrokkenen hun gedrag veranderen, kan het systeem stabieler worden en kunnen we een crash voorkomen. Met dit hoofdstuk reik ik de hand aan iedereen die een gezondere politieke cultuur wil helpen realiseren. Na het lezen ervan ben je je bewust van de rol die systeem- en denkfouten spelen in onze keuzes en ben je in staat om hiermee aan de slag te gaan.

Daartoe introduceer ik vijf randvoorwaarden om het politieke besluitvormingsproces op orde te brengen, met steeds een aantal concrete verbeterpunten. Ik begin met drie randvoorwaarden voor het doorbreken van de perverse prikkels in ons politieke systeem. Vervolgens bespreek ik twee randvoorwaarden voor het indammen van de onbewuste prikkels in ons menselijk brein. Tot slot kom ik met een aantal inhoudelijke kaders en keuzes die erop gericht zijn om het internet te verbeteren en de digitale samenleving menselijker te maken.

Het vertalen van inzichten naar handelingen behoort tot de moeilijkste levensopgaven, zeker als het om diepgewortelde instincten gaat. Ook nadat ik had kennisgemaakt met denkfouten en me bewust was geworden van systeemfouten betrapte ik mezelf op primaire reacties en simplistische conclusies. In discussies hoorde ik mezelf drogredenen gebruiken en ik kon Twitter nog steeds moeilijk op afstand houden. Om deze hardnekkigheid aan te pakken, maak ik gebruik van inzichten uit de psychologie en geneeskunde.

SYSTEEMFOUTEN DOORBREKEN

De wantrouwige bestuurscultuur, de polariserende debatcultuur en de ongezonde vergadercultuur die ons politieke systeem verzieken zijn het directe gevolg van de systeemfouten controledrift, scoringsdrang en werkdwang. Uit controledrift gaat de overheid te ver met het verzamelen en verwerken van gegevens en stuurt het kabinet gevoelige documenten hierover niet naar de Kamer. De scoringsdrang prikkelt Kamerleden om overbodige moties in te dienen en hiermee aandacht te trekken op sociale media. De werkdwang maakt dat Kamerleden van 's ochtends vroeg tot 's avonds laat op hun smartphone kijken. Om de cultuur te veranderen zullen we de systeemfouten moeten doorbreken.

Randvoorwaarde 1: gecontroleerd vertrouwen

Zoals we in de cases in de hoofdstukken 2 tot en met 7 hebben gezien, is de menselijke behoefte aan grip op het leven en maakbaarheid van het bestaan doorgeslagen naar controledrang en wantrouwen richting burgers. Een paradox, want juist sterke verzorgingsstaten als Finland en Denemarken, die hun burgers in beleid en uitvoering het meest vertrouwen, zijn het meest veilig en succesvol.[3]

Het georganiseerde wantrouwen van veel overheidsinstanties jegens burgers heeft inmiddels gezorgd voor een diepgevoeld wantrouwen van veel mensen jegens het landsbestuur. Het is aan de overheid om deze dubbele vertrouwenscrisis te herstellen. Hierbij is het verleidelijk om simpelweg te pleiten voor meer vertrouwen, maar dit is gezien het negatieve mensbeeld en de sterke controledrang van veel mensen niet realistisch. Daarom is mijn eerste randvoorwaarde: *gecontroleerd vertrouwen.*

De overheid moet bij de totstandkoming van wetten en regels altijd *de betrouwbare burger als uitgangspunt* nemen. Om misbruik van dit vertrouwen te beperken, controleert de overheid haar burgers, maar alleen steekproefsgewijs of op basis van concrete aanwijzingen. Dit betekent: geen zwarte lijsten of preventieve databases meer. Om te voorkomen dat de overheid terugvalt in de diepgewortelde reflex om mensen bij voorbaat verdacht te maken, moeten Tweede Kamer, toezichthouders en rechters de regering *vooraf en achteraf* controleren. Vasthoudend, zonder zelf te vervallen in vastgeroest wantrouwen.

Dit eerste principe sluit aan op de grondwet en is dus niet nieuw. Wel is het hard nodig om het nieuw leven in te blazen. In de hoofdstukken 6 en 7 heb ik laten zien hoe de overheid datawetten optuigt waarbij onschuldige mensen verdacht gemaakt worden en waarbij de Tweede Kamer vooraf onvoldoende tegenwerk bood: in plaats van preventief te werk gaan, schreeuwde de Kamer pas moord en brand toen het kwaad al geschied was. Ook na het historische Kamerdebat op 1 april 2021, waarin premier Rutte wankelde, is van de beloofde verbeteringen en een nieuwe bestuurscultuur te weinig terechtgekomen. Daarom stel ik de volgende verbeterpunten voor.

Praktijkgerichte wetgeving

De uitvoering van de kinderopvangtoeslag dwong tienduizenden huishoudens tot het terugbetalen van grote bedragen aan de Belastingdienst. Andersom zijn er liefst 170 000 huishoudens die recht hebben op bijstand maar geen uitkering aanvragen.[1] Om te zorgen dat wetten en regels beter aansluiten op de situatie van mensen moet het kabinet de risico-regelreflex, het zondebokinstinct en het modeldenken loslaten. Er is een betere balans nodig: tussen snel ingrijpen en grondig uitzoeken; tussen micromanagement en macrobeleid; en tussen daadkracht en doelgerichtheid. Dit vergt een cultuur waarin geduldig beleid boven gehaaste bureaucratie gaat en collectief leren boven individuele boetedoening.

Om de toenemende afstand tussen beleid en uitvoering te verkleinen, moet de politiek beter luisteren naar uitvoeringsorganisaties, gemeenten en gebruikersgroepen. Bijvoorbeeld door ze eerder te betrekken bij wetsvoorstellen. Dat kost tijd, kan ideeën blokkeren en kan schuren met partijprogramma's, maar voorkomt veel onvoorziene gevolgen. Daarnaast moet elke wet voorzien worden van een uitvoeringstoets. Op die manier had de Tweede Kamer bijvoorbeeld eerder kunnen weten dat het schrappen van de btw op groente en fruit met de computersystemen van de Belastingdienst pas in 2024 haalbaar was. Ook het idee van 'wendbare wetgeving' kan helpen: in plaats van eens in de zoveel decennia een heel nieuwe wet te maken, zoals bij de sleepwet gebeurde, wordt het wetgevingsproces een proces van voortdurende heroverweging, met regelmatige toetsing aan de praktijk en evaluatie.[5] Dit maakt het mogelijk om kleinere – dus beter controleerbare – stappen te zetten. Een alternatief is artikelsgewijze behandeling van wetten, zoals Pieter Omtzigt heeft bepleit. Tot slot zorgt rechterlijke toetsing aan de grondwet voor wetgeving die grondrechten beter respecteert. Zeker als het gebeurt door een gezaghebbend constitutioneel hof, zoals in Frankrijk, Duitsland en België gebruikelijk is.[6]

Ambtelijke tegenmacht

Te vaak houdt de overheid zich niet aan de wet. Om hier verandering in te brengen is serieuze tegenmacht nodig. Dit begint op de ministeries zelf. Wat we daar nu te vaak zien is een leger spindoctors dat via handige communicatie probeert de kabinetsplannen in een fraai daglicht te krijgen. Ook zijn er beleidsambtenaren die er alles aan doen om hun minister uit de wind te houden en komt het voor dat ministeries elkaar beconcurreren in de beeldvorming. Wat we echter nodig hebben, zijn ambtenaren die inhoudelijk weerwoord bieden als kabinetsvoorstellen in strijd zijn met de wet. Dit vereist een veilige werkcultuur waarin tegenspraak niet 'lastig' is maar beloond wordt. Hierbij zou het helpen als de ambtelijke top niet langer bestaat uit steeds roulerende managers, maar inhoudelijk nauwer betrokken is en ambtenaren vooraf meer betrekt bij nieuw beleid.

De tweede laag die voor tegenmacht moet zorgen is die van de rijksinspecties en toezichthouders. Hoewel hun tragiek is dat ze onderdeel uitmaken van het systeem waarop ze toezien, helpt het enorm als ze genoeg capaciteit en onafhankelijkheid hebben, bijvoorbeeld in de vorm van een eigen pand, eigen briefpapier en het mandaat om zelf initiatief te nemen tot onderzoek of publicaties. In mijn tijd heb ik gezien dat waakhonden als het Bureau ICT-Toetsing en de Toetsingscommissie Inzet Bevoegdheden zo echt het verschil konden maken en ondoordachte ICT-projecten of dataverzamelingen wisten tegen te houden.

Politieke tegenmacht

Om de huidige dominantie van vuistdikke regeerakkoorden en coalitiedwang te doorbreken is herstel van de trias politica nodig. Dit begint met meer rolvastheid volgens het principe: de regering regeert, de Kamer controleert. Helaas is al decennia de praktijk dat de coalitie en de oppositie tegen elkaar strijden, terwijl het fundamentele uitgangspunt van onze democratie juist is dat de hele Kamer het kabinet controleert. Soms gaat het goed, zoals we – uiteindelijk – zagen bij de corona-app, maar te vaak worden kabinetsplannen semiautomatisch via coalitiepartijen door de Tweede Kamer geloodst. Om de verzwakte controlepositie te herstellen en politieke tegenmacht te realiseren, moet de versnipperde Kamer vaker een geheel vormen dat sterker is dan de som der twintig delen. Zeker bij het beschermen van democratische procedures en rechtsstatelijke principes is er alle reden om partijoverstijgend op te treden.

Veranderingen die helpen om de Kamer meer als één blok te laten opereren: aanzienlijke uitbreiding van het Bureau Wetgeving, dat Kamerleden ondersteunt bij hun wetgevende taak; meer parlementaire onderzoekscapaciteit, die inhoudelijke uitdieping mogelijk maakt; tijdelijke commissies instellen waarin Kamerleden minder namens hun partij en meer namens de Tweede Kamer opereren; en vaker zelf initiatiefwetsvoorstellen indienen (en afronden!). Begin 2022 was de Kamer ontsteld over het gebruik van de spionagesoftware Pegasus door het kabinet, terwijl mijn door veel partijen genegeerde initiatiefwet over zerodays hier jaren geleden al paal en perk aan wilde stellen. Om de nodige kennis op te doen en minder afhankelijk te zijn van kabinetsbrieven, is het zaak vaker technische briefings of commissiewerkbezoeken te organiseren. Ook is het tijd daadwerkelijk te breken met de zogenaamde Oekaze van Kok uit 1998, waardoor ambtenaren enkel onder zeer strenge voorwaarden contact mogen hebben met Kamerleden. Verder kan de Kamer veel beter gebruikmaken van het werk van de Raad van State, de Algemene Rekenkamer, de Nationale Ombudsman maar bijvoorbeeld ook van de Wetenschappelijke Raad voor het Regeringsbeleid, de Raad voor het Openbaar Bestuur en het Rathenau Instituut. Geregeld hebben dergelijke organisaties lang van tevoren – maar in te voorzichtige bewoordingen – gewaarschuwd voor latere rampen.

Effectieve transparantie

Transparantie is niet de oplossing voor alles. Door de negativity bias en de confirmation bias kan die de achterdocht bijvoorbeeld onnodig voeden. Ook is het zo dat compromissen sluiten beter lukt achter gesloten deuren omdat realtimetussenstanden direct voor verontwaardiging zouden zorgen. Bovendien is met openbaarheid een probleem nog niet inhoudelijk opgelost.

Transparantie die wel werkt, is een lobbyregister waarin ministers, ministeries en Kamerleden openlijk bijhouden met welke lobbyisten ze gesproken hebben. Dit geeft een scherper zicht op deze schaduwmacht, die achter de schermen grote invloed kan uitoefenen op het beleid. Meer transparantie is ook nodig om de door zwartgelakte teksten, geheime documenten en verstopte bijlagen uitgeholde informatiepositie van de Kamer te verbeteren. Naast erover klagen moet de Tweede Kamer met daden afdwingen dat het kabinet niet wegkomt met de eerder beschreven werkwijzen om informatie onvolledig, eenzijdig of ontijdig te verstrekken. Als de Kamer niet akkoord was gegaan met geheimhouding van de stukken over het GGD-datalek, had het debat hierover heel anders kunnen aflopen.

Een ander probleem is dat de harde afrekencultuur in de Tweede Kamer de ambtelijke toedekreflex op ministeries juist versterkt. Als Kamerdebatten minder gericht zijn op het afstraffen en wegsturen van bewindspersonen, ontstaat meer ruimte voor het openlijk toegeven van fouten. Hoewel het duur en tijdrovend is, moeten ministeries werk maken van goede informatiehuishouding en het beter archiveren van overheidsdocumenten. De bonnetjesaffaire en het toeslagenschandaal hebben laten zien dat goed beheer van stukken cruciaal is voor een goed functionerende rechtsstaat. In dit opzicht is Zweden, waar alle overheidsstukken openbaar en opvraagbaar zijn, een lichtend voorbeeld.

Modernisering kiesstelsel

Hoewel ik denk dat versterking van de controlefunctie van de Tweede Kamer de belangrijkste stap is, moeten we blijven nadenken over het verkleinen van de afstand tussen burger en politiek en het versterken van het gevoel van vertegenwoordiging. Het probleem van nu is vooral dat politieke partijen grotendeels de samenstelling van de Tweede Kamer bepalen maar amper een brug slaan tussen bevolking en politiek. Wat dit kan veranderen is een kiesstelsel waarin mensen kunnen kiezen tussen een algemene stem op een partij of een specifieke stem op een persoon. Een analyse van de verkiezingsuitslag van 2017 liet zien dat dit systeem gezorgd zou hebben voor meer vrouwen en Kamerleden uit de regio.[7] Opnieuw kan Zweden hierin een voorbeeld zijn. Hun blokkensysteem dwingt alle partijen ertoe voor de verkiezingsuitslag duidelijkheid te bieden over de regeringscoalitie die ze willen vormen. Door politici vooraf kleur te laten bekennen en in de wetenschap dat de grootste partij van het winnende blok de premier levert, weet de kiezer veel beter dan in ons land waar hij aan toe is bij het uitbrengen van zijn stem.

Randvoorwaarde 2: de inhoud centraal

Iedereen is het erover eens dat politiek over de inhoud moet gaan, maar de realiteit is totaal anders. Het toenemende belang van media-aandacht voor electoraal succes heeft zichtbaarheid en beeldvorming dominant gemaakt in de keuzes van politici. Met als gevolg vergaande verdringing van de inhoud, die al snel te saai of 'niet sexy genoeg' is voor het publiek. Natuurlijk helpen een goede schrijfstijl, samenvatting of slogan bij het overbrengen van een boodschap en natuurlijk is campagne voeren nodig om het publiek te bereiken, maar het belang van politieke marketing is veel te ver doorgeschoten.

Zoals de publieke omroep steeds meer amusement uitzendt, zo gaat politieke verslaggeving in toenemende mate over poppetjes, primeurtjes of schandalen om kijkers en clicks te trekken. Als politiek steeds meer een beautycontest wordt, gaan politici zich vanzelf gedragen als acteurs en poseurs. Waarbij ze Kamerinstrumenten als moties en schriftelijke vragen gaan inzetten om nieuws te genereren, zoals ik zelf helaas ook heb gedaan. Ook laten media het liefst twee tegenpolen met elkaar in debat gaan omdat dit spannender zou zijn dan een genuanceerd gesprek. Naast minder diepgang zorgt de systeemfout scoringsdrang dus ook voor het uitvergroten van politieke tegenstellingen, stammenstrijd tussen partijen en zelfs persoonlijke conflicten in het parlement. Hetgeen weer bijdraagt aan maatschappelijke verdeeldheid en radicalisering.

In de elf jaar dat ik in Den Haag actief was, is het werk met het jaar hijgeriger en oppervlakkiger geworden. En afgelopen anderhalf jaar is het qua omgangsvormen en woordkeus nog extremer geworden. Voorzichtigheid, vriendelijkheid, verdraagzaamheid en vergevingsgezindheid zijn steeds verder te zoeken. En omdat het een systematisch probleem is, maken alle partijen zich hier – in meer of mindere mate – schuldig aan.

Om een samenleving bijeen te houden, hoeft niet iedereen het met elkaar eens te zijn, maar de manier waarop we van mening verschillen is wel cruciaal. Als steeds meer mensen radicale, onwrikbare en destructieve posities innemen en daarbij geen luisterend oor of menselijk begrip meer kunnen opbrengen voor de ander, dan valt de democratie uiteen. Zoals dreigt te gebeuren in de Verenigde Staten, waar steeds minder mensen zich bevinden in het gematigde midden. Hoewel mensen met verschillende wereldbeelden soms niet eens meer lijken te geloven dat de ander óók een beschaafd en intelligent mens kan zijn, is het nog altijd mogelijk om normale gesprekken met elkaar te voeren, zolang je gelooft dat de ander je niet wil schaden.[8] Zo slaagt de Kamer er doorgaans in om overwegend respectvol en genuanceerd te debatteren over medisch-ethische kwesties als abortus en euthanasie, terwijl de ideologische verschillen hier juist groot zijn. Wat hierbij een rol speelt is dat dit vaak 'vrije kwesties' zijn, waarover veel fracties hun Kamerleden, los van het partijstandpunt, laten stemmen. Het loslaten van de fractiediscipline verzwakt in deze gevallen de stammenstrijd.

Doorslaggevend in de maatschappelijke en politieke polarisatie zijn de alomtegenwoordige sociale-mediaplatforms, die het slechtste in ons naar boven halen. Want hier lonen scherpte, snelheid en stelligheid meer dan verbinding, overweging en nuance. Daarbij zorgen de persoonlijke afstand en anonimiteit op Facebook of Twitter dat mensen totaal anders communiceren dan bij fysieke gelegenheden. Op Twitter werd ik dagelijks uitgescholden vanwege mijn politieke achtergrond, op straat is me dat nog nooit overkomen. Daar gaan mensen met mij in gesprek. Onze ratio kent de schaduwzijden van internetplatforms heel goed, maar omdat de technologie erachter naadloos inspeelt op ons emotionele brein, gaat het gros er tegen beter weten in mee door. Zo verdienen Facebook en Twitter aan hun verslavende werking. Want voor alle verslavingen geldt: matig gebruik is uiterst moeilijk. Bovendien merkte ik dat stoppen met Twitter leidt tot minder aandacht, omdat het ook voor traditionele media een belangrijke nieuwsbron is.

Een nieuwe bestuurscultuur waarin gecontroleerd vertrouwen het georganiseerde wantrouwen vervangt, is niet mogelijk zonder een debatcultuur die inhoudelijke verdieping boven oppervlakkige verbeelding stelt. Daarbij zal een gepolariseerd parlement er nooit in slagen de vertrouwensbrug te slaan tussen burger en bestuur. Daarom is het nodig dat Kamerleden hun werk serieus nemen en meer over de inhoud praten. Journalisten kunnen hen dan kritisch bevragen en de kwestie begrijpelijk overbrengen op het publiek. Minder oppervlakkige informatie loont de moeite, want sterke inhoud is uiteindelijk overtuigend en helpt mensen in te zien hoe ingewikkeld veel vraagstukken en besluiten zijn. Om deze beweging op gang te helpen, doe ik de volgende verbetersuggesties:

Inhoudelijke politici en media

Politieke partijen kunnen de inhoud centraal stellen door inhoudelijk sterke Kamerleden herkiesbaar te maken. Zo wint de wetgevende taak terrein ten opzichte van populariteit. In 2012 zette D66 mij als beloning voor mijn mediaperformance op plek 4 van de kieslijst en ik was apetrots; maar bij mijn vertrek in 2021 was ik een veel beter Kamerlid dan toen. Op hun beurt kunnen de media het verschil maken door onafhankelijk en toegankelijk te publiceren over de maatschappelijke consequenties van wetgeving. Gelukkig zijn er genoeg programma's en platforms die aan onafhankelijke parlementaire verslaggeving en onderzoeksjournalistiek doen, maar helaas bedienen zij een relatief klein publiek. Onder commerciële druk geven veel media toe aan de wens om het 'leuk en luchtig' te houden. Dit geldt zelfs voor de publieke omroep, getuige het steeds weer schrappen van hoogwaardige programma's met een kleiner bereik.

Overigens mogen kiezers naar mijn mening ook best eens kritisch naar zichzelf kijken. Wie inhoudelijke politiek wil, zal zich moeten verdiepen in de inhoud van maatschappelijke vraagstukken en de werking van onze democratie.

Focus op wetgeving

Om de wetgevende taak van de Tweede Kamer meer gewicht te geven moet er meer prioriteit komen bij fracties en media voor de behandeling van wetten. Ook als dit taaie en complexe materie betreft. Naast de rijksbegrotingen vormt wetgeving uit de Europese Unie hierbij een belangrijke categorie. Terwijl dit enorme impact heeft op ons dagelijks leven, is er relatief weinig aandacht voor. Het probleem is dat de Tweede Kamer onvoldoende controleert welke standpunten kabinetsleden namens Nederland innemen tijdens Europese vergaderingen: vooraf geeft de Kamer wel een wensenlijstje mee, maar achteraf wordt zelden duidelijk wat hiermee gebeurd is. Zo drukte het ministerie van Veiligheid en Justitie bijvoorbeeld een groot project door met digitale grenscontroles op Schiphol, inclusief grote databases vol persoonsgegevens. Dit was tegen de wensen van de Kamer in, maar op de momenten dat het ertoe deed beet het parlement niet door en konden bepaalde bewindspersonen hun kans grijpen.[9]

Minder leunen op (sociale) media
Hoewel ieder mens baat heeft bij een nieuwsdieet en een sociale-mediastop, is geheelonthouding voor politici lastig, omdat nieuwsberichten en onderzoeksjournalistiek voor een groot publiek blootleggen wat er speelt in de samenleving. Om de waan van de dag, medialogica en camerawerkelijkheid toch minder dominant te maken zouden Kamerleden hun inbreng wel meer kunnen baseren op werkbezoeken of spreekuren met burgers, zoals in het Verenigd Koninkrijk de gewoonte is. Zodat Kamerleden niet alleen indirect – via de media – maar ook direct en persoonlijk in contact staan met de bevolking. Andersom zou het ook goed zijn als camerabeelden van Kamerdebatten niet langer – onmiddellijk en uit hun context gehaald – op sociale media verschijnen. Bijvoorbeeld door de opnames niet langer live uit te zenden maar pas na 24 uur beschikbaar te stellen. Uiteraard blijft de publieke tribune altijd geopend en eventueel moet een uitzondering worden gemaakt voor journalisten die een debat vanachter hun computer volgen. Op hun beurt kunnen partijen het goede voorbeeld geven door langere filmpjes te maken die de werkelijkheid waarachtiger weergeven.

Respect voor de rechtsstaat
Alles moet gezegd kunnen worden in het parlement. Althans, bijna alles. Om te voorkomen dat politieke strijdlust en debatscherpte de rechtsstaat uithollen, moeten alle politici de fundamentele principes van de democratische rechtsstaat te allen tijde respecteren. De Kamervoorzitter en het bestuur van de Tweede Kamer moeten dit strenger handhaven en niet schromen om bij herhaling ontwrichtende Kamerleden het woord – en uiteindelijk de toegang tot het parlement – tijdelijk te ontnemen. Interpretatie en persoonlijke voorkeuren zullen altijd een rol spelen, maar het uitschelden, bedreigen of ernstig verdacht maken van bijvoorbeeld (leden van) het kabinet, de

Tweede Kamer, onafhankelijke toezichthouders, rechters, wetenschappers, journalisten en maatschappelijke organisaties moet voortaan direct worden onderbroken en worden bestraft met een spraakverbod en na herhaling met een schorsing. In het Nederlandse parlement beschikken Kamerleden en bewindspersonen over parlementaire onschendbaarheid, die inhoudt dat ze niet strafrechtelijk vervolgd kunnen worden voor hun uitspraken. Daarbuiten is vervolging wel mogelijk. Om onze samenleving in de toekomst beter te beschermen tegen politieke partijen die de democratische rechtsstaat in groot gevaar brengen, moet in de wet worden vastgelegd dat ze verboden kunnen worden.

Wees aardiger tegen elkaar

De manier waarop mensen elkaar op Twitter of Facebook bejegenen gaat alle perken te buiten, de toenemende onverdraagzaamheid en online haat verpesten niet alleen het politieke debat maar ook de sfeer in de samenleving. Sinds 2015 is het aantal bedreigde politici verdrievoudigd[10] maar ook wetenschappers, journalisten en bekende Nederlanders krijgen ermee te maken. Als samenleving mogen we dit niet accepteren en moeten we er alles aan doen om ervoor te zorgen dat de daders er niet mee weg komen. Veel omvangrijker maar minder grijpbaar is de stroom denigrerende en intimiderende online berichten die veel politici bijna dagelijks ontvangen in reactie op hun werk. In navolging van vele anderen schreef GroenLinks-Kamerlid Corinne Ellemeet onlangs zich een speelbal te voelen van de publieke opinie en van sociale media.[11] Naast het feit dat de sociale-mediaplatforms hier meer tegen kunnen doen (anonieme accounts verbieden, schadelijke berichten verwijderen) moeten alle gebruikers zelf ook eens in de spiegel kijken. Iedereen kan elke dag opnieuw het verschil maken. Zwijg dus eens een keer in plaats van je verontwaardiging direct op hoge toon te uiten. En tik eens een begripvolle reactie in plaats van een bot afzeikbericht. Aardig zijn lijkt misschien nietszeggend maar is in tijden van wantrouwen en woede een doorslaggevende keuze.[12]

Randvoorwaarde 3: de aandacht beschermen

Een samenleving waarin prestaties vooropstaan, kent hogere inkomens maar legt druk op de mentale gezondheid van haar inwoners. De Haagse vergadercultuur is hier een symptoom van. Niet alleen raken politici uitgeput van de voortdurende digitale stoorzenders en een chronisch slaaptekort, ook zijn ze vaker dan gewenst van huis vanwege de dwang om fysiek nabij het politieke strijdtoneel te blijven. En als hun lichaam wel thuis is, blijft hun geest nog vaak achter in Den Haag: een weekend of zelfs avond zonder mobiel is praktisch onmogelijk, onderbreking van een avondje uit met je partner of qualitytime met de kinderen ligt altijd op de loer.

Naast omvallende politici zorgt de systeemfout 'werkdwang' voor uitholling van de democratie. Als íéts bijdraagt aan de kloof tussen burger en politiek is het wel de zogenaamde 'inhuisplicht', die Kamerleden dwingt urenlang in het parlementsgebouw te blijven hangen om de afloop van een debat of stemming af te wachten. In die tijd kun je misschien wel wat rapporten lezen, maar het gaat steeds meer ten koste van broodnodige werkbezoeken in het land, spreekuren met burgers en tijd met het gezin.

Nederland kampt met een aantal complexe crises, die het uiterste vergen van onze politici. Maar door de hoge werkdruk leiden onze ministers en Kamerleden aan een collectieve concentratiestoornis. In zijn boek *De aandacht verloren*[13] spreekt Johann Hari van een 'aandachtscrisis', en zijn probleemanalyse is in hoge mate van toepassing op ons parlement. Om te zorgen dat onze politici doordachte besluiten kunnen nemen is naast een nieuwe bestuurscultuur en een betere debatcultuur ook een gezonde vergadercultuur nodig, die de menselijke behoefte aan nachtrust én dagrust respecteert. Ook hiertoe een aantal concrete verbetervoorstellen:

Regie over technologie

Politici moeten zich minder laten leiden door hun smartphone vol e-mails, appgroepen en pushberichten. Aandachtsexpert Cal Newport pleit voor 'digitaal minimalisme': 'Een filosofie van technologiegebruik die inhoudt dat je je online tijd gebruikt voor een klein aantal zorgvuldig geselecteerde en geoptimaliseerde activiteiten die gunstig zijn voor de dingen die jij belangrijk vindt, terwijl je al het andere aan je voorbij laat gaan.'[14]

Zelfdiscipline is mooi, maar het wegnemen van de prikkel om steeds je telefoon te pakken moet ook op systeemniveau gebeuren. Zoals er ook geen televisie aanstaat tijdens een Kamerdebat, is het evenmin wenselijk dat politici tijdens vergaderingen eindeloos op hun eigen schermen zitten te staren om online nieuws te volgen, mails te lezen en tweets te sturen. Ja, ik stond hier zelf ook om bekend maar ben – met de wijsheid van achteraf – tot inkeer gekomen: het is nodig om smartphones en laptops buiten de debatten te houden. Net zoals bij vertrouwelijke briefings gebeurt kunnen medewerkers van de Kamerleden de telefoon beheren en via de bodes briefjes met relevante informatie aan hen doorgeven. Ik verwacht dat dit zal bijdragen aan de inhoud van het debat, want een Kamerlid is minder afgeleid en kan gefocust, zonder continue input van buitenaf, eraan deelnemen.

Fysieke ontspanning

De Tweede Kamer heeft veel weg van een kruising tussen een schoolplein, een studentenhuis en een kantoortuin. Zo lopen groepjes luidruchtig door de gangen, delen de meeste Kamerleden een kamer met een collega, en staan deuren altijd open. Nergens in het gebouw zijn plekken waar je even op jezelf kunt zijn of kunt uitrusten. Zeker voor introverte mensen is dit een ongezonde werkomgeving. Het is bewezen dat een kort middagdutje of zelfs twintig minuten liggen de concentratie al sterk verbetert. Daarbij herinner ik me hoe ik tollend van de slaap in mijn bureaustoel zat tijdens de lange nachten dat ik in het Kamergebouw moest wachten op de afloop van een debat. Wat was het fijn geweest als ik even een paar uur had kunnen slapen! Om dit alles te veranderen moeten slaap-, rust- en stilteplekken worden ingericht. En als hier geen ruimte voor is, moet elk Kamerlid een bedbank krijgen. Kamerwerk wordt vaak topsport genoemd, maar er is geen topsporter die zijn slaap zo verwaarloost als een Kamerlid.

Wat ook zou helpen om lichaam en geest gezond te houden, zijn vergaderingen die ieder uur vijf minuten worden onderbroken om de doorbloeding op gang te houden. Zelf bestreed ik de vergaderpijn als gevolg van de oeverloze discussies, de eindeloze herhalingen en het urenlang zitten met geregeld opstaan en tussendoor rondjes lopen. In de woorden van neurowetenschapper en wandelfanaat Shane O'Mara: 'Je wordt pas oud als je stopt met lopen en je stopt niet met lopen omdat je oud bent.' Lang stilzitten is slecht voor spieren, hart, organen, bloeddruk, stofwisseling en… ons brein.[15] Andere simpele stappen die voor verbetering zorgen zijn staand vergaderen en wandelend overleggen of bellen.

Soberheid in het Kamerwerk

Bij de Tweede Kamer denkt iedereen aan de plenaire zaal met de honderdvijftig blauwe zetels. Maar veruit het meeste werk wordt gedaan in kleinere vergaderzalen, waar enkel de leden van de inhoudelijke Kamercommissies (Onderwijs, Defensie, Zorg, et cetera) in passen. Om de overbelaste Kameragenda te verlichten en het nachtwerk te verminderen, kan meer in de kleinere commissiezaaltjes vergaderd worden. Kamerleden willen dit vaak niet omdat het minder media-aandacht oplevert. Maar het genereert dus wel meer aandacht voor de inhoud.

Om te voorkomen dat de Kamer haar eigen wapens bot maakt en de vergadertijden blijven oplopen, moet 'de tragiek van de meent', waarbij persoonlijke baten ten koste van het groepsbelang gaan, doorbroken worden. Omdat het opleggen van harde quota per Kamerlid of partij de oppositie te veel zou benadelen, moeten de fracties onderling een deal sluiten waarin ze samen een streefaantal moties, Kamervragen en debataanvragen per jaar vastleggen. De psychologische invloed van een referentiewaarde zal de partijen stimuleren om het aantal overbodige moties daadwerkelijk terug te brengen. Natuurlijk zullen er partijen zijn die niet meedoen, maar ook voor hen zal het indienen van moties uiteindelijk minder aantrekkelijk worden omdat het media-effect zal afnemen.

Meer Kamerleden

Zo'n tien jaar geleden was het in de mode om te pleiten voor een kleinere overheid en minder politici. Zo stelden VVD en CDA in hun coalitieakkoord van 2010 voor om het aantal Tweede Kamerleden te verlagen van 150 naar 100 en hield premier Rutte lang vast aan zijn wens van kleine kabinetten waarin bewindslieden 'het net iets te druk hebben'.[16] Inmiddels vallen steeds meer politici oververmoeid uit en keert de wal het schip. Terwijl het aantal ministers in de periode 2010-2022 geleidelijk is gestegen van twaalf naar twintig, is het aantal Kamerleden al sinds 1956 gelijk gebleven. Let wel: toen had Nederland een kleine elf miljoen inwoners, zeven miljoen minder dan nu. Van alle parlementen in Europa heeft de Tweede Kamer zelfs het laagste aantal leden per miljoen inwoners.

Uitbreiding is getalsmatig dus logisch en met het oog op de

werkdruk verstandig. Op basis van de grondwet van Thorbecke uit 1848 zou het huidige aantal naar 348 moeten terwijl de Estse politicoloog Rein Taagepera stelt dat het aantal parlementsleden ongeveer gelijk moet zijn aan de derdemachtswortel van de bevolking.[17] Voor Nederland zou deze richtlijn uitkomen op 260 Kamerleden, maar gezien de politieke versnippering en de sterk uiteenlopende fractiegroottes in de Tweede Kamer is een behoedzame aanpak nodig om te kunnen kijken hoe uitbreiding na zo'n lange periode uitpakt. Daarom zou ik beginnen met een uitbreiding naar 200 Kamerleden.

Gevarieerde fracties

Ervaren Kamerleden zijn over het algemeen wat minder bezig met scoren en zetten de Kamerinstrumenten meer gedoseerd in. Helaas heeft de hoge omloopsnelheid van de afgelopen decennia tot gevolg gehad dat na elke verkiezing een hoop ervaren Kamerleden verdwijnen. Hoewel partijen met het oog op media-aandacht altijd graag 'frisse gezichten' presenteren, moeten ze het langetermijnbelang van vliegjaren en praktijkervaring beter op waarde gaan schatten. Daarnaast moeten zowel individuele partijen als de Tweede Kamer zorgen voor betere overdrachtsdossiers en inwerkprogramma's. Als jong Kamerlid wist ik van niets. Meer basiskennis van de parlementaire historie, werking van onze democratie en alle politieke procedures had veel tijd kunnen besparen en een aantal typische beginnersfouten kunnen voorkomen. Dit zou bijvoorbeeld kunnen in de vorm van een zomerschool voor nieuwe Kamerleden.

Om de dominantie van mensen uit de Randstad zonder kinderen in de Tweede Kamer te verminderen, is een betere werk-privébalans nodig. De grootste winst op dit vlak valt te behalen door de vergadereindtijd op uiterlijk 22.00 uur te stellen zodat mensen op tijd naar huis kunnen. Ook moet het voor Kamerleden mogelijk worden om (digitaal) op afstand te stemmen, zodat fysieke aanwezigheid niet meer nodig is. Dit kan eenvoudig en veilig omdat Kamerleden – in tegenstelling tot bijvoorbeeld burgers bij verkiezingen – hun stem openlijk en dus controleerbaar uitbrengen. Daarom is de kans op digitaal misbruik nihil. Naast een overschot aan Randstedelingen zonder kinderen ('politiek der kinderlozen') kampen we ook met een diplomademocratie, waarin hogeropgeleiden oververtegenwoordigd zijn. Ook zijn Kamerleden steeds vaker insiders met jarenlange Binnenhof-ervaring. Om dit te doorbreken moeten partijen minder carrièrepolitici werven en durven kiezen voor mensen met maatschappelijke ervaring en levenservaring. Het eerder genoemde kiesstelsel waarin kiezers ook hun stem op een persoon kunnen uitbrengen, zal dit helpen afdwingen.

DENKFOUTEN INDAMMEN

Het is meer dan ooit nodig dat we rationeel denken.[18] Daarbij zie ik de ratio niet als tegenhanger van emotie of gevoel, maar wel als tegenhanger van irrationaliteit en onredelijkheid. De mens heeft de afgelopen eeuwen bewezen tot grootse prestaties in staat te zijn, maar in het digitale tijdperk verliezen steeds meer mensen hun verstand: ze geloven in complotten, ze trekken zich terug in radicale groepen, ze handelen impulsief en ze nemen onverstandige besluiten. Denkfouten spelen hier een hoofdrol in. Terwijl de systeemfouten niet los te zien zijn van de digitale revolutie van de afgelopen dertig jaar, vinden denkfouten hun oorsprong in de menselijke evolutie. Deze diepe verwevenheid bemoeilijkt het voorkomen ervan. Bovendien hebben we hier te maken met *onbewuste prikkels*, die onze oordelen en keuzes sturen zonder dat we het doorhebben.

Dit veranderen begint met bewustzijn en dus zou het goed zijn als het kabinet en de Tweede Kamer meer gebruik zouden maken van de beschikbare wetenschappelijke kennis over denkfouten. Het is een blinde vlek in de politiek, want in analyses over slechte besluiten of moeizame debatten komt dit aspect zelden of nooit naar voren. Naast alle introductiebundels over de grondwet, parlementaire historie en EU-besluitvorming zou de Tweede Kamer ook een bundel over denkfouten en drogredenen moeten samenstellen. Echter, om onze snelle oordelen, stellige overtuigingen en sterke beïnvloedbaarheid in te dammen is meer nodig. Want als we iets weten, gedragen we ons daar nog niet naar, en als we dat wel doen, dan vallen we vaak weer terug in oude gewoonten. Om denkfouten stelselmatig aan te pakken stel ik twee randvoorwaarden voor.

Randvoorwaarde 4: functioneel vertragen

Door digitale technologie is onze leefwereld groter, sneller en complexer geworden. De gebeurtenissen, die elkaar in hoog tempo opvolgen, lijken te vragen om een spoedige ingreep, bijvoorbeeld in de vorm van een crisismaatregel, een noodwet of de vergaande inzet van technologie. Informatiestromen lijken te vragen om een directe reactie, in de vorm van een ferme uitspraak of een snedige tweet. In alle haast varen we daarbij veelvuldig op ons snelle breinsysteem 1 en gaan we de fout in. Achteraf, als de rust is weergekeerd, komen we dan tot het inzicht dat het allemaal rustiger en doordachter had gemoeten. En dat dit ook best had gekund. Daarom is het nodig om ons redelijke systeem 2 de kans te geven om het reactieve systeem 1 te corrigeren. Zodat ons brein de tijd krijgt complexe situaties beter af te handelen.

Dit begint bij het individu. Kinderen leren van hun ouders om eerst tot tien te tellen voor ze uitbarsten. Wie voor een belangrijke beslissing of aankoop staat, kan er beter een nachtje over slapen. Relatietherapeuten leren strijdende koppels om situaties te vertragen, bijvoorbeeld met een time-out. Wie overprikkeld is moet eerst terugkeren naar het niveau van beheersbare emoties in plaats van primitief te reageren. Dit inbouwen van bedenktijd kun je trainen, maar het is veel complexer dan het lijkt en de mate van succes verschilt sterk per persoon. Temperamentvolle types hebben er minder talent voor terwijl ook iemands jeugdervaringen en hechtingsstijl bepalend zijn voor de mate waarin hij of zij bepaalde emoties kan reguleren.[19]

Voor veel mensen heeft vertraging (traagheid) een negatieve lading en voor politici in hun snelkookpan is het al helemaal niet vanzelfsprekend. Naast een eigen verantwoordelijkheid ligt er daarom ook een organisatorische opgave. Omdat organisaties per definitie langzamer zijn en tevens werkprocessen kunnen inrichten, zijn ze geschikter dan individuen om denkfouten in te dammen. Kahneman wijst in dit verband op 'ordelijke procedures' en 'nuttige controlelijsten',[20] Cal Newport spreekt over 'regels die optimaliseren wanneer en hoe coördinatie in de werkomgeving plaatsvindt'.[21] Ja, dit kost tijd en vergt discipline maar dat is juist goed; de door journalisten en politieke junkies zo geliefde spanning en snelheid hebben echt niet zoveel goeds gebracht.

Verschillende bedrijfstakken waar belangrijke beslissingen genomen worden, zoals de geneeskunde, de luchtvaartsector en de recruitmentwereld, maken met succes gebruik van protocollen om hun besluiten te verbeteren. Wat kan de Nederlandse politiek doen?

Een Groen Boek naar Brits model

Het kabinet kan leren van het Britse ministerie van Financiën, dat *The Green Book* heeft ontwikkeld. Dit omvangrijke werk heeft tot doel om beleidsmaatregelen, programma's en projecten beter te ontwerpen, monitoren en evalueren. Hierin staan allerlei beproefde methodes om te komen tot goed publiek beleid en beheer van belastinggeld. Deze werkwijze helpt onder meer om de veelvoorkomende planningsfout te bestrijden, waarbij tijd en kosten te optimistisch worden ingeschat. Omdat *The Green Book* nadruk legt op het afwegen van beleidsalternatieven, werkt het ook tegen tunnelvisie. Bij projecten als de corona-app en het GGD-datalek zou zo'n houvast geen overbodige luxe geweest zijn. Een uniforme aanpak helpt ministeries en gemeenten om hun veelbelovende ICT-projecten, datasystemen en 'slimme steden' intensiever te toetsen op haalbaarheid en mogelijke keerzijden. Onder meer door een besluitvormingsproces te ontwerpen met veel tegenspraak en evaluatiemomenten. En door zo veel mogelijk gebruik te maken van opensourcesoftware en toegankelijke aanbestedingsprocedures, zodat niet alleen een kleine groep IT-leveranciers invloed kan uitoefenen op ICT van de overheid.

Hoewel de Algemene Rekenkamer de financiën (en ook de ICT-inzet) van de overheid controleert en onderzoek doet naar de effecten van beleid, heeft Nederland geen 'Groen Boek'. Dit terwijl in onderzoeksrapporten en parlementaire enquêtes steevast adviezen staan die gericht zijn op kennisopbouw, betere risicoanalyses, tussentijdse toetsing, kwaliteitscontrole en evaluatieprocessen. Omdat dit soort procedures zorgen voor functionele vertraging, overweging en dus zorgvuldiger beleid, is het zaak ze centraal te organiseren. Net zoals in het Verenigd Koninkrijk zou het ministerie van Financiën – dat ervaring heeft met het toetsen van uiteenlopend beleid – er goed aan doen om een Groen Boek op te stellen. Om te zorgen dat de naleving beter is dan bij het handboek voor bewindspersonen moet de minister van Financiën de bevoegdheid krijgen om rammelend beleid terug te sturen naar het betreffende ministerie.

Een formatiereces

De politiek krijgt vaak het verwijt achter de feiten aan te lopen. De aanname is hierbij dat dit komt doordat samenleving en technologie sneller veranderen dan de trage beleidsmachine kan bijbenen. Gezien de tijd die compromissen, wetgevingsprocessen en democratische procedures kosten, klopt dit deels, maar er is nog iets anders aan de hand: door tempo te willen maken, wordt vaak onvoldoende bedenktijd genomen en worden fouten gemaakt die juist veel tijdverlies opleveren. Het schoolvoorbeeld is de kabinetsformatie van 2021, die eindeloos duurde en pas aan het eind over de inhoud ging. Nadat via een toevallige digitale foto de dubieuze zinsnede 'positie Omtzigt, functie elders' publiek werd, ontstond groot rumoer. Men had toen direct een adempauze moeten inlassen om de gemoederen te laten bedaren, maar het tegendeel geschiedde: in allerijl werden nieuwe verkenners aangesteld, die zich een paar dagen later ook alweer genoodzaakt zagen af te treden. In algemene zin is het onverstandig dat na de loodzware verkiezingscampagne, als iedereen helemaal uitgeput is, direct aan de veeleisende kabinetsformatie wordt begonnen. Dit gebeurt onder het mom van 'snel een kabinetsploeg op het bordes', maar de grote haast leidt vaak tot fouten die later weer moeten worden hersteld (zoals de inkomensafhankelijke zorgpremie in 2012 of de dividendbelasting in 2017). Om dit te voorkomen zou het goed zijn om na de verkiezingen een formatiereces van twee weken in te bouwen. Zodat onze nieuwe volksvertegenwoordigers uitgerust aan de slag kunnen, zich inhoudelijk kunnen voorbereiden en tot weloverwogen keuzes kunnen komen.

Randvoorwaarde 5: ruimte voor twijfel

Naast snelle oordelen leiden ook stellige overtuigingen tot fouten. Dit geldt zowel voor innerlijke overtuigingen als voor de beweringen van anderen. Daarom is het tijd voor een herwaardering van twijfel. Hoewel ik het electoraal gezien begrijp en alle partijen overtuigingskracht proberen uit te stralen, vind ik het toch jammer dat ook mijn eigen partij D66 van haar twijfelimago af wil komen door stelliger te communiceren. Dit terwijl Hans van Mierlo als een van de weinigen 'Ik weet het niet' durfde te zeggen, en Jan Terlouw een boek schreef met de titel *Hoed u voor mensen die iets zeker weten*. Genuanceerdheid is in mijn ogen juist onze kracht! In aanvulling op het principe van functionele vertraging creëert het toelaten van twijfel de nodige ruimte om naar anderen te luisteren en je te verdiepen in andermans standpunten. Zoals een goede wetenschapper kritisch blijft kijken of zijn stellingen nog kloppen, moeten ook Kamerleden hun overtuigingen en standpunten blijven toetsen. In plaats van polarisatie – als product van stelligheid – kunnen daardoor nieuwsgierigheid en ruimdenkendheid ontstaan, met een verbindende werking.

Politieke concurrenten betitelen twijfel echter als teken van zwakte, terwijl kiezers vaak vallen voor sterke overtuigingen. Bij het nemen van besluiten is enige aarzeling echter waardevol omdat het aanzet tot doordenken in plaats van doorduwen. Het probleem bij de toeslagenaffaire en het antifraudesysteem SyRI was dat het collectieve datageloof en veiligheidsdenken onvoldoende betwijfeld werden: de Kamer steunde de schadelijke wetgeving erachter unaniem. Als de fraude-obsessie en dadendrang niet alle ruimte voor twijfel hadden weggenomen, had de Tweede Kamer betere wetgeving kunnen afdwingen. Hoe kan een gezonde portie twijfel terugkeren in Den Haag?

Meerdere bronnen raadplegen

Elke politicus heeft voortdurend te maken met mensen die hem of haar proberen te beïnvloeden: collega's, woordvoerders, journalisten, lobbyisten, enzovoorts. Vaak beschikken deze mensen over nuttige informatie. De kunst is om hun kennis te benutten zonder je te laten leiden door in frames en drogredenen verpakte belangen. De casus over de cookiewet, waarbij ik als jong Kamerlid te veel afging op een collega die ik graag mocht en hoog had zitten, laat zien dat het van belang is te waken voor de authority bias en de sympathy bias. Naast ervaring en een kritische inborst helpen wetenschappelijk onderzoek, objectieve feiten, zakelijkheid en gevarieerde bronnen hierbij.

Dit geldt niet alleen voor individuele politici maar ook voor de Kamer als geheel. Bij rondetafelgesprekken en hoorzittingen worden continu dezelfde experts en organisaties uitgenodigd. En een luidruchtige lobby (coronaprotesten, dreigboeren) vindt steevast een beter gehoor dan voorzichtigere groeperingen (verpleegkundigen, milieuorganisaties). Om als politicus alle belangen goed af te wegen moet men daarom ook oog hebben voor organisaties die niet tot de usual suspects of medialievelingetjes behoren. Twijfel helpt ook tegen wat Hans Rosling het 'éénperspectiefinstinct' noemt: de veelvoorkomende neiging om bij problemen slechts één invalshoek (of één zondebok, superheld of succesfactor) te hanteren. Om deze simplificatie te voorkomen, is een open werkhouding nodig waarbij je ideeën niet probeert te bevestigen maar juist grondig test.[22]

Constructieve kritiek organiseren

De confirmation bias oefent zijn invloed niet alleen uit in online echokamers maar ook in bestuurskamers van bedrijven, overheden en politieke partijen. Vaak bepaalt een informeel groepje insiders hoe het er in een organisatie aan toegaat.[23] In de politiek is dit vaak de zogeheten 'bontkraag' van spindoctors en vertrouwelingen. Vaak werken deze functionarissen langere tijd op het Binnenhof en strooien ze met stellige waarheden als 'niet wrijven in een vlek', 'nooit knipperen met je ogen' of 'wie breekt betaalt'. In een door dergelijke dogma's bepaalde omgeving liggen groepsdenken en tunnelvisie op de loer en is de kans groot dat een – onjuiste – analyse of verklaring als waarheid wordt aangemerkt.

Buitenstaanders zien vaak beter welke valkuilen dreigen dan degenen die vol in actie zijn. Daarom is het intern organiseren van kritiek, tegenspraak en toezicht ontzettend belangrijk, iets waar het de afgelopen jaren juist steeds meer aan ontbrak in partijen en kabinetten. Ook meer diversiteit helpt organisaties om vastgeroeste overtuigingen en vanzelfsprekende werkwijzen terug te dringen. Dit schuurt met de praktijk, want korte lijntjes en vertrouwensrelaties verlichten de werkdruk en geven een veilig gevoel tegen de boze buitenwereld. Het betrekken van andersdenkenden is helaas niet afdwingbaar en echt een verantwoordelijkheid die de partijen zelf moeten nemen.

Durven draaien

We houden graag vast aan onze keuzes en wispelturigheid is vanuit onze evolutie geen gunstige eigenschap.[24] Tegelijk maakt ruimte voor twijfel het in onze complexe en dynamische wereld mogelijk om standpunten waar nodig bij te stellen. Ook kan twijfel ertoe leiden dat je tot inkeer komt en jezelf genoodzaakt ziet een fout toe te geven of een verkeerde beslissing te herstellen. Hoewel dit een teken van volwassenheid en professionaliteit is, wordt het bijstellen van een koers in politiek Den Haag vaak keihard afgestraft. Om de verkiezingen van 2006 naar zijn hand te zetten, beet een door zijn campagneteam geïnstrueerde Jan Peter Balkenende zijn concurrent Wouter Bos op de radio toe: 'U draait en u bent niet eerlijk!'[25] Met deze beruchte actie wist hij de populaire PvdA-leider in het defensief te krijgen. Terwijl het digitale tijdperk waarin we leven steeds meer wendbaarheid vraagt, stellen partijen zich steeds rechtlijniger en dogmatisch op. Dat is een zorgwekkende trend want juist politici die op basis van veranderde inzichten of situaties een draai maken en dit goed toelichten, doen hun werk. Kiezers zouden dit veel beter moeten belonen.

Peilingen verbieden

Hoe begrijpelijk het in deze tijd van zwevende kiezers ook is dat partijen geneigd zijn hun standpunten aan te passen aan de publieke opinie, er is meer van het omgekeerde nodig. Het is tijd voor politici die zich minder laten leiden door anderen en die leiderschap tonen door hun eigen visie op de maatschappij te formuleren en uitdagende voorstellen te doen. Als er één ding is dat politiek lef in de weg staat, dan zijn het wel opiniepeilingen. Hoewel peilingen er geregeld ver naast zitten en de onderzoeksmethodes slecht controleerbaar zijn, krijgen opiniepeilers in de media alle ruimte om hun virtuele zetelverdelingen te verspreiden. In verkiezingstijd versterkt deze desinformatie het bandwagon effect: de behoefte om bij de winnaar te horen. Door dit zelfversterkende effect beïnvloeden wankele en ondoorzichtige voorspellingen de uitslag van elke democratische verkiezing. Daarom zou het goed zijn als Nederland kijkt naar landen als Canada of Spanje en peilingen in de week voor elke verkiezing verbiedt.

9

Hoe we de digitale samenleving kunnen verbeteren

Als het op basis van het voorgaande hoofdstuk lukt om de spiraal tussen systeemfouten en denkfouten te onderbreken, kan de politieke besluitvorming verbeteren. Dat biedt de kans om ook te komen tot beleid voor een veilig internet en een digitale samenleving met meer individuele vrijheid en sociale gelijkheid. In het laatste hoofdstuk van dit boek kom ik met drie beleidskaders met daarbinnen steeds een aantal concrete maatregelen die zowel op Europees als op nationaal niveau genomen kunnen worden.

Beleidskader 1: de digitale opbrengsten eerlijk verdelen

Sinds het einde van de Tweede Wereldoorlog is economische groei een vanzelfsprekend doel geworden. Bedrijven willen winst maken om te kunnen investeren, landen willen stijgende belastinginkomsten om zorg, sociale zekerheid en pensioenen te kunnen betalen. Inmiddels worden de grenzen van de groei pijnlijk zichtbaar. In de vorm van milieuvervuiling, uitputting van grondstoffen, een energiecrisis en klimaatverandering.

Sinds de dominantie van het liberalisme is groei ook een persoonlijke plicht.[1] Op sociale media zien we winnaars die hun succes toeschrijven aan hun unieke inzichten, slimme keuzes en ijzeren discipline. Met als boodschap: als je het echt wilt en er alles aan doet, dan lukt het! Dit sprookje gaat echter voorbij aan het feit dat je karakter, je gezin en je netwerk een kwestie van toeval – en dus pech of geluk – zijn. De keiharde keerzijde van het meritocratische ideaal is de onterechte suggestie dat mensen met minder succes of met problemen dit aan zichzelf te wijten hebben.

Maar groei is toch nog steeds cruciaal om brede welvaart te garanderen? Ook dit idee raakt achterhaald. Sander Heijne en Hendrik Noten openen hun boek *Fantoomgroei* met de harde vaststelling dat de Nederlandse economie sinds de jaren tachtig enorm is gegroeid, maar dat gezinnen hier amper van profiteren.[2] Zo goed als het neoliberalisme bleek in verdienen, zo slecht blijkt het in verdelen. Politieke partijen pleiten daarom in koor voor radicale kansengelijkheid, met goed onderwijs en emancipatie. Helaas durven ze het amper te hebben over echte oplossingen als een vierdaagse werkweek, het zwaar belasten van de allerrijksten en een zeker basisinkomen voor iedereen.

Zoals globalisering en één Europese markt niet voor iedereen even gunstig uitpakten, zo blijkt ook digitalisering een medeveroorzaker van toenemende inkomensongelijkheid. Terwijl automatisering en robotisering het in theorie mogelijk maken om minder te werken tegen gelijke inkomsten, gebeurt vooral het tegenovergestelde. Een klein aantal hypercommerciële bedrijven maakt miljardenwinsten en een groot aantal kleine zelfstandigen staat onder druk van het internet: taxichauffeurs, winkeliers, hotels, auteurs, journalisten en vele anderen. Voor hen is de digitale race juist een 'race to the bottom' met een hogere werkdruk tegen een lagere beloning. Techoptimisten spreken hierbij graag van innovatie en disruptie, maar er is ook sprake van belastingontduiking, wetsovertredingen en monopolieposities. Dit vraagt om concrete maatregelen.

Een digitaks

Om dit aan te pakken moet de EU allereerst een digitaks invoeren die technologiebedrijven dwingt tot het eerlijk betalen van belasting. Als dit te lang duurt, moet Nederland het nationaal regelen, zoals ook Frankrijk en Oostenrijk gedaan hebben. Op het niveau van technologiebedrijven zelf is mede-eigenaarschap voor werknemers een goed alternatief voor het huidige aandeelhoudersmodel, waarbij een kleine groep alles bezit. Dit is niet iets wat de politiek makkelijk kan afdwingen maar wel een voorbeeld dat een nieuwe generatie digitale leiders kan stellen.

Opknippen en datadelen

Het is nodig om de marktmacht van techreuzen als Apple en Amazon serieus in te perken. Te beginnen met mededingingsregels die het mogelijk maken om digitale megabedrijven op te knippen of om overnames – zoals die van WhatsApp door Facebook of YouTube door Google – te verbieden. Om concurrentie te stimuleren moeten techreuzen gedwongen worden hun data te delen met andere bedrijven; moeten consumenten hun data mee kunnen nemen naar een andere aanbieder; en moeten gebruikers van bijvoorbeeld WhatsApp en Signal met elkaar kunnen appen. Deze principes van datadelen, dataportabiliteit en interoperabiliteit staan in de Europese Digital Markets Act (DMA) en de Data Act, maar moeten de komende jaren nog wel handen en voeten krijgen.

Advertenties reguleren

Net zoals ooit het geval was bij de tabaksindustrie, is er nog geen wetenschappelijke consensus over de vraag of sociale media schadelijk zijn.[3] Maar ik vind dat er genoeg reden is om onze democratie beter te beschermen tegen bedrijven als Google, Facebook, Twitter en TikTok. In het verlengde van hun marktmacht ligt namelijk een grote mediamacht, die het maatschappelijke en politieke debat vervormt. Om desinformatie en polarisatie een halt toe te roepen, moeten politici het perverse dataverdienmodel inperken.

De belangrijkste maatregel hiertoe is een totaalverbod op gepersonaliseerde advertenties. Advertenties op basis van de context van de website, zoals in een krant of tijdschrift, hebben nul persoonsgegevens nodig en zorgen ervoor dat iedereen weer hetzelfde te zien krijgt. Helaas heeft het Europees Parlement dit niet weten af te dwingen bij de behandeling van de Digital Services Act (DSA). Dit was weer een overwinning van big tech, die er met hun 'ondoorzichtige lobby' steeds weer in slagen om Europese wet- en regelgeving af te zwakken.[4] Ook een andere categorie advertenties moet worden gereguleerd: politieke advertenties met een onbekende of onduidelijke afzender. Om democratische beïnvloeding en inmenging te voorkomen, moeten deze altijd herleidbaar en controleerbaar zijn.

Maatschappelijke verantwoordelijkheid afdwingen

Er gaan steeds meer stemmen op om het internet te deprivatiseren, om publieke waarden terug te brengen op internetplatforms en om internetdata als een 'collectief goed' te beschouwen.[5] Hoewel ik denk dat private partijen niet per definitie slecht zijn en collectieve onteigening onwenselijk is, vormt het commerciële motief van bepaalde internetbedrijven wel een kernprobleem. Het doel van techbedrijven is om zo veel mogelijk advertenties te verkopen. Naast het aanbieden van gepersonaliseerde advertenties is het daarom nodig mensen zo lang mogelijk op de website te houden. Dit is het fascinerende werk van de algoritmes. Omdat opruiende en conflictueuze content meer aandacht krijgt, hebben techbedrijven de neiging algoritmes te ontwerpen die deze categorie berichten bevoordelen. Hierbij gaan commerciële drijfveren dus boven maatschappelijke belangen en journalistieke codes.

Om dit te veranderen, moeten bedrijven als Google en Facebook aangemerkt worden als 'vitale maatschappelijke bedrijven'. Naast het actief bestrijden van desinformatie moeten ze een onafhankelijke redactie instellen en openbare statuten opstellen waarin ze hun redactionele en algoritmische keuzes uitleggen. Om deze verantwoordelijkheid te helpen afdwingen, moeten Europese en nationale toezichthouders de wettelijke bevoegdheid krijgen om de zwarte doos van datasets en algoritmes open te breken. Zodat de mogelijkheid ontstaat om ontwrichtende algoritmes, die haatzaaiende of discriminerende content populair maken, te verbieden.

Beleidskader 2: onze democratie en autonomie beschermen

Technologie heeft niet alleen invloed op de manier waarop de mondiale welvaart verdeeld wordt, maar ook op de machtsverhoudingen in de wereld. De dominante positie van het Chinese bedrijf Huawei bij de aanleg van het 5G-netwerk maakt Europa kwetsbaar voor inmenging. En min of meer hetzelfde geldt voor het sociale-mediaplatform TikTok, dat wegens zijn ongekende populariteit – vooral onder kinderen – op gigantische schaal data kan verzamelen. Bij de keuze voor externe leveranciers gaven technische mogelijkheden en economische belangen lange tijd de doorslag, en politici hadden weinig oog voor de geopolitieke en ethische consequenties van digitale technologie.

Inmiddels ziet de Europese Unie in dat ze haar kernwaarden actief zal moeten beschermen tegen bedrijven uit China en de VS die hun morele standaarden in technologie verpakken. Dit klinkt misschien overdreven, maar het valt moeilijk te ontkennen dat via Facebook en Google het Amerikaanse datakapitalisme naar Europa kwam. Denk ook aan de gezichtsherkenningscamera's van Hikvision en Dahua, die een hoofdrol vervullen in het surveillancenetwerk van de Chinese overheid. In reactie op deze ontwikkelingen spreken Europese leiders over 'strategische autonomie' en 'digitale soevereiniteit'. Dat klinkt prachtig, maar de uitvoering is uiterst ingewikkeld: het afschermen van kritische infrastructuur of vitale sectoren schuurt al snel met diplomatieke relaties en handelsbelangen; industriepolitiek gericht op meer dominante technologiebedrijven zoals het succesvolle Nederlandse ASML kan doorslaan naar oneerlijke concurrentie binnen de Europese markt; en een digitale koploperspositie vergt investeringen van vele tientallen miljarden, ten koste van andere doelen, die op korte termijn aantrekkelijker zijn. Hoewel deze dilemma's knellen, bieden ze genoeg ruimte voor een aantal maatregelen.

Een Europese digitale strategie

Overeind blijven tussen de machtsblokken VS, Rusland en China lukt alleen als Europa de handen ineenslaat; de zo gewenste soevereiniteit moet op EU-niveau gerealiseerd worden. Dit vraagt een eensgezinde strategie, bestaande uit twee hoofdcomponenten. Allereerst: een effectieve *Europese cyberstrategie* gericht op betere beveiliging van de infrastructuur. Hiermee moeten externe leveranciers van vitale onderdelen (zoals het 5G-netwerk, Internet of Things-apparaten, clouddiensten) onderworpen worden aan Europese minimumeisen. Inclusief regelmatige audits en toegang tot alle broncodes. Hierbij is het wel nodig dat reeds bestaande transparantiecentra, zoals die van het Russische Kaspersky en het Chinese TikTok, geen schijnveiligheid geven maar daadwerkelijk een volledig en actueel inzicht in de gebruikte software bieden. Om dit te realiseren moeten onafhankelijke EU-instanties essentiële systemen en diensten onder eigen condities kunnen monitoren en indien nodig verbieden. Een ambitieuze EU-strategie is hierbij nodig omdat de huidige Europese Cybersecurity Act niet verder gaat dan een vrijwillige certificering van cybersecuritydiensten en -producten, terwijl de huidige cybersecurityrichtlijn NIS slechts een zeer beperkt aantal essentiële sectoren (water en telecom) reguleert.

Ten tweede moet de EU een *Europese techstrategie* opstellen gericht op de interne markt en de externe concurrentiepositie. Dit moet het enerzijds mogelijk maken om bepaalde bedrijven en producten te weren indien deze Europese waarden, bedrijven of burgers in gevaar brengen. Anderzijds moet deze strategie zorgen voor meer investeringen in innovatie en onderzoek. Vergelijkbaar met de NAVO-norm voor defensie-uitgaven vraagt dit een harde EU-norm, waarbij 3 procent van het nationaal inkomen naar onderzoek en ontwikkeling gaat. Daarnaast moeten we start-ups en scale-ups* stimuleren door meer buitenlands talent aan te trekken en private investeringen fiscaal aantrekkelijker te maken.

Cruciale infrastructuur versterken

Onze samenleving en onze economie leunen volledig op de digitale infrastructuur bestaande uit internetkabels, internetknooppunten en datacenters. Tijdens de coronapandemie bewees dit systeem zijn grote waarde omdat Nederland met massaal thuisonderwijs, thuiswerken en thuiswinkelen de boel draaiende kon houden. Toch is er vooral oog voor de keerzijden: de digitale infrastructuur zou ten koste gaan van woningbouw, stroomzekerheid en energiezuinigheid. Het is waar dat datacenters veel stroom gebruiken. Maar dit is alleen nodig omdat mensen massaal appen, downloaden en streamen; bedrijven

* Een scale-up, letterlijk 'opschaler', is een start-up die de eerste fase van zijn bestaan heeft overleefd en zijn eerste succes heeft behaald.

hun processen steeds verder digitaliseren; en overheden steeds meer data opslaan. Daarbij zijn professionele datacenters samen veel energiezuiniger dan alle lokale servers die bedrijven voorheen hadden.[6] Zolang de digitale infrastructuur het ICT-gebruik van onze samenleving op effectieve wijze mogelijk maakt, kunnen we maar beter de kansen ervan benutten. Zo maken onze gunstige ligging en hoogwaardige netwerken het mogelijk het digitale knooppunt van Europa te worden. En zo is het mogelijk om de restwarmte van datacenters te gebruiken om steden mee te verwarmen. Om deze ambities te realiseren, moet de rijksoverheid een *nationale strategie voor de digitale infrastructuur* opstellen.

Nationale cyberveiligheid garanderen

Terwijl het veiligheidsdenken op basis van digitale technologie en dataverzamelingen in Den Haag hoogtij viert, staat het politieke denken over de digitale veiligheid op een laag pitje. Dat achtereenvolgende kabinetten onvoldoende investeerden in cybersecurity is hiervan een direct gevolg. Dit terwijl de schade door cyberaanvallen, ransomware, datalekken en hacks jaar in, jaar uit toeneemt. Ook deze situatie vraagt om een visie en concrete maatregelen, bijvoorbeeld in de vorm van een *deltaplan cyberveiligheid*. Naast de door de Cyber Security Raad becijferde extra investering van 833 miljoen euro, moeten de bevoegdheden van het Nationaal Cyber Security Centrum worden uitgebreid, zodat het de rol van digitale brandweer actiever kan vervullen.

Verder moet het kabinet pal blijven staan voor sterke versleuteling – zonder achterdeurtjes – van privégesprekken. In navolging van de wet die bedrijven verplicht om updates te leveren voor hun producten, moet het kabinet een wettelijk kader opstellen dat Defensie, politie en veiligheidsdiensten dwingt tot overwogen en verantwoord gebruik van (onbekende) softwarekwetsbaarheden. Bij hacken gaat het immers om de afweging tussen de nationale veiligheid en de digitale veiligheid. Omdat het breinsysteem 1 de kans op een terreuraanslag overschat en de impact van een cyberaanval juist onderschat, is het meer rationele systeem 2 nodig om een goede afweging te maken. Een afwegingskader helpt om no-brainers te voorkomen en de nodige denkstappen te doorlopen.

Persoonlijke autonomie bewaken
De EU en de rijksoverheid zijn nodig om onze autonomie te waarborgen, maar we hebben ook een eigen verantwoordelijkheid. Wie zichzelf succesvol wil wapenen tegen de verlokkingen van smartphone en sociale media, moet rekening houden met de invloed die onzichtbare technologieën met grote precisie uitoefenen op de evolutionaire zwakheden van ons brein.[7] Structureel minderen lukt alleen met strenge zelfregulering: weer de smartphone uit slaap- en studeerkamer; verwijder de verleidelijke apps; schakel alle meldingen uit; check je mail één keer per dag; en lees zonder te liken.

Beleidskader 3: onze rechtsstaat bewaken

Er zijn talloze toepassingen van digitale technologie waar de samenleving beter van wordt. Denk bijvoorbeeld aan overheidsalgoritmes die tot doel hebben om niet gedane AOW-aanvragen in kaart te brengen of om mensen aanvullende inkomensondersteuning te kunnen bieden. Denk ook aan alle systemen waarmee het weg-, water- en luchtverkeer wordt gemonitord of satellietdata die het mogelijk maken om ontbossing vroegtijdig in kaart te brengen. Ook is het bijvoorbeeld mogelijk om aan de hand van data-analyses de huisvesting van vluchtelingen beter te laten aansluiten bij hun achtergrond, opleiding en werkervaring*. Informaticus Sennay Ghebreab is ervan overtuigd dat kunstmatige intelligentie ons vooruit kan helpen, mits het ontworpen en ingezet wordt om mensen te helpen in plaats van ze te straffen. Ook ziet hij kunstmatige intelligentie als een manier om de menselijke vooringenomenheid en neiging tot discriminatie bloot te leggen.[8] Hoewel ik wat minder optimistisch ben dan hij, vind ik zijn visie een belangrijke bijdrage aan het debat.

Hoofdstukken 6 en 7 hebben laten zien dat de datagedreven controlezucht van de overheid nog lang niet gestild is. Doorgeslagen datawetten, handhavers die zelf de wet overtreden en gebrekkige controle door de Tweede Kamer beschadigen de rechtspositie van burgers in het digitale tijdperk. Ook op lokaal niveau veroorzaakt een wildgroei aan slimme steden, datakoppelingen, algoritmes en digitale camera's schade: in Roermond experimenteerde de politie met algoritmes op basis van etniciteit. Rekenkamer Rotterdam tikte de gemeente Rotterdam op de vingers vanwege het project 'analytics uitkeringsfraude', dat de ethische perken te buiten ging.

Wat we – simpeler gezegd dan gedaan – nodig hebben is een overheid die het aandurft om waar nodig minder data te verzamelen, die uiterst zorgvuldig te werk gaat met algoritmes en die ook 'nee' durft te zeggen tegen de beslissing van een computer. Deze tegenintuïtieve benadering begint met bestuurders en ambtenaren die in de ontwerpfase van elk dataproject grondig alle (financiële en maatschappelijke) kosten en baten afwegen. Zo'n by design-aanpak maakt het mogelijk om bepaalde risico's vooraf beter in te schatten in plaats van overvallen te worden

* Digitale technologie kan de democratie ook helpen versterken, bijvoorbeeld via online raadpleging. Een mooi voorbeeld is Polis, dat zichzelf op zijn website omschrijft als een real-time systeem voor het verzamelen, analyseren en begrijpen van wat grote groepen mensen denken (https://pol.is).

door grote tekortkomingen, zoals bij de toeslagenaffaire en SyRI gebeurde.

Hiertoe moeten ministers, wethouders, uitvoeringsdirecties en data-analisten zorgvuldig onderbouwen waarom ze precies data willen inzetten, welke middelen ze kiezen en hoe ze dit onder controle willen houden. Verder moeten ze inzicht geven in zowel de databestanden als de verwerkingssystemen, zodat biases (vooringenomenheid, verdachtmakingen, discriminatie) als gevolg van gebrekkige databestanden of eenzijdige algoritmes voorkomen kunnen worden. Ook is het cruciaal dat data-uitkomsten correct worden geïnterpreteerd en gepresenteerd, zodat er geen verkeerd beeld over mensen ontstaat. De verantwoordelijke adviescolleges, toezichthouders, Kamerleden en rechters moeten de uitvoerende macht voortdurend dwingen om hun voorstellen binnen de grenzen van de wet en de rechtsstaat te houden. Dit vraagt de volgende maatregelen.

Digitalisering wettelijk beter inkaderen

De digitale praktijk is veel complexer dan de analoge praktijk: vroeger ging privacy over vermelding in het telefoonboek, later over telefoontaps van de politie en tegenwoordig over de (meta-) data uit je smartphone. Vroeger waren data lokaal, daarna centraal en in het huidige cloudtijdperk zijn ze in feite mondiaal. De toegenomen complexiteit en vervaagde scheidslijnen maken grensoverschrijdende digitale technologieën ook minder grijpbaar voor wetgevers en toezichthouders. Zo zijn er allerlei wetten die het overheidsgebruik van data of algoritmes regelen: de WGS, de sleepwet, de hackwet, de AVG, de Wet politiegegevens, de Wet basisregistratie personen, enzovoorts. Daarnaast werkt de Europese Unie ook aan allerlei verordeningen zoals de Data Act, de Data Governance Act en de Artificial Intelligence Act, die ook voor Nederland gelden. Al deze – deels uiteenlopende, deels overlappende – wetten hebben tot gevolg dat het in veel gevallen steeds minder duidelijk is wat onder welke wet(ten) valt en waar de juridische grenzen precies liggen.

Om dit te veranderen moet het ministerie van Binnenlandse Zaken een *nationaal datakader* opstellen als effectieve toetssteen voor de praktijk. Op basis hiervan moet het makkelijker worden om bepaalde datakoppelingen, algoritmes of gezichtsherkenningscamera's te verbieden. In navolging hiervan moet toekomstige wetgeving concreter beschrijven hoe de inzet van data en digitale technologieën precies zal plaatsvinden. In het geval van de datawet WGS, de sleepwet en de hackwet bleek keer op keer dat dit nu te algemeen en abstract blijft, waardoor de Kamer, bestaande uit steeds meer kleine fracties, geen idee heeft van de reikwijdte en de uitvoeringspraktijk.

Toegespitst toezicht

Naast wetten die duidelijker het doel en de middelen uiteenzetten, vraagt de praktijk om meer inzicht en sterker toezicht. Omdat het toezicht op digitale privacy en de naleving van de AVG veel meer dan de momenteel beschikbare capaciteit vereisen, moet het budget van de Autoriteit Persoonsgegevens minimaal vervijfvoudigd worden. Daarnaast moet het kabinet een algoritmewaakhond in het leven roepen. Deze moet de bevoegdheid krijgen om algoritmes van zowel overheden als bedrijven in te zien om ze zo beter te doorgronden en indien nodig te verbieden. Om het inzicht in de lokale, regionale en nationale wildgroei van databestanden en algoritmes te vergroten, moet er een nationaal data- en algoritmeregister komen, waarin gemeenten, uitvoeringsinstanties en ministeries ingrijpende databases en algoritmes – op basis van een meldplicht – moeten opnemen.

De positie van burgers versterken

Beleid is bedoeld om de samenleving te verbeteren, maar geregeld pakken regels (en algoritmes) anders uit dan gedacht.

In die gevallen is het belangrijk dat signalen van burgers aan de balie of op de website van de overheid terechtkomen bij het beleidsministerie. Hetzelfde geldt voor formele klachten, die de overheid tijdig en zorgvuldig moet afhandelen. Helaas heeft het op afstand zetten en automatiseren van de uitvoering dit principe van terugkoppeling uit de praktijk bemoeilijkt. Mede als gevolg van bezuinigingen op uitvoeringsorganisaties, achterstallige ICT-systemen en een overdaad aan nieuwe wet- en regelgeving stranden veel burgers in de digitale bureaucratie en krijgen ze niemand te spreken als de computer 'nee' heeft gezegd. Om de aanspreekbaarheid van de digitale overheid en de uitlegbaarheid van automatische besluitvorming te verbeteren, moeten burgers altijd een vorm van 'betekenisvolle menselijke tussenkomst' kunnen afdwingen.* Om te zorgen dat publieke dienstverlening ook in het digitale tijdperk toegankelijk blijft, moet de overheid beter rekening houden met digitaal minder vaardige burgers, bijvoorbeeld door persoonlijke ondersteuning te bieden bij digitale transacties en langere reactietermijnen toe te staan. En indien nodig door een papieren alternatief aan te bieden. Om te zorgen dat mensen grip houden op alle data die ze – vaak verplicht – aan de overheid geven, moet iedere burger een *persoonlijke datakluis* krijgen.** Hierin beheren ze hun persoonsgegevens, en overheden en bedrijven kunnen enkel na toestemming data uit deze decentrale bron halen.

---

* Dit principe staat in de AVG, maar de naleving hiervan laat te wensen over. Ook hierom is uitbreiding van het toezicht door de Autoriteit Persoonsgegevens van groot belang.

** Zoals staat beschreven in de 'Initiatiefnota van de leden Middendorp en Verhoeven inzake online identiteit en regie op persoonsgegevens'.

Datamythes ontkrachten

Omdat de digitale controledrift zo diep zit, is de prikkel om data en algoritmes in te zetten uiterst sterk. Daarbij rechtvaardigen bestuurders en beleidsmakers de inzet van data steeds weer vol overtuiging, alsof er in het verleden niets is misgegaan. In de afgelopen jaren heb ik gemerkt dat dit steeds met dezelfde frames en drogredenen gebeurt, in de vorm van de datamythes die ik in het slot van hoofdstuk 6 al op een rij zette. Als we willen dat er bij gemeenten, ministeries en uitvoeringsorganisaties echt iets verandert, dan zullen ambtenaren, politici, toezichthouders en uiteindelijk ook burgers deze datamythes het hoofd moeten bieden. Om dit te bereiken moeten onderwijs, cursussen en trainingen niet alleen gaan over de grote mogelijkheden van werken met data, maar ook aandacht besteden aan de bijhorende gevaren en valkuilen. Verder is het van belang dat iedereen die nadenkt over en meewerkt aan dataoplossingen voor de samenleving in het besluitvormings- en uitvoeringsproces de fundamentele uitgangspunten van onze rechtsstaat als streng toetskader hanteert. De vijf principes die ik in hoofdstuk 6 noemde vormen een goede basis om te voorkomen dat veelbelovende technologie ons onder hypnose brengt en we ons laten meeslepen in de richting van een surveillancestaat.

Slotwoord

Aan het einde van de vorige eeuw zag het er zonnig uit: het liberalisme had het communisme verslagen, de democratie stond op het punt de wereld te veroveren en de interneteconomie zou zorgen voor eeuwige groei. Met zijn befaamde poldermodel leek Nederland een gidsland dat zo goed als af was.[1] Dertig jaar later wint het populisme terrein en grijpen autocratische figuren de macht. Neoliberaal beleid heeft gezorgd voor economische groei, maar de sociale ongelijkheid is toegenomen. Nederland kampt met een veelvoud aan crises en de politiek is zo gepolariseerd dat oplossingen uitblijven.

In deze omslag speelt digitalisering een hoofdrol. Onze leefwereld en een mensenleven zien er nu fundamenteel anders uit dan aan het begin van de jaren negentig. Digitale technologie zorgt ervoor dat mensen anders gaan handelen dan ze uit zichzelf zouden doen.[2] Het verandert de verhouding tussen maatschappelijke waarden ingrijpend en zorgt voor vergaande herverdeling van welvaart en macht. Tussen landen onderling maar ook tussen overheden, bedrijven en burgers.

Het heeft lang geduurd voordat politici dit inzagen, en vervolgens hebben ze maar beperkt grip op de situatie weten te krijgen. Cynisch genoeg komt dit door diezelfde digitale technologie. Want smartphones, sociale media, data en algoritmes hebben ook onze parlementaire democratie in hun greep gekregen.

Eens per vier jaar kiezen we honderdvijftig Tweede Kamerleden om namens ons te oordelen, te debatteren en te stemmen over het gevoerde kabinetsbeleid. Het idee van dit systeem is dat de rest van het land zich kan bezighouden met andere dingen. Als het goed werkt, geeft het ons rust. Maar het werkt steeds minder goed. We volgen nog wel de democratische procedures, maar de inhoudelijke besluitvorming verslechtert en onze rechtsstaat raakt uitgehold. De democratie crasht.

Om dit bloot te leggen heb ik dit boek geschreven. Ik beschrijf de systeemfouten en denkfouten met als doel ze beter te kunnen bestrijden. En ik benoem randvoorwaarden om een gezondere politieke cultuur te helpen realiseren. Deze cultuuromslag komt alleen tot stand als de hoofdrolspelers aan zelfreflectie doen en hun gedrag veranderen. Dit is een gedeelde opgave, waarbinnen iedereen zijn eigen verantwoordelijkheid moet nemen. Het vraagt lef, rationele keuzes en doorzettingsvermogen. Het is een stuk makkelijker om op dezelfde weg door te gaan. Maar iedereen die dat doet, voert zijn taak niet goed uit.

Hoewel de schadelijke patronen sinds mijn vertrek uit Den Haag erger zijn geworden, weet ik zeker dat een ruime meerderheid van de ministers, ambtenaren, Kamerleden, woordvoerders, journalisten, lobbyisten en kiezers het graag heel anders zou zien. Afgelopen jaren heb ik veel (oud-)politici gesproken die zijn veranderd van inzicht én gedrag. Zelf heb ik dit ook ervaren. Als beginnend Kamerlid probeerde ik vooral te scoren voor mijn partij D66, in de laatste jaren kreeg ik langzaam oog voor het belang van de democratische rechtsstaat. Toen ik campagneleider en vicefractievoorzitter was, deed ik de inhoud erbij, als gewoon Kamerlid dook ik dieper in de digitale dossiers. En pas na mijn kennismaking met denkfouten zag ik dat emotie en irrationaliteit een grote rol spelen in besluitvorming.

Ik denk dat de meeste betrokkenen willen veranderen en ook kunnen veranderen. Terwijl iedereen gevangenzit in het politieke systeem, ligt er tegelijk een vruchtbare bodem voor verbetering: het is heel goed mogelijk keuzes te maken voor een beter politiek klimaat, een stabiel democratisch systeem, een rechtsstaat die mensen beschermt en technologie die ons dient in plaats van dwingt. Ik hoop dat mijn boek hieraan een bijdrage levert.

Dankwoord

Het schrijven van dit boek was een bijzondere en intensieve zoektocht. Een aantal mensen heeft mij enorm geholpen om uiteindelijk op mijn bestemming te komen.

Allereerst en bovenal mijn geliefde Josta. Jij was degene die me Kahneman liet lezen, die me tijd en ruimte gaf om dit boek te schrijven en die me – tijdens onze wandelingen in het stadspark – hielp om de inhoud scherp en de tekst leesbaar te krijgen. In een gezin met vier kinderen, waaronder onze baby James, was het niet altijd makkelijk, maar je bleef in het project geloven en wees me steeds weer de weg. Zonder jouw kracht was het doel nooit bereikt en ik ben je heel erg dankbaar. Mijn dankbaarheid gaat ook naar Klaas, Juul en Willem. Jullie accepteerden het als jullie vader minder tijd nam voor jullie huiswerk en in de weekenden niet altijd langs de lijn stond. Uit een groot hart kwam het gebaar van de mannen van jaarclub Anaconda, die mij tijdens onze vakantieweek in Frankrijk het tuinhuisje gunden waarin ik op geconcentreerde wijze de laatste hand kon leggen aan mijn boek.

Twee andere mensen die aan de oorsprong van dit boek staan zijn Marijn van Vliet en Edo Haveman. Tijdens mijn Kamerlidmaatschap waren jullie als trouwe medewerkers mijn digitale geweten en geheugen, bij het schrijven van dit boek hebben jullie commentaar geleverd op verschillende hoofdstukken. Andere betrokken en waardevolle meelezers waren Thierry van Es, Lauren Antonides, Jarno Duursma, Maarten Koningsveld, Reijer Passchier en Bob Hoogenboom. Dank voor jullie goede ideeën. Bob, een sleutelmoment voor dit boek was mijn eerste gastoptreden tijdens je collegereeks op Nyenrode, waarin je studenten me deden inzien op welke manier mensen naar de politiek kijken.

Verder wil ik Jim Stolze danken omdat hij me in contact bracht met Sandra Wouters van uitgeverij Business Contact. Jim, aan je oproep om niet te stoppen voor het boek af was, heb ik vaak teruggedacht als ik weer eens vastliep. Sandra, jij geloofde in mijn 'megacomplexe' idee en tijdens onze tientallen Zoomsessies hielp je me de kluwen in mijn hoofd te ontwarren om zo de rode draad van het boek uit te kunnen rollen. Je pittige feedback was soms even slikken, maar ik voelde dat je er vertrouwen in hield. Ook Cecilia en Hanna hebben mij met hun goede redactionele slagen de weg gewezen. Dank jullie wel.

Tot slot wil ik alle geïnterviewde wetenschappers, journalisten, politici en andere ervaringsdeskundigen danken voor hun tijd en plezierige medewerking. Jullie inzichten, relativering en wijsheid hebben me enorm geholpen bij het schrijven van de laatste twee hoofdstukken van dit boek.

Lijst van denkfouten en drogredenen in dit boek

Hieronder vind je een lijst van de belangrijkste denkfouten en drogredenen die in dit boek een rol spelen. Uiteraard is het aantal denkfouten dat de wetenschap inmiddels heeft ontdekt vele malen groter. Een schitterend gecategoriseerd totaaloverzicht is de zogeheten **Cognitive Bias Codex** van John Manoogian III, Buster Benson en Brian René Morrissette, met daarin 188 denkfouten. Wie meer wil weten over dit fascinerende thema, verwijs ik verder naar mijn lijst van belangrijke bronnen voor dit boek.

Action bias – De neiging direct iets te moeten doen. 'Het is nu of nooit!' Vaak veroorzaakt door het onterechte idee dat we op een keerpunt staan of het gevoel dat het beslissende moment ('Het is vijf voor twaalf!') is aangebroken.

Alles-of-nietsprincipe – Het voorstellen van twee tegengestelde alternatieven als enige opties, zonder te zien dat er nog andere mogelijkheden zijn.

Aureooleffect – Iemand beoordelen op een enkele eigenschap. Bijvoorbeeld: iemand met een knap uiterlijk grote capaciteiten toedichten.

Authority bias – Te veel waarde hechten aan de mening van een deskundige.

Availability bias – Bij het nemen van beslissingen maken we graag gebruik van makkelijk beschikbare informatie.

Bandwagon effect – De behoefte om bij de winnaar te horen.

Biases – Intuïtieve vooringenomenheden. Kahneman gebruikt de term 'cognitieve bias' als verzamelnaam voor de systematische denkfouten die mensen maken.

Chilling effect – 'Afkoeling' van natuurlijk gedrag omdat je weet dat je wordt bekeken.

Cirkelredenering (*petitio principii*) – Een redenering waarbij de uitkomst hetzelfde is als het uitgangspunt. 'Het is mijn fiets dus die fiets is mijn eigendom.'

Complottheorie – Het zien van patronen in toevallige gebeurtenissen die er in werkelijkheid niet zijn. Komt vaak voort uit de gedachte dat een grote gebeurtenis ook een grote of geregisseerde oorzaak moet hebben.

Confirmation bias – Overmatige waarde hechten aan informatie die je eigen overtuigingen bevestigt.

Conservatism bias – We herzien onze mening onvoldoende als we nieuw bewijsmateriaal getoond krijgen. In de politiek: niet durven 'draaien'.

Cry wolf-principe – Als een waarschuwing een aantal keer onnodig wordt gegeven, luisteren we op een gegeven moment niet meer.

Drogreden – Een redenering die geldig of aannemelijk lijkt, maar dit niet is. Veel drogredenen zijn hardop uitgesproken denkfouten.

Exponentiële blindheid – Zich verkijken op iets dat evenredig groeit aan de eigen omvang, zoals een virus dat zich verspreidt of algen die het wateroppervlak bedekken.

Fear of missing out (fomo) – De angst om iets te missen.

Framing – Het idee dat een andere formulering van dezelfde inhoud tot een andere conclusie leidt: 'een overlevingskans van 90 procent' versus 'een overlijdenskans van 10 procent'.

Google-effect – De neiging om makkelijk beschikbare informatie sneller te vergeten.

Groepsdenken – De wens om het met elkaar eens te zijn belangrijker maken dan de inhoud van een besluit.

Group fallacy – Iemand beoordelen op basis van de groep waar diegene bij hoort, waarbij gebruik wordt gemaakt van stereotypes. Ook wel hokjesdenken genoemd.

Hellend vlak – De vrees dat een bepaalde stap onvermijdelijk zal leiden tot de volgende.

Het volgt er niet uit (*Non sequitur*) – Doen alsof het een uit het ander volgt terwijl dit niet zo is. 'Wie zwijgt stemt toe.'

Hindsight bias – Met achterafkennis stellige maar onjuiste conclusies trekken over gebeurtenissen en beslissingen.

Hyperbolic discounting – De voorkeur geven aan een aanpak die direct resultaat of bevrediging oplevert boven een meer geleidelijke en duurzame aanpak.

Ingroup/outgroup bias – Het overschatten van de eigen groep, het onderschatten van andere groepen.

Jij-bak (*tu quoque*) – Niet ingaan op de inhoud van een boodschap, maar de brenger ervan aanvallen.

Narratieve misleiding – De neiging om gebeurtenissen (en ons eigen gedrag) te verklaren of er een aannemelijk verhaal omheen te vertellen.

Negativity bias – Negatieve dingen of berichten hebben meer impact dan positieve.

Optimism bias – Situaties te optimistisch inschatten, de 'dat-gebeurt-mij-nietgedachte'.

Peak-end rule – Ons geheugen slaat wel het hoogte- of dieptepunt en het einde van een gebeurtenis op, maar niet de duur ervan.

Persoonlijke aanval (*Argumentum Ad Hominem*) – Op de man spelen.

Placebo-effect – Een neppil of -behandeling die positief werkt omdat je denkt dat die echt is. Andersom kan angst of wantrouwen ook leiden tot een negatief effect: het nocebo-effect.

Planningsfout – De neiging om de duur en kosten van een project te onderschatten.

Referentie-effect – Het belang van een specifiek voorbeeld, getal of deadline overschatten.

Retorische vraag – Een vraag waarin het antwoord besloten ligt. 'Gelooft u het zelf?'

Risicodenkfout – Het niet goed in staat zijn om risico's in te schatten.

Ruis – Het fenomeen dat in vergelijkbare gevallen willekeurige besluiten worden genomen.

Schijncausaliteit – Een samenloop of een samenhang van dingen (correlatie) aanzien voor een directe oorzaak-gevolgrelatie.

Selffulfilling prophecy – Een voorspelling die bijdraagt aan het uitkomen ervan. Dit speelt een belangrijke rol bij peilingen.

Sociale bewijskracht (kuddegedrag) – Iets doen omdat anderen het ook doen. Je mening baseren op die van een ander (denk bijvoorbeeld aan online reviews).

Status quo bias – De neiging om alles bij het oude te willen houden.

Struisvogelpolitiek – Op negatieve informatie reageren door niet te handelen maar je kop in het zand te steken in de hoop dat het probleem vanzelf verdwijnt.

Sunk cost fallacy – Tegen beter weten in doorgaan met een project vanwege reeds gedane investeringen. Vaak gedreven door de menselijke angst om spijt te krijgen.

Swimmer's body illusion – Omkering van oorzaak en gevolg. Je denkt dat mensen door veel te zwemmen het lichaam van een zwemmer krijgen, maar misschien zwemmen ze juist wel veel omdát ze zo'n lichaam hebben.

Sympathy bias – Je te veel laten leiden door het feit dat je iemand aardig vindt.

Toevalsblindheid – Mensen geloven niet in toeval en begrijpen statistische kansen niet. Zo denken ze dat kansen gaandeweg veranderen (gokkersdwaling) en ze vergeten dat na een uitschieter vaak weer een 'normale uitkomst' volgt (regressie naar het gemiddelde).

Tragiek van de meent – Het negatieve mechanisme waarbij persoonlijke baten ten koste van het groepsbelang gaan.

Tunnelvisie – Alle informatie vanuit één bepaalde theorie bezien. Ook wel beroepsdeformatie of éénperspectiefinstinct genoemd.

Verliesaversie – De angst om iets te verliezen weegt zwaarder dan de mogelijkheid om iets te winnen.

Wederkerigheidsprincipe – Je te veel laten leiden door de gedachte 'voor wat hoort wat'.

What you see is all there is – Denken dat wat je ziet alles is wat er speelt. Cruciale fout in het denken over digitalisering met haar onzichtbare data en algoritmes.

Zondebokinstinct – Het sterke verlangen om een schuldige aan te wijzen.

Zwart-witdenkfout – Het idee dat alles in tweeën is verdeeld. Alsof er tussen zwart en wit geen grijs gebied ligt maar een diepe kloof.

Lijst van ICT-begrippen in dit boek

Omdat vakjargon en afkortingen een goed begrip van digitale technologie vaak in de weg staan, heb ik een lijst van de belangrijkste ICT-begrippen in dit boek gemaakt.

Algoritme – Een reeks instructies (zoals in een rekenformule of een recept) om een bepaald doel te bereiken.

Backdoor (achterdeur) – Een bewust ingebouwde route om de beveiliging of de versleuteling te omzeilen.

Big data – Grote en complexe datasets, afkomstig uit steeds meer verschillende bronnen.

Bluetooth – Draadloze informatie-uitwisseling tussen apparaten, via radiogolven.

Broncode – De voor mensen leesbare tekst van een computerprogramma.

Bubble – De gepersonaliseerde 'luchtbel' waarin je terechtkomt als gevolg van de algoritmes van sociale-mediaplatforms.

By design – Het in de ontwerpfase afdwingen van waarden als privacy, veiligheid of ethiek.

Chief Information Officer (CIO) – De functionaris die verantwoordelijk is voor de ICT en informatievoorziening in een organisatie.

Cloud – De 'wolk' van computers (servers) die zorgt voor online opslagcapaciteit.

Computer – Een (elektronisch en digitaal) apparaat waarmee informatie kan worden verwerkt.

Cookie – Bestandjes die de aanbieder van een website op je computer zet. Sommige zijn nodig om de website te laten werken (*functional cookies*), andere maken het mogelijk je online te volgen en daar vervolgens geld mee te verdienen (*tracking cookies*).

Cyberresilience – Het geheel aan strategieën en tactieken voor de preventie van, de verdediging tegen en het herstel na een cyberaanval.

Cybersecurity – Alle veiligheidsmaatregelen die men neemt om computers, ICT-systemen, netwerken en gegevens te beschermen tegen aanvallen.

Cyberwarfare – Digitale oorlogsvoering.

Data – Digitale gegevens.

Datacenter – Een gebouw vol met computers (servers) waarin data worden opgeslagen.

Datamining – Het zoeken naar waardevolle informatie in een grote hoeveelheid data.

Dataportabiliteit – De mogelijkheid om je data mee te nemen naar een andere aanbieder.

DDoS-aanval – Distributed Denial-of-Service-aanval: een digitale aanval waarbij heel veel dataverkeer naar een computer(netwerk) wordt gestuurd, zodat deze uitvalt.

Deepfake – Een met kunstmatige intelligentie gemaakt audio- of videobericht waarbij het lijkt alsof iemand iets zegt wat hij niet echt heeft gezegd.

Deep packet inspection – Het analyseren van de inhoud van dataverkeer dat onderweg is van verzender naar ontvanger.

Echokamer – Een plek op het internet, al dan niet zelf gecreëerd, waar alleen mensen zijn die jou in je mening bevestigen.

Encryptie – Versleuteling van data waardoor deze niet gelezen kunnen worden.

End-to-end-encryptie – Het versleutelen van berichten op een zodanige wijze dat alleen de zender en ontvanger de inhoud kunnen bekijken.

Hacken – Digitaal inbreken. Een criminele hacker is dus een digitale inbreker. Er zijn ook ethische hackers die in opdracht van een bedrijf of overheid gaten in systemen proberen te vinden om ze uiteindelijk veiliger te maken.

Inloggen – Je aanmelden met een gebruikersnaam en code/wachtwoord om toegang te krijgen tot een computer of website.

Internet – Het wereldwijde netwerk van computers.

Internet of Things (IoT) – De verzameling van alle objecten en apparaten die met het internet verbonden zijn en onderling informatie uitwisselen.

Internetinfrastructuur – Het stelsel van zeekabels, internetknooppunten, datacenters en telecomverbindingen die het versturen van data via het internet mogelijk maakt.

Interoperabiliteit – De mogelijkheid dat systemen van verschillende aanbieders met elkaar kunnen communiceren.

IP-adres – Een uniek nummer dat een apparaat op internet identificeert. Dit is gebaseerd op het Internet Protocol, de afgesproken communicatiewijze op het internet.

Kunstmatige intelligentie/Artificial Intelligence (AI) – Computersystemen die menselijke intelligentie kunnen nabootsen en die zichzelf kunnen verbeteren.

Latency – Vertraging in dataoverdracht tussen computers.

Legacy – Verouderde software.

Malware – Kwaadaardige software zoals een virus: een programma dat je computer kan binnendringen.

Metadata – Data die de inhoudelijke data nader omschrijven, bijvoorbeeld locatiegegevens en contactpersonen in iemands smartphone.

Mobiele core-netwerk – Het 'kernnetwerk' waar alle telecom-verkeersstromen samenkomen.

Netneutraliteit – Het gelijk behandelen van alle data op het internet, dus zonder te blokkeren, versnellen, filteren of beprijzen.

Open source software – Software waarvan iedereen de broncode kan inzien en, onder voorwaarden, kan hergebruiken.

Penetratietest – Een test om te kijken hoe kwetsbaar een computersysteem is.

Persuasive technology – Overtuigingstechnologie. Een voorbeeld is persuasive design, waarbij het ontwerp van een website zorgt voor psychologische beïnvloeding.

Phishing – Vissen naar vertrouwelijke informatie, bijvoorbeeld via een bedrieglijk e-mailbericht, waar mensen op klikken en zo onbewust toegang verlenen tot hun computer.

Profiling – Het opbouwen van iemands profiel door gebruik te maken van data.

Ransomware – Gijzelsoftware: malware die databestanden op je computer versleutelt zodat je er niet meer bij kunt, tot je losgeld ('ransom') betaalt.

Smart city – Een stad waarin informatietechnologie (sensoren, digitale camera's, et cetera) wordt ingezet om onderdelen aan te sturen en processen te optimaliseren.

Smartphone – Een mobiele telefoon met extra functies, die verbonden is met het (mobiele) internet.

Social engineering – Het binnendringen van systemen door de mens erachter te verleiden, bijvoorbeeld via een phishingmail.

Software-update – Een actualisatie van de software. Dit kan nodig zijn voor het verbeteren van de functionaliteit maar kan ook een beveiligingsupdate (security patch) zijn.

Streamen – Het direct bekijken en beluisteren van media op je computer zonder ze eerst op te slaan op de harde schijf.

Targeting – Het zo goed mogelijk laten aansluiten van informatie (vaak advertenties) op iemands voorkeuren door gebruik te maken van dataprofielen: het beeld dat bijvoorbeeld Facebook van je heeft opgebouwd aan de hand van je online gedrag.

Trol – Iemand die (niet zelden anoniem) provoceert op internet.

Zeroday – Een onbekende kwetsbaarheid in de software. Letterlijk betekent het dat de leverancier van de software nog geen tijd (nul dagen) heeft gehad om met een update de kwetsbaarheid te herstellen.

Zeroday exploit – Een tool om binnen te dringen via een (bij de maker van de software) onbekende kwetsbaarheid.

Lijst van belangrijke bronnen en geïnterviewde personen

Bronnen

De volgende boeken en websites waren van grote waarde bij het verzamelen van de kennis die nodig was voor het schrijven van dit boek.

Politiek en democratie

Calјé, Pieter & Jaap den Hollander. *De lange twintigste eeuw.* Houten: Spectrum, 1990.

Dahl, Robert. *On Democracy.* New Haven: Yale University Press, 1998.

Frissen, Paul. *De fatale staat.* Amsterdam: Van Gennep, 2013.

Müller, Jan-Werner. *Wat is populisme?* Vert. Jan Willem Reitsma. Amsterdam: Nieuw Amsterdam, 2017.

Tjeenk Willink, Herman. *Groter denken, kleiner doen.* Amsterdam: Prometheus, 2018.

Technologie en digitalisering

Modderkolk, Huib. *Het is oorlog maar niemand die het ziet.* Amsterdam: Uitgeverij Podium, 2019.

Passchier, Reijer. *Artificiële Intelligentie en de rechtsstaat.* Den Haag: Boom juridisch, 2021.

Stikker, Marleen. *Het internet is stuk.* Amsterdam: De Geus, 2019.

Susskind, Jamie. *Future Politics.* New York: Oxford University Press, 2018.

Tegmark, Max. *Life 3.0.* Vert. Wilma Paalman en Frits van der Waa. Amsterdam: Maven Publishing, 2017.

Verlaan, Daniel. *Ik weet je wachtwoord.* Amsterdam: Das Mag Uitgevers, 2020.

Psychologie en neurologie

Cialdini, Robert. *Invloed.* Vert. Marjolein Stoltenkamp. Amsterdam: Den Haag: Academic Service, 2009.

Dobelli, R. *De kunst van goed leven.* Vert. Sandra van Oudenaarden & Sylvia Wevers. Houten: Spectrum, 2017.

Dijksterhuis, Ap. *Het slimme onbewuste.* Amsterdam: Uitgeverij Bert Bakker, 2009.

Haidt, Jonathan. *The Righteous Mind.* New York: Vintage Books, 2012.

Hari, Johann. *De aandacht verloren.* Vert. Marga Blankestijn. Amsterdam: Nijgh & Van Ditmar, 2022.

Kahneman, Daniel. *Ons feilbare denken.* Vert. Peter van Huizen & Jonas de Vries. Amsterdam: Business Contact, 2011.

Newport, Cal. *Diep werk.* Vert. Wybrand Scheffer. Amsterdam: Business Contact, 2016.

Pinker, Steven. *Rationaliteit.* Vert. Aad Janssen, Frank Lekens, Jan Willem Reitsma & Frits van der Waa. Amsterdam: Atlas Contact, 2021.

Rosling, Hans. *Feitenkennis.* Vert. Annemie de Vries. Houten: Het Spectrum, 2018.

Taleb, Nassim Nicholas. *De Zwarte Zwaan.* Vert. Jan Braks. Amsterdam: Uitgeverij Nieuwezijds, 2008.

Walker, Matthew. *Slaap.* Vert. Jan Willem Reitsma & Maarten van der Werf. Amsterdam: De Geus, 2017.

Overzichten van denkfouten

Manoogian, John, Buster Benson & Brian René Morrissette. *Cognitive Bias Codex,* 6 juni 2018. De codex is vrij beschikbaar via internet, gemakkelijk te vinden met zoekmachines en via verschillende websites te downloaden.

The Decision Lab, *Cognitive Biases.* www.thedecisionlab.com/biases.

Geïnterviewde personen

De volgende mensen heb ik geïnterviewd ter voorbereiding op dit boek. Zij hebben me geïnspireerd maar dragen verder geen verantwoordelijkheid voor de inhoud van dit boek.

Wetenschappers/deskundigen

Arie van Bellen – directeur ECP | Platform voor de Informatiesamenleving

Dr. Alex Brenninkmeijer – lid Europese Rekenkamer, voormalig Nationaal Ombudsman

Prof. dr. mr. Mark Bovens – hoogleraar bestuurskunde USBO, Universiteit Utrecht

Prof. dr. Ap Dijksterhuis – hoogleraar sociale en cultuurpsychologie, Radboud Universiteit

Prof. dr. Paul Frissen – hoogleraar bestuurskunde, Tilburg University

Dr. Sennay Ghebreab – neuro-informaticus, Universiteit van Amsterdam

Prof. dr. Paul 't Hart – hoogleraar bestuurskunde, Universiteit Utrecht

Prof. dr. Victor Lamme – hoogleraar cognitieve neurowetenschap, Universiteit van Amsterdam

Mr. dr. Reijer Passchier – universitair docent staats- en bestuursrecht, Universiteit Leiden

Journalisten/schrijvers

Marc Chavannes – correspondent Politiek, *De Correspondent*

Jesse Frederik – correspondent Economie, *De Correspondent*

Hans Goslinga – politiek columnist, *Trouw*

Tom-Jan Meeus – politiek redacteur en columnist, NRC *Handelsblad*

Martin Sommer – politiek columnist, *de Volkskrant*

Marleen Stikker – directeur Waag Amsterdam

(Oud-)politici

Khadija Arib – oud-Kamerlid PvdA, voormalig voorzitter van de Tweede Kamer

Ton Elias – oud-Tweede Kamerlid, VVD

Boris van der Ham – oud-Tweede Kamerlid, D66

Renske Leijten – Kamerlid, SP

Bram van Ojik – oud-Tweede Kamerlid, GroenLinks

Gert-Jan Segers – Kamerlid, fractievoorzitter CU

Kees van der Staaij – Kamerlid, fractievoorzitter SGP

Noten

Inleiding

1 Mair, Peter. *Ruling the Void.* Londen: Verso, 2013.

2 Voermans, Wim. *Het land moet bestuurd worden.* Amsterdam: Prometheus, 2021, p. 155-156.

3 NPO3. *Zondag met Lubach*, 14 februari 2021. www.npo3.nl/zondag-met-lubach/14-02-2021/VPWON_1328962.

Hoofdstuk 1 De waanzinnige wisselwerking

1 Korteweg, Ariejan. 'Europese christenpolitici in Ahoy op zoek naar gedeeld verhaal', *de Volkskrant*,1 juni 2022. www.volkskrant.nl/columns-opinie/europese-christenpolitici-in-ahoy-op-zoek-naar-gedeeld-verhaal~b176162b/.

2 Giesen, Peter. 'We worden geregeerd door een "spookmidden" dat kwetsbaar is voor populisme. De klimaatcrisis kan uitkomst bieden', *de Volkskrant*, 30 juli 2021. www.volkskrant.nl/columns-opinie/we-worden-geregeerd-door-een-spookmidden-dat-kwetsbaar-is-voor-populisme-de-klimaatcrisis-kan-uitkomst-bieden~bc9ce819/.

3 Jacobs, Alan. *De kunst van het denken.* Vert. Inge Pieters. Amsterdam: Uitgeverij Balans, 2017, p. 95.

4 Dobelli, Rolf. *Het nieuwsdieet.* Vert. Sylvia Wevers. Amsterdam: Het Spectrum, 2019, p. 55-74.

5 Newport, Cal. *Diep Werk.* Vert. Wybrand Scheffer. Amsterdam: Business Contact, 2016, p. 8-19.

6 Walker, Matthew. *Slaap*. Vert. Jan Willem Reitsma & Maarten van der Werf. Amsterdam: De Geus, 2017, p. 159-184.
7 Vugt, Mark van. *Lucy, Darwin & Lady Gaga*. Amsterdam: Lev., 2020, p. 12.
8 Lamme, Victor. *Waarom?* Uitgeverij Mind and Brain, 2020, p. 25.
9 Aleman, André. *Je brein de baas*. Amsterdam: Atlas Contact, 2017, p. 10.
10 Dijksterhuis, Ap. *Het slimme onbewuste*. Amsterdam: Uitgeverij Bert Bakker, 2009, p. 205-206.
11 Haidt, Jonathan. *The Righteous Mind*. New York: Vintage Books, 2012, p. 106.
12 Kahneman, Daniel. *Ons feilbare denken*. Vert. Peter van Huizen & Jonas de Vries. Amsterdam: Business Contact, 2011, p. 28.
13 Harari, Yuval Noah. *Homo Deus*. Vert. Inge Pieters. Amsterdam: Thomas Rap, 2017, p. 307.
14 Kahneman, Daniel. *Ons feilbare denken*. Vert. Peter van Huizen & Jonas de Vries. Amsterdam: Business Contact, 2011, p. 406-410.
15 Ariely, D. *Predictably Irrational*. New York: HarperCollins Publishers, 2008.
16 Taleb, Nassim Nicholas. *De Zwarte Zwaan*. Vert. Jan Braks. Amsterdam: Uitgeverij Nieuwezijds, 2008.
17 Westen, Drew. *The Political Brain*. New York: PublicAffairs Books, 2008.
18 Cialdini, Robert. *Invloed*. Vert. Marjolijn Stoltenkamp. Den Haag: Academic Service, 2009.
19 Mounk, Yascha. *The People versus Democracy*. Cambridge: Harvard University Press, 2018, p. 6.
20 NOS.nl. 'Wilders: Tweede Kamer is een nepparlement', 17 september 2015. www.nos.nl/artikel/2058288-wilders-tweede-kamer-is-een-nepparlement; Boon, Ton den. 'Bananenmonarchie: Pieter Omtzigt kent zijn klassieken', *Trouw*, 21 januari 2021. www.trouw.nl/cultuur-media/bananenmonarchie-pieter-omt-

zigt-kent-zijn-klassieken~b7f462f4/; NOS.nl. 'Van Houwelingen (FvD) dreigt Sjoerdsma (D66) met tribunalen', 17 november 2021. www.nos.nl/artikel/2406005-van-houwelingen-fvd-dreigt-sjoerdsma-d66-met-tribunalen.

Hoofdstuk 2 Techreuzen en kabouterpolitiek

1 Tweede Kamer. 'Wijziging van de Telecommunicatiewet ter implementatie van de herziene telecommunicatierichtlijnen (32549) (ongecorrigeerd stenogram)', 8 juni 2011.
2 Tweede Kamer. 'Wijziging van de Telecommunicatiewet (33902) (ongecorrigeerd stenogram)', 2 oktober 2014.
3 Tweede Kamer. Amendement van het lid Verhoeven, 2 oktober 2014 (33902, nr. 9).
4 Tweede Kamer. 'Wijziging van de Telecommunicatiewet (33902) (ongecorrigeerd stenogram)', 2 oktober 2014.
5 Buitenweg, Kathalijne. *Datamacht en tegenkracht.* Amsterdam: De Bezige Bij, 2021, p. 81.
6 ActionAid. 'Mission Recovery. How Big Tech's Taxs Bill Could Kickstart a Fairer Economy', rapport mei 2021. www.actionaid.nl/wp-content/uploads/2021/05/ActionAid-Tax-Report-2021.pdf.
7 Lombardi, Pietro. 'Big Tech Boosts Lobbying Spending in Brussels', *Politico*, 22 maart 2022. www.politico.eu/article/big-tech-boosts-lobbying-spending-in-brussels/.
8 Tweede Kamer. 'Uitvoeringswet Algemene verordening gegevensbescherming (34851) (ongecorrigeerd stenogram)', 8 maart 2018.
9 Tweede Kamer. Initiatiefnota van het lid Verhoeven over mededinging in de digitale economie (verslag van een notaoverleg), 30 januari 2020.
10 Mounk, Yascha. *The People versus Democracy.* Cambridge: Harvard University Press, 2019, p. 149-150.
11 Levitsky, Steven & Daniel Ziblatt. *How Democracies Die.* New York: Penguin Books, 2019, p. 58.

12 Foer, Franklin. *Ontzielde wereld.* Vert. Fred Hendriks. Amsterdam: De Bezige Bij, 2017, p. 177.
13 Reuters Staff. 'Russian Twitter Accounts Promoted Brexit ahead of EU Referendum: Times Newspaper', *Reuters*, 15 november 2017. www.reuters.com/article/us-britain-eu-russia-idUSKBN1DF-0ZR.
14 Horwitz, Jeff & Deepa Seethamaran. 'Facebook Executives Shut Down Efforts to Make the Site Less Divisive', *Wall Street Journal*, 26 mei 2020. www.wsj.com/articles/facebook-knows-it-encourages-division-top-executives-nixed-solutions-11590507499.
15 Rijksoverheid. 'Kamerbrief Minister van Binnenlandse Zaken', 15 november 2017 (26643, nr. 497).
16 BNNVARA. 'Gerard Joling, Kees Verhoeven en Hans Nijenhuis over nepnieuws', 17 november 2017. www.bnnvara.nl/pauw/videos/296118.
17 Tweede Kamer. 'Verslag van een Algemeen Overleg', 17 november 2020 (30821, nr. 120).
18 Ibid.

Hoofdstuk 3 De cyberkramp van een klein kikkerland

1 AIVD. 'Jaarverslag 2007', april 2008.
2 AIVD. 'Jaarverslag 2018', april 2019.
3 Dams, Ties. *De nieuwe keizer.* Amsterdam, Prometheus, 2019, p. 200-205.
4 Modderkolk, Huib. 'Huawei kon alle gesprekken van mobiele KPN-klanten afluisteren, inclusief die van de premier', *de Volkskrant*, 17 april 2021. www.volkskrant.nl/nieuws-achtergrond/huawei-kon-alle-gesprekken-van-mobiele-kpn-klanten-afluisteren-inclusief-die-van-de-premier~bd1aece1/.
5 AIVD. 'Nationale veiligheid en veiling 5G', 4 februari 2019.
6 KPN. 'Update modernisering mobiele netwerk in aanloop naar 5G', 26 april 2019. www.overons.kpn/nl/nieuws/2019/update-modernisering-mobiele-netwerk-in-aanloop-naar-5g.

7 Modderkolk, Huib. 'Huawei mogelijk betrokken bij Chinese spionage in Nederland', *de Volkskrant*, 16 mei 2019. www.volkskrant.nl/nieuws-achtergrond/huawei-mogelijk-betrokken-bij-chinese-spionage-in-nederland~b4fadc1c/.

8 Hijink, Marc. 'Geen Huawei meer in kern netwerken Nederlandse telecombedrijven', NRC *Handelsblad*, 21 mei 2021. www.nrc.nl/nieuws/2021/05/21/geen-huawei-meer-in-kern-netwerken-nederlandse-telecombedrijven-a4044415.

9 Tweede Kamer. 'Voorzorgsmaatregel ten aanzien van gebruik Kaspersky antivirussoftware' (30821, nr. 46), 14 mei 2018.

10 Jansen, Joris. 'Kaspersky verplaatst infrastructuur naar Zwitserland – update', *Tweakers*, 15 mei 2018. www.tweakers.net/nieuws/138623/kaspersky-verplaatst-infrastructuur-naar-zwitserland.html.

11 Winter, Brenno de. 'Het kabinetsbesluit over Kaspersky Lab', 2018, p. 19-22.

12 Tweede Kamer. 'Antwoorden Kamervragen inzake het bericht "Ministerie onduidelijk over omstreden software"', augustus 2019.

13 Kahneman, Daniel, Olivier Sibony & Cass Sunstein. *Ruis*. Vert. Lidwien Biekmann & Koos Mebius. Amsterdam: Nieuw Amsterdam, 2021.

14 AIVD. 'Nederlandse veiligheidsbelangen kwetsbaar voor activiteiten andere landen', 3 februari 2021. www.aivd.nl/actueel/nieuws/2021/02/03/nederlandse-veiligheidsbelangen-kwetsbaar-voor-activiteiten-andere-landen.

15 NOS.nl/Nieuwsuur. 'Er komt een lawine van gehackte apparaten op ons af', 7 februari 2017. www.nos.nl/nieuwsuur/artikel/2156980-er-komt-een-lawine-van-gehackte-apparaten-op-ons-af.

16 Europese Commissie. 'Advancing the Internet of Things in Europe', 19 april 2016.

17 Middelaar, Luuk van. *De nieuwe politiek van Europa*. Groningen: Historische Uitgeverij, 2017, p. 285-286.

18 Europese Commissie. 'Cybersecurity of 5G Networks – EU Toolbox of Risk Mitigating Measures', januari 2020.
19 Modderkolk, Huib. *Het is oorlog maar niemand die het ziet.* Amsterdam: Uitgeverij Podium, 2019, p. 7.
20 VVD, CDA, D66 & CU. 'Vertrouwen in de Toekomst', oktober 2017.
21 Cyber Security Raad. 'CSR adviseert 833 miljoen voor een integrale aanpak voor cyberweerbaarheid', 6 april 2021. www.cybersecurityraad.nl/actueel/nieuws/2021/04/06/csr-adviseert-€833-miljoen-voor-een-integrale-aanpak-voor-cyberweerbaarheid.
22 Tweede Kamer. Amendement Verhoeven, Schouten, Dijkgraaf, Visser, Monasch, 5 november 2013.
23 Dirks, Bart. 'Bezuiniging op ruimtevaart wordt teruggedraaid dankzij André Kuipers', *de Volkskrant*, 7 juli 2012. www.volkskrant.nl/nieuws-achtergrond/bezuiniging-op-ruimtevaart-wordt-teruggedraaid-dankzij-andre-kuipers~b85e7369/.
24 Centraal Planbureau. 'Startnotitie Keuzes in Kaart 2022-2025', september 2020.
25 Moerland, René. 'Europese leiders zoeken eenheid tegen "rivaal" China', *NRC Handelsblad*, 20 maart 2019. www.nrc.nl/nieuws/2019/03/20/europese-leiders-zoeken-eenheid-tegen-rivaal-china-a3953843.
26 Buitenweg, Kathalijne. *Datamacht en Tegenkracht.* Amsterdam: De Bezige Bij, 2021, p. 181.

Hoofdstuk 4 Een technisch hoogstandje met diepe dalen

1 Hari, Johann. *De aandacht verloren.* Vert. Marga Blankestijn. Amsterdam: Nijgh & Van Ditmar, 2022.
2 Rijksoverheid. 'Letterlijke tekst persconferentie minister-president Rutte en minister De Jonge na afloop van crisisberaad kabinet (7-4-2020)'. www.rijksoverheid.nl/documenten/mediateksten/2020/04/07/letterlijke-tekst-persconferentie-minister-president-rutte-en-minister-de-jonge-na-afloop-van-crisisberaad-kabinet.

3 Ibid.

4 Ibid.

5 Verhagen, Laurens & Huib Modderkolk. 'De weg naar een corona-app was "ergens wel dapper" maar deugde van geen kanten', *de Volkskrant*, 21 april 2020. www.volkskrant.nl/nieuws-achtergrond/de-weg-naar-een-corona-app-voor-contactonderzoek-was-ergens-wel-dapper-maar-deugde-van-geen-kanten~be3be20c/.

6 Muller, Catelijne. 'COVID-19 tracking- en tracingapp en gezondheidsapp', 13 april 2020. www.allai.nl/wp-content/uploads/2020/04/Online-versie-Brief-Minister-President-Rutte-Ministers-De-Jonge-Van-Rijn-Grapperhaus-de-heer-Sijbesma-inzake-COVID-19-tracking-en-tracing-en-gezondheidsapps.pdf.

7 Tweede Kamer. 'Coronavirus: nieuwe maatregelen, parlementaire proces gaat door', 15 maart 2020. www.tweedekamer.nl/nieuws/kamernieuws/coronavirus-nieuwe-maatregelen-parlementaire-proces-gaat-door.

8 Tweede Kamer, Schriftelijke vragen. 'De mogelijke inzet van apps in het kader van het testen, traceren en thuisblijven-beleid', 10 april 2020. www.tweedekamer.nl/kamerstukken/kamervragen/detail?id=2020Z06536&did=2020D13954.

9 *RTL Nieuws*. 'Corona-app op 1 september nog niet landelijk', 21 augustus 2020. www.rtlnieuws.nl/tech/artikel/5178822/corona-app-coronamelder-regio-landelijk-invoering-spoedwet.

10 Huigsloot, Nathalie & Ariejan Kortweg. 'Ik ben meer bezig met het hiernumaals', *de Volkskrant*, 7 augustus 2020. www.volkskrant.nl/mensen/hugo-de-jonge-dat-virus-kun-je-niet-zien-en-mij-wel-dus-dat-maakt-het-makkelijker-om-boosheid-op-mij-te-projecteren~b7cbe24d.

11 Algemene Rekenkamer. 'Rijksoverheid heeft informatiebeveiliging en IT-beheer nog niet op orde', 15 mei 2019. www.rekenkamer.nl/actueel/nieuws/2019/05/15/rijksoverheid-heeft-informatiebeveiliging-en-it-beheer-nog-niet-op-orde.

12 De Tweede Kamer. 'Eindrapport – Naar grip op ICT', 15 oktober 2014, p. 9.

13 Weel, Ingrid. 'De ICT-projecten bij de overheid zijn nog steeds een chaos', *Trouw*, 15 mei 2019. www.trouw.nl/nieuws/de-ict-projecten-bij-de-overheid-zijn-nog-steeds-een-chaos~b43b1711.

14 *The Economist*. 'Efficiency Eludes the Construction Industry', 19 augustus 2017. www.economist.com/business/2017/08/17/efficiency-eludes-the-construction-industry.

15 Kahneman, Daniel. *Ons feilbare denken*. Vert. Peter van Huizen & Jonas de Vries. Amsterdam: Business Contact, 2011, p. 264.

16 Taleb, Nassim Nicholas. *De Zwarte Zwaan*. Vert. Jan Braks. Amsterdam: Uitgeverij Nieuwezijds, 2008, p. 153-161.

17 Kahneman, Daniel. *Ons feilbare denken*. Vert. Peter van Huizen & Jonas de Vries. Amsterdam: Business Contact, 2011, p. 300-303.

18 Raad van State. 'Ministeriële verantwoordelijkheid', 15 juni 2020.

19 Taleb, Nassim Nicholas. *De Zwarte Zwaan*. Vert. Jan Braks. Amsterdam: Uitgeverij Nieuwezijds, 2008, p. 161-164.

20 Kahneman, Daniel. *Ons feilbare denken*. Vert. Peter van Huizen & Jonas de Vries. Amsterdam: Business Contact, 2011, p. 228-229.

Hoofdstuk 5 Het gigalek en het bestuurlijk gebrek

1 Verlaan, Daniël. 'Illegale handel in privégegevens miljoenen Nederlanders uit coronasystemen GGD', RTLNieuws.nl, 25 januari 2021. www.rtlnieuws.nl/nieuws/nederland/artikel/5210644/handel-gegevens-nederlanders-ggd-systemen-database-coronit-hpzone.

2 Tweede Kamer. Vragen van het lid Hijink aan de minister van Volksgezondheid, Welzijn en Sport over de handel in privégegevens van miljoenen Nederlanders uit coronasystemen van de GGD. 26 januari 2021, ongecorrigeerd stenografisch verslag.

3 Ibid.

4 Verhagen, Laurens & Huib Modderkolk. 'Datalek GGD betreft ook gevaccineerden, ministerie had al vanaf begin zorgen', *de Volkskrant*, 28 januari 2021. www.volkskrant.nl/nieuws-achter-

grond/datalek-ggd-betreft-ook-gevaccineerden-ministerie-had-al-vanaf-begin-zorgen~boc217ba/.
5 Rijksoverheid. 'Kamerbrief reactie op 92e OMT-advies testbeleid, bron- en contactonderzoek en vaccinatie', 24 december 2020.
6 'Take out the trash day – the perfect opportunity to bury bad news', *The Guardian*, 18 december 2015. www.theguardian.com/politics/shortcuts/2015/dec/18/take-out-the-trash-day-the-perfect-opportunity-to-bury-bad-news.
7 Maslow, Abraham Harold. *The Psychology of Science. A Reconnaissance*. Harper & Row, 1966.
8 Tweede Kamer. Privacylek in de systemen van de GGD, stenografisch verslag, 3 februari 2021.
9 Ibid.
10 Ibid.
11 Rijksoverheid. 'Kamerbrief over uitvoering van de motie-Hijink c.s. over het budget van de Autoriteit Persoonsgegevens', 1 maart 2021.
12 Derix, Steven & Rik Wassens. 'Toezichthouders op AIVD en MIVD vrezen "uitholling" van hun beoegdheden', *NRC Handelsblad*, 7 maart 2021. www.nrc.nl/nieuws/2021/03/07/toezichthouders-op-aivd-en-mivd-vrezen-uitholling-van-hun-bevoegdheden-a4034593.
13 Rijksoverheid. 'Kabinetsreactie inzake het rapport van de Evaluatiecommissie Wiv 2017', 5 maart 2021.
14 Verlaan, Daniël. *Ik weet je wachtwoord.* Amsterdam: Das Mag Uitgevers, 2020, p. 85-91.
15 Autoriteit Persoonsgegevens. 'Jaarrapportage meldplicht datalekken', 1 maart 2021.
16 Sharot, Tali. 'The Optimism Bias', TED Talk, 2012. https://www.ted.com/talks/tali_sharot_the_optimism_bias.
17 Verlaan, Daniël. *Ik weet je wachtwoord.* Amsterdam: Das Mag Uitgevers, 2020, p. 98-99.
18 Modderkolk, Huib. *Het is oorlog maar niemand die het ziet.* Amsterdam: Uitgeverij Podium, 2019, p. 35.

19 Inspectie Veiligheid en Justitie. 'Evaluatie van de rijkscrisisorganisatie tijdens de DigiNotar-crisis', 2011.

20 Winter, Brenno de. 'Overheidssites gedupeerd na aftappen Gmail', NU.nl, 30 augustus 2011. www.nu.nl/internet/2602430/overheidsites-gedupeerd-aftappen-gmail.html.

21 Modderkolk, Huib. *Het is oorlog maar niemand die het ziet.* Amsterdam: Uitgeverij Podium, 2019, p. 78-79.

22 NOS.nl. 'Kamervragen na KPN-hack', 11 februari 2021. www.nos.nl/artikel/339701-kamervragen-na-kpn-hack.

23 Onderzoeksraad voor Veiligheid. 'Onderzoek DigiNotar: Digitale veiligheid overheid moet sterk verbeteren', z.d. www.onderzoeksraad.nl/nl/page/6749/onderzoek-diginotar-digitale-veiligheid-overheid-moet-sterk-verbeteren.

24 Onderzoeksraad voor Veiligheid. 'Kwetsbaar door software', december 2021.

25 Tweede Kamer. 'Klem tussen balie en beleid'. Rapport Tijdelijke commissie Uitvoeringsorganisaties, 25 februari 2021.

26 Ibid.

27 Wokke, Arnoud. 'Minister Kamp had voor andere landen interessante documenten in Gmail staan', *Tweakers*, 17 november 2016. www.tweakers.net/nieuws/118021/minister-kamp-had-voor-andere-landen-interessante-documenten-in-gmail-staan.html.

28 Tweede Kamer. 'Beantwoording vragen over het gebruik van een privé-e-mailadres voor werkaangelegenhedendoor de minister van Economische Zaken', 6 juli 2016 (34300 XIII, nr. 175).

29 Thijs Hofmans. 'Hugo de Jonge gebruikte privé-e-mail "uit gemak" en stopte daar deze week mee', *Tweakers*, 6 april 2022. www.tweakers.net/nieuws/195270/hugo-de-jonge-gebruikte-prive-e-mail-uit-gemak-en-stopte-daar-deze-week-mee.html.

30 Keultjes, Hanneke & Jan Hoedeman. 'Minister van Defensie: "We vinden onze veiligheid allemaal zo gewoon"', *Het Parool*, 15 oktober 2020. www.parool.nl/nederland/minister-van-defensie-we-vinden-onze-vrijheid-allemaal-zo-gewoon~bcfa81b3/.

31 Tweede Kamer. Vragen van het lid Verhoeven aan de minister van Defensie over het inloggen door een journalist in een geheime vergadering van EU-ministers. 24 november 2020.

32 Inspectie Overheidsinformatie en Erfgoed. 'De archviering van chatberichten bij het ministerie van Algemene Zaken', 3 oktober 2022.

33 Algemene Rekenkamer. 'Risico's door thuiswerken bij de rijksoverheid', 2 november 2020. www.rekenkamer.nl/actueel/nieuws/2020/11/02/digitaal-thuiswerken-bij-de-rijksoverheid.

Hoofdstuk 6 Glinsterende databergen

1 Haidt, Jonathan. *The Righteous Mind.* New York: Vintage Books, 2012.

2 Ibid.

3 PWC. *Onderzoek Query's aan de Poort.* 16 maart 2022.

4 Wetenschappelijke Raad voor het Regeringsbeleid. *Big Data in een vrije en veilige samenleving.* Amsterdam: AUP, 2016, p. 52.

5 Frederik, Jesse. *Zo hadden we het niet bedoeld.* Amsterdam: De Correspondent, 2021, p. 43.

6 De Tweede Kamer. 'Ongekend onrecht' (35510), 18 december 2020, p. 7.

7 De Verenigde Naties. 'Brief by the United Nations Rapporteur on Extreme Poverty and Human Rights as Amicus Curiae in the Case of NCJM c.s./De Staat der Nederlanden (syRI) before the District Court of The Hague (case number: C/09/550982/ HA ZA 18/388)', 26 september 2019. www.ohchr.org/sites/default/files/Documents/Issues/Poverty/Amicusfinalversionsigned.pdf.

8 Wetenschappelijke Raad voor het Regeringsbeleid. *Big Data in een vrije en veilige samenleving.* Amsterdam: AUP, 2016, p. 56-57.

9 Blauw, Sanne. 'Met deze nieuwe datawet is het wachten op de volgende toeslagenaffaire', *De Correspondent,* 18 februari 2021. www.decorrespondent.nl/12130/met-deze-nieuwe-datawet-is-het-wachten-op-de-volgende-toeslagenaffaire/176524420820-507d6c26.

10 Tweede Kamer. Wet gegevensverwerking door samenwerkingsverbanden (35447). Verslag van een Wetgevingsoverleg, 7 december 2020.
11 De Tweede Kamer. 'Update vereist', 28 mei 2020, p. 40.
12 Omtzigt, Pieter. *Een nieuw sociaal contract.* Amsterdam: Prometheus, 2021, p. 87.
13 Susskind, Jamie. *Future Politics.* New York: Oxford University Press, 2018, p. 288.
14 Grother, Patrick, Mei Ngan & Kayee Hanaoka. 'Face Recognition Vendor Test (FRVT), Part 3: Demographic Effects', *National Institute of Standards and Technology* (december 2019), p. 1-5. www.nvlpubs.nist.gov/nistpubs/ir/2019/NIST.IR.8280.pdf.
15 Susskind, Jamie. *Future Politics.* New York: Oxford University Press, 2018, p. 284
16 Ven, Coen van de. 'Schroef het internet open', *De Groene Amsterdammer,* 19 februari 2020. www.groene.nl/artikel/schroef-het-internet-open.
17 Webb, Amy. *The Big Nine.* New York: PublicAffairs, 2019.
18 De Tweede Kamer. Wet gegevensverwerking samenwerkingsverbanden. Memorie van Toelichting (35447, nr. 3).
19 Kahneman, Daniel. *Ons feilbare denken.* Vert. Peter van Huizen & Jonas de Vries. Amsterdam: Business Contact, 2011, p. 302.
20 Rosling, Hans. *Feitenkennis.* Vert. Annemie de Vries. Houten: Het Spectrum, 2018, p. 214-215.
21 Bregman, Rutger. 'Dit idee kan alles veranderen: de meeste mensen deugen', *De Correspondent,* 20 augustus 2019. www.decorrespondent.nl/10345/dit-idee-kan-alles-veranderen-de-meeste-mensen-deugen/397713525-0e936f10.
22 Haidt, Jonathan. *The Righteous Mind.* New York: Vintage Books, 2012, p. 351-357.
23 De Tweede Kamer. 'Ongekend onrecht' (35510), 18 december 2020, p. 7.

Hoofdstuk 7 De veiligheidsparadox

1 'Arjen Lubach neemt het op voor D66-Kamerlid Kees Verhoeven na eigen kritiek', Nu.nl, 20 maart 2018. www.nu.nl/media/5184863/arjen-lubach-neemt-d66-kamerlid-kees-verhoeven-eigen-kritiek.html.

2 Cialdini, Robert. *Invloed.* Vert. Marjolijn Stoltenkamp. Den Haag: Academic Service, 2009, p. 110.

3 Martijn, Maurits & Dimitri Tokmetzis. *Je hebt wél iets te verbergen.* Amsterdam: De Correspondent, 2016, p. 114-115 .

4 Dobelli, Rolf. *Het nieuwsdieet.* Vert. Sylvia Wevers. Amsterdam: Het Spectrum, 2020, p. 119.

5 Frissen, Paul. *De fatale staat.* Amsterdam: Van Gennep, 2013, p. 12.

6 Derix, Steven & Karel Berkhout. 'Een cyberaanval is nu niet te stoppen, waarschuwt defensieminister Kamp', *NRC Handelsblad,* 3 januari 2021. www.nrc.nl/nieuws/2022/01/03/cyberaanval-is-nu-niet-te-stoppen-a4075544.

7 Modderkolk, Huib. 'Toezichthouder Inlichtingendiensten stapt op om nieuwe wet: Het doet een beetje Trumpiaans aan', *de Volkskrant,* 9 september 2022. www.volkskrant.nl/nieuws-achtergrond/toezichthouder-inlichtingendiensten-stapt-op-om-nieuwe-wet-het-doet-een-beetje-trumpiaans-aan~be829087/.

8 Derix, Steven & Rik Wassens. 'Toezichthouders Inlichtingendiensten: Balans tussen nationale veiligheid en privacy raakt zoek', *NRC Handelsblad,* 7 maart 2021. www.nrc.nl/nieuws/2021/03/07/wij-kunnen-ons-werk-zo-niet-doen-a4034577?t=1665571404.

9 Tweede Kamer. Wet computercriminaliteit III (34372), stenografisch verslag, 13 december 2016.

10 Hern, Alex. 'WannaCry, Petya, NotPetya: How Ransomware Hit the Big Time in 2017', *The Guardian,* 30 december 2017. www.theguardian.com/technology/2017/dec/30/wannacry-petya-notpetya-ransomware.

11 The National Cybersecurity and Communications Integration Centre (NCCIC). 'What is Wannacry/WannaCryptor?', z.d. www.us-cert.cisa.gov/sites/default/files/FactSheets/NCCIC%20 ICS_FactSheet_WannaCry_Ransomware_S508C.pdf.

12 Lonkhuyzen, Liza van. 'WannaCry werd mede mogelijk gemaakt door lek bij de NSA', *NRC Handelsblad*, 14 mei 2017. www.nrc.nl/nieuws/2017/05/14/wannacry-kwam-bij-de-nsa-vandaan-9075218-a1558565.

13 Inspectie Justitie en Veiligheid. 'Verslag toezicht wettelijke hackbevoegdheid politie 2020', juni 2021, p. 9.

14 Modderkolk, Huib. 'Indringend en gevaarlijk: spionagesoftware uit Israël bedreigt de democratie, ook de Nederlandse', *de Volkskrant*, 19 juli 2021. www.volkskrant.nl/nieuws-achtergrond/indringend-en-gevaarlijk-spionagesoftware-uit-israel-bedreigt-de-democratie-ook-de-nederlandse~bc886331/.

15 Tweede Kamer. Wet computercriminaliteit III (34372), stenografisch verslag, 13 december 2016.

16 Tweede Kamer. Kabinetsbrief over initiatiefwetsvoorstel 'Zerodays afwegingsproces', 3 februari 2021.

17 Frissen, Paul. *De fatale staat.* Amsterdam: Van Gennep, 2013, p. 12.

18 Schellevis, Joost. 'OM: versleutelde diensten als WhatsApp steeds groter probleem', NOS.nl, 21 augustus 2016. www.nos.nl/artikel/2127446-om-versleutelde-diensten-als-whatsapp-steeds-groter-probleem.

19 Wetenschappelijke Raad voor het Regeringsbeleid. *De publieke kern van het internet*, 2015, p. 9-14.

20 Rosenberg, Esther & Karel Berkhout. 'Leger verzamelde data in Nederland', *NRC Handelsblad*, 15 november 2020. www.nrc.nl/nieuws/2020/11/15/leger-verzamelde-data-in-nederland-a4020180.

21 Kouwenhoven, Andreas, Esther Rosenberg & Romy van der Poel. 'NCTV volgt heimelijk burgers op sociale media', *NRC*

Handelsblad, 9 april 2021. www.nrc.nl/nieuws/2021/04/09/nctv-volgt-heimelijk-burgers-op-sociale-media-a4039223.

22 Fijter, Nico de. 'Schande spreken van privacyschending is hypocriet', *Trouw*, 13 juni 2013. www.trouw.nl/nieuws/schande-spreken-van-privacyschending-is-hypocriet~b51f3879/.

23 Kouwenhoven, Andreas, Esther Rosenberg & Romy van der Poel. 'Onmin en uitglijders bij de club die het land moet beschermen', *NRC Handelsblad*, 9 april 2021. www.nrc.nl/nieuws/2021/04/09/onmin-en-uitglijders-bij-de-club-die-het-land-moet-beschermen-a4039114.

Hoofdstuk 8 Hoe we de waanzinnige wisselwerking kunnen doorbreken

1 Kiesdrempel: het minimumaantal stemmen dat een partij moet behalen om een zetel in een volksvertegenwoordiging te krijgen.

2 Voogd, Jesse de & René Cuperus. 'Atlas van afgehaakt Nederland', 2021.

3 United Nations. 'Happiness, Trust and Deaths under COVID-19', *World Happiness Report 2021*. www.worldhappiness.report/ed/2021/happiness-trust-and-deaths-under-covid-19/.

4 Inspectie SZW. 'Niet-gebruik van de algemene bijstand', 30 april 2021.

5 Passchier, Reijer. *Artificiële intelligentie en de rechtsstaat*. Den Haag: Boom juridisch, 2021, p. 115

6 Claes, Monica, Aalt Willem Heringa, Marijn van der Sluis & Maarten Stremler. *Rechtsvergelijkend onderzoek constitutionele toetsing*. Maastricht University, 31 januari 2021.

7 Vos, Thijs. 'Staatscommissie wil voorkeursstemmen zwaarder laten wegen: hoe zou de huidige Tweede Kamer er dan uit hebben gezien?', *Stuk Rood Vlees*, 18 april 2019. www.stukroodvlees.nl/staatscommissie-wil-voorkeursstemmen-zwaarder-laten-wegen-hoe-zou-de-huidige-tweede-kamer-er-dan-uit-hebben-gezien-%EF%BB%BF/.

8 Jacobs, Alan. *De kunst van het denken.* Vert. Inge Pieters. Amsterdam: Uitgeverij Balans, 2017, p. 50.
9 Witteman, Lise. *Sluiproute Brussel.* Amsterdam: Ambo|Anthos, 2021, p. 53-75.
10 RTLNieuws.nl. 'Politici steeds vaker bedreigd: "Dit doet iets met je, als politicus en als mens"', 30 november 2021. www.rtlnieuws.nl/nieuws/politiek/artikel/5270881/bedreiging-politici-dreigmails-reactie .
11 NOS.nl. 'Zorgen om werkdruk Kamer en politieke klimaat: Wie wil dit straks nog doen?', 16 oktober 2022. www.nos.nl/artikel/2448578-zorgen-om-werkdruk-kamer-en-politieke-klimaat-wie-wil-dit-straks-nog-doen.
12 Rusman, Floor. 'Aardig zijn als politieke daad', NRC *Handelsblad*, 8 oktober 2022. www.nrc.nl/nieuws/2022/10/08/aardig-zijn-als-politieke-daad-a414453.
13 Hari, Johann. *De aandacht verloren.* Vert. Marga Blankestijn. Amsterdam: Nijgh & Van Ditmar, 2022.
14 Newport, Cal. *Digitaal minimalisme.* Vert. Carla Zijlemaker en Tracey Drost-Plegt. Amsterdam: Business Contact, 2019, p. 46.
15 O'Mara, Shane. *Te voet.* Vert. Luud Dorresteijn. Amsterdam: De Bezige Bij, 2020, p. 14-18
16 NOS.nl. 'Rutte houdt vast aan kleine kabinetsploeg', 2 oktober 2015. www.nos.nl/artikel/2060920-rutte-houdt-vast-aan-kleine-kabinetsploeg.
17 Otjes, Simon. 'Hoeveel zetels moet de Tweede Kamer hebben?', *De Hofvijver,* 26 oktober 2020. https://www.montesquieu-instituut.nl/id/vld2lpwf8xxo/nieuws/hoeveel_zetels_moet_de_tweede_kamer.
18 Pinker, Steven. *Rationaliteit.* Vert. Aad Janssen, Frank Lekens, Jan Willem Reitsma & Frits van der Waa. Amsterdam: Atlas Contact, 2021.
19 Bowlby, J. *A Secure Base: Clinical Applications of Attachment Theory.* Londen: Routledge, 1988.

20 Kahneman, Daniel. *Ons feilbare denken.* Vert. Peter van Huizen & Jonas de Vries. Amsterdam: Business Contact, 2011, p. 451-452.
21 Newport, Cal. *Bevrijd!* Vert. Elles Assink-Kroon. Amsterdam: Business Contact, 2021, p. 215.
22 Rosling, Hans. *Feitenkennis.* Vert. Annemie de Vries. Houten: Het Spectrum, 2018, p. 211.
23 Jacobs, Alan. *De kunst van het denken.* Vert. Inge Pieters. Amsterdam: Uitgeverij Balans, 2017, p. 51-52.
24 Broek, Eva van den & Tim den Heijer. *Het bromvliegeffect.* Amsterdam: Spectrum, 2021, p. 63.
25 Molenbeek, Maarten & Chris Aalberts. *U draait en u bent niet eerlijk.* Den Haag: Sdu Uitgevers, 2010, p. 104.

Hoofdstuk 9 Hoe we de digitale samenleving kunnen verbeteren

1 Verhaeghe, Paul. *Houd afstand, raak me aan.* Amsterdam: De Bezige Bij, 2020, p. 104.
2 Heijne, Sander & Hendrik Noten. *Fantoomgroei.* Amsterdam: Atlas Contact, 2020.
3 Haidt, Jonathan. 'Yes, Social Media Is Really Undermining Democracy', *The Atlantic*, 28 juli 2022. www.theatlantic.com/ideas/archive/2022/07/social-media-harm-facebook-meta-response/670975/.
4 Riekeles, Georg. 'I Saw First-hand How US Tech Giants Seduced the EU – And Undermined Democracy', *The Guardian*, 28 juni 2022. www.theguardian.com/commentisfree/2022/jun/28/i-saw-first-hand-tech-giants-seduced-eu-google-meta.
5 Martijn, Maurits. 'De toekomst van het internet is te belangrijk om aan trendwatchers en investeerders over te laten', *De Correspondent*, 29 juli 2022.www.decorrespondent.nl/13621/de-toekomst-van-het-internet-is-te-belangrijk-om-aan-trendwatchers-en-investeerders-over-te-laten/418927476-105d17c7.
6 Dutch Datacenter Association. 'Impact. Feiten en cijfers over datacenters in Nederland', 2022, p. 20.

7 Newport, Cal. *Digitaal minimalisme.* Vert. Carla Zijlemaker en Tracey Drost-Plegt. Amsterdam: Business Contact, 2019, p. 43.
8 Bessems, Kustaw. 'De jonge generatie zal digitale systemen veiliger maken', *de Volkskrant*, 30 september 2022. www.volkskrant.nl/wetenschap/de-jonge-generatie-zal-digitale-systemen-veiliger-maken~b45313a4/.

Slotwoord

1 Ephimenco, Sylvain. 'Nederland is af', *De Groene Amsterdammer*, 27 mei 1998. www.groene.nl/artikel/nederland-is-af.
2 Susskind, Jamie. *Future Politics.* New York: Oxford University Press, 2018, p. 92.

‘Kees Verhoeven was in ons parlement een van de meest digitaal onderlegde politici en kan als geen ander de verbinding leggen tussen de digitale wereld en onze overheid. Door die praktijkervaring wordt *De democratie crasht* een belangrijk boek voor iedereen die betere politiek wenst.’ – Alexander Klöpping, internetondernemer, journalist en spreker

‘Kees Verhoeven beschrijft een probleem dat groter en acuter is dan we denken, en hij presenteert een *roadmap* voor een oplossing. Elke politicus moet dit lezen. Elke burger die ook maar enigszins geïnteresseerd is in politiek ook.’ – Ap Dijksterhuis, schrijver en hoogleraar psychologie, Radboud Universiteit Nijmegen

‘Digitalisering is een complex onderwerp, zelfs voor een volksvertegenwoordiger die er al een decennium met kennis van zaken zijn tanden in zet. We kijken in dit boek door de ogen van een politicus die begrijpt waarom digitalisering het hart van onze democratie raakt. Via een groot aantal “crashes”, van SyRI tot de sleepwet, maakt Kees Verhoeven inzichtelijk hoe technologische verleiding, psychologische sturing en politieke (on)macht de wetgeving beïnvloeden. Dat dit soms wetten met blauwe plekken zijn, laat zien dat onze rechtsorde kwetsbaar is. De belangrijkste boodschap van dit boek is dan ook niet dat de democratie kan crashen, maar hoe we haar kunnen *resetten*. Kortom: lessen in digitale weerbaarheid voor bestuurders en burgers!’ – José van Dijck, hoogleraar media en digitale samenleving, Universiteit Utrecht

‘Kees Verhoeven zag al vroeg hoe giftig sociale media kunnen zijn.’ – Tom-Jan Meeus, journalist NRC *Handelsblad*, voormalig politiek columnist

‘Een onderhoudend boek voor iedereen die zich druk maakt om de digitalisering van onze maatschappij en hoe de politiek daar (al dan niet) mee om weet te gaan. Verhoeven is een van de weinigen die de relevantie ervan begrijpt.’ – Ronald Prins, voormalig CEO van Fox-IT, ondernemer en expert op het gebied van internetbeveiliging

'Kees Verhoeven geeft middels een heldere analyse een inkijkje in de werking van de politiek. Daarbij is hij kritisch op zijn eigen handelen en duidt hij de onderschatte invloed van technologie op vele facetten van de politiek. Verhoeven doet een terechte oproep om de democratie te koesteren en voorziet de in dit boek geschetste problemen van concrete oplossingsrichtingen.' – Brenno de Winter, expert informatiebeveiliging en privacybescherming van het eerste uur